모든 것의 처음

모든 것의 처음

도구부터 과학, 예술, 제도까지 갖가지 발명의 첫 순간

스튜어트 로스 지음 | 강순이 옮김

홍시

루시에게

원고를 교정하고, 오류가 없는지 확인해 주고,
따뜻한 지원군으로 곁에 있어 준
당신의 아낌없는 노력이 없었다면,
아마도 이 책은 세상에 나오지 못했을 것입니다.

일러두기

- 외국 인명, 지명, 독음 등은 기본적으로 국립국어원의 외래어 표기법을 따르되, 관용적인 표기와 동떨어진 경우 절충하여 실용적 표기를 따랐다.
- 본문에서 소괄호 안의 내용은 저자의 부연 설명이며, 옮긴이 주는 별도 표시했다.
- 영화, 음악, 그림, 공연 등은 〈 〉로, 편명은 「 」로, 책 제목은 『 』로 구분하여 표기하는 것을 원칙으로 했다.

들어가는 글

정말 문자 그대로 모든 것의 처음(처음으로 처음을 다룬 책까지 포함해서!)을 조사한다면 끝도 없을 것이다. 따라서 이 책은 내용을 선별해서 실을 수밖에 없었다. 선별 기준은 두 가지이다. 첫째, 한 계통에서 가장 처음 등장한 것만 언급한다. 예를 들어 최초의 전기세탁기를 포함해 최초의 세탁기에 관한 내용은 실었지만 전자동이나 반자동 등 전기세탁기의 다양한 세부유형에 대해서는 다루지 않았다. 이로써 두 번째 기준도 명확해진다. 필자가 판단하기에 일반 독자들—세탁기 마니아는 아니길 바란다—이 흥미를 느낄 만한 내용만 실었다.

이 책이 '처음'을 다룬 다른 책들과 차별되는 점은 무엇일까? 이 책은 대단히 광범위하고 포괄적인 내용을 담고 있을 뿐 아니라 내가 아는 한 역사적 성취를 합당한 자리에 올려놓은 유일한 책이다. 다시 말해 대부분 서구에서 발명된 현대 기기에 초점을 맞추기보다는 이집트, 중국, 중동 지역 등 고대 문명을 이룬 우리의 먼 조상들의 독창성에도 그에 걸맞은 무게를 실어 주려고 노력했다. 그 과정에서 소위 산업세계의 발명품(예를 들어 에어컨) 중 많은 것들이 실은 수천 년 전의 창작품과 행동양식을 재발명하거나 개량한 것이라는 사실을 알고 놀랐다.

이 책을 처음부터 끝까지 끈기 있게 다 읽을 독자는 그리 많지 않을 지도 모른다. 대부분은 재미 삼아 띄엄띄엄 읽거나, 식사하는 자리에서 분위기를 돋우는 퀴즈를 위해 또는 가족 간의 논쟁을 일단락 짓기 위해 참고 도서로 사용할 것이다. 그럴 때 더 쉽게 활용할 수 있도록 내용을 정리했다. 즉 7개의 장(태초, 의식주, 건강과 의학, 이동수단, 과학과 공학, 전쟁과 평화, 문화와 스포츠)은 각각 주제별로 나눠지고, 각 주제는 다시 소주제로 나누어진다.

그리고 정확성을 기했다. 자료마다 차이가 크게 나기도 하고, 어떤 날을 정확한 탄생 시점으로 볼 것인지가 문제가 되기도 한다. 예를 들어 특정 기계의 처음은 그 기계가 구상된 시점일까, 특허를 받은 시점일까, 시제품이 만들어진 시점일까, 아니면 제작에 들어간 시점일까? 이런 점들을 염두에 두고 명확하고 정확한 내용을 담기 위해 최선을 다했다. 그렇게 했음에도 부족한 부분은 있을 것이다. 혹여 그런 의도하지 않은 실수로 인해 혼란과 답답함(심지어 분노까지!)을 느끼는 독자가 있다면 진심으로 사과드린다.

스튜어트 로스

감사의 말

이 책을 엮는 데 아낌없는 도움을 베풀어준 밥 크롬웰과 콜린 브라운, 줄리언 앤더슨에게 감사의 마음을 전하고 싶다. 또한 여러 유용한 제안과 수정을 해 준 데이비드 잉글스필드에게도 감사하다. 이 책의 편집자이자 언제나 인내심을 보여 준 가브리엘라 네메스, 그리고 이 책에 수록된 6,000개가 넘는 사실들을 확인하고 서툰 글을 논리 정연한 글로 보이게 매만지는 일을 도와준 루시 로스에게도 감사의 말을 전한다.

덧붙이는 말: 기원국

어떤 것이 처음 사용되었거나 발견되었거나 또는 발명된 장소는 현재 그 지역을 점유하고 있는 국가명도 최초 1회 명시했다. 일부는 오늘날의 지역명을 그대로 기재하기도 했다. 과거의 지역명이나 국가명이 오늘날과 다른 곳이 있고, 옛날의 경계와 현대의 경계가 완전히 일치하지 않을 수도 있기 때문이다. 예를 들어 기원한 곳이 페르시아였다면 '이란', 메소포타미아였다면 '이라크' 등으로 처음에 한 번씩 병기하는 것을 기본으로 삼았다.

차 례

5장 과학과 공학 183

6장 전쟁과 평화 255

7장 문화와 스포츠 293

1장

태초

빅뱅

당연히 처음 중의 처음은 약 138억 년 전 빅뱅Big Bang이었다. 그로 인해 시간과 우주, 그리고 모든 것이 탄생했다. 모든 것? 그렇다면 무엇이 폭발한 것일까? 거기까진 가지 말자….

생명체

지구상의 첫 생명체는 약 42억 8000만 년 전, 우리의 어린 행성 지구가 2600만 번째 생일을 기념하던 때에 등장했다고 여겨진다. 과학자들은 이 최초의 '생명체(가장 단순한 형태의 미생물)'를 '루카LUCA, The Last Universal Common Ancestor'—모든 생물의 마지막 공통조상—라고 부른다. 알고 보면 우리 모두는 루카의 후손인 것이다.

'능력 있는 사람'

루카의 후손들은 아주 오랜 시간이 지나고 약 210만 년 전이 되어서야 사람속Homo(현생 인류와 그 직계 조상을 포함하는 분류-옮긴이)으로 진화했다. 그들의 특징은 유인원 같은 얼굴 생김새와 불룩한 뇌 그리고 원시적인 도구(이것 또한 최초이다)를 사용하는 능력이었다. 이 때문에 그들은 호모 하빌리스Homo habilis, 즉 '능력 있는 사람'으로 명명되었다.

직립, 불, 도구, 그리고 언어

그로부터 약 20만 년 후 직립 보행을 하는 호모 에렉투스Homo erectus가 출현했다. 이들은 뇌가 훨씬 더 커진 덕분에 말을 할 수 있었을지도 모른다(그게 맞다면 최초의 언어가 등장한 것이다). 이 종은 불을 다루는 법을 배웠을 것이고(이 역시 최초이다), 더 정교한 도구를 만들었을 것이 분명하다. 그들은 또한 아프리카를 넘어 전 세계로 퍼져 나가고 있었다.

호모 사피엔스

그다음에 무슨 일이 일어났는지 우리는 정확히 알지 못한다. 그러나 사람속의 여러 종 가운데 호모 사피엔스Homo sapiens('지혜가 있는 사람')는 기원전 5만 년경 마지막 빙하기의 혹독한 환경에서 수렵과 채집을 하고 있었다. 이들은 최초의 현생 인류로, 앞으로 소개될 놀라운 최초의 것들을 만들어 낸, 비범한 탐구력과 창의력을 가진 인간의 조상이다.

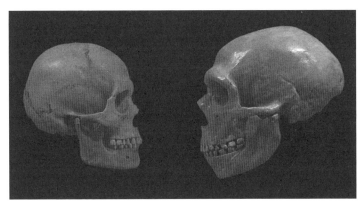

호모 사피엔스의 두개골(왼쪽)과 지금은 사라진 친척 인류 네안데르탈인의 두개골

2장

의식주

문명

진화

인류의 발전은 점진적이고 누적적이다. 아이작 뉴턴 경$^{Sir Isaac Newton}$이 (오래전부터 전해 온 유명한 문구를 가져와서) 한 말을 빌려 표현하자면, 새로운 사상과 물건은 '거인들의 어깨 위에 올라서 있는' 사람들에게서 나왔다. 우리는 앞에서 이미 이런 거인들을 만났다. 초기 인류의 획기적인 주요 발명품 세 가지인 불, 도구, 언어를 만든 무명의 원시인들이 그들이다.

농업

이제 배턴은 호모 사피엔스에게로 넘어가서 아마도 모든 처음 중 가장 중요한 처음이 등장한다. 바로 농업이다. 수렵채집 생활에서 농업 생활로의 전환은 기원전 13000년경 메소포타미아(이라크) 지역의 돼지 사육을 시작으로 전 세계 십여 지역에서 독립적으로 일어났다. 그로부터 몇천 년이 지나지 않아―역시 중동에서―최초의 농부들의 보살핌 속에서 밀, 보리 등의 농작물들이 돼지우리 옆에서 잘 자라고 있었다.

정착지와 도시

인류가 유목 생활을 중단하면서 동굴과 움막, 임시 거처를 대신해 영구적인 주거지가 생겨났다. 이스라엘이 점령한 요르단강 서안(이스라엘, 팔레스타인)의 예리코와 터키의 차탈회위크(두 도시 모두 기원전 9000년경 건설)가 최초의 도시인지는 밝혀지지 않았지만―주민

수가 수백 명으로 현대의 마을에 더 가까웠다—오늘날까지 남아 있는 가장 오래된 도시 유적임은 분명하다.

집

문과 경첩

집에는 출입구가 있어야 한다. 문에 대한 가장 오래된 묘사는 고대 이집트 고분 벽화에서 볼 수 있으며, 사원이나 고분, 궁전 등에 남아 있는 최초의 경첩은 상인방(입구 위에 수평으로 가로질러 놓은 나무나 돌-옮긴이)과 문턱에 설치한 간단한 축이었다. 기원전 3300년 무렵 청동을 쓰게 되면서(나중에는 철을 사용) 더 튼튼한 경첩을 만들 수 있었고, 로마 시대에는 경첩을 맡고 있는 신이 있을 만큼 경첩을 중요하게 여겼다. 카르데아가 바로 경첩의 여신이다! 문과 문틀에 홈을 파서 평평하게 설치하는 현대의 나비경첩이 등장한 것은 1850년경이 되어서였다.

창문

최초의 창문은 빛과 신선한 공기가 들어오도록 하고 연기와 냄새가 빠져나가게 하기 위해 벽에 구멍만 뚫어 놓은 것이었다. 필요한 경우에는 나무나 천, 가죽 등—최초의 커튼—으로 가리기도 했다. 1세기에는 중국인들이 종이를 제작하고 있었는데, 이 종이는 글을 쓰는 용도뿐 아니라 창문을 가리는 용도로도 쓰였다. 최초의 유리는 약 5,500년 전에 레반트(그리스와 이집트 사이에 있는 동지중해 연안 지역을

폼페이 유적지에서 발견된 창문

통틀어 이르는 말-옮긴이)에서 만들어졌고, 100년경 로마인들은 알렉산드리아에서 만든 유리를 창유리로 사용하고 있었다. 투박하고 불투명한 편이었지만, 수세기 동안 사용해 온 얇은 반투명 석재나 납작하게 만든 동물 뿔보다는 나았다.

스테인드글라스의 역사는 고대 이집트와 로마로 거슬러 올라간다. 스테인드글라스 창문이 널리 사용되기 시작한 것은 기독교 시대로, 북유럽의 수도원 건물에 활용되어 신비로운 분위기를 자아냈다. 판유리는 1,000년이 더 지난 제임스 1세(재위 1603~1625) 때 영국 런던에서 제작되기 시작했다. 1688년 루이 루카스 드 네우Louis Lucas de Nehou와 아브라함 테바트Abraham Thevart의 선구적 업적 이후에 더욱 널리 보급되었다(프랑스 루이 14세의 베르사유 궁전이 그 예).

✛ 종이 제조 과정

고대 이집트인들은 으깬 갈대(파피루스)에, 그리스인들과 로마인들은 죽은 동물의 가죽(양피지)에, 메소아메리카(멕시코와 중앙아메리카 지역-옮긴이) 사람들은 나무껍질(아마테)에 글을 썼는데, 처음 종이를 만든 것은 중국인들이었다. 궁중 관리였던 채륜은 105년에 종이 제조 과정을 기록으로 남겼는데, 아마도 자신의 종이 제조법이 다른 방법보다 낫다고 생각했기 때문일 것이다. 종이는 제조 과정 중에 구성 섬유의 성질이 근본적으로 바뀌기 때문에 종이 발명 이전의 필기 재료와는 본질적으로 달랐다(또한 더 우수했다).

고대 중국의 종이 제조 과정

자물쇠와 열쇠

사람들에게 문과 창문이 있는 집이 생기고 그 집에 귀중한 재산을 쌓아 두게 되자, 그 모든 것을 안전하게 지키기 위해 자물쇠가 필요해졌다. 이번에도 역시 길을 연 것은 나무 자물쇠를 만든 중동이었다. 금속 성분이 들어간 자물쇠는 고대 로마와 중국에서 처음 등장했다.

최초의 열쇠는 사모스섬(에게해 동부 그리스령의 섬-옮긴이)의 테오도루스Theodorus가 만든 것으로 알려져 있고(기원전 6세기), 거의 같은 시기에 최초의 통자물쇠(맹꽁이자물쇠)도 만들어졌다. 전금속제 자물쇠는 앨프레드 대왕Alfred the Great(재위 871~899) 때 이름이 알려지지 않은 어느 영국인이 만들었다고 하는데, 바이킹의 약탈에 대비하기 위해서였던 것으로 추측된다.

첩과 예일

현대식 자물쇠가 실현된 것은 산업혁명의 정밀 공학 덕분이었다. 1778년 영국의 로버트 배런Robert Barron은 레버 텀블러 자물쇠를 제작했고, 1818년 역시 영국의 제러마이아 첩Jeremiah Chubb은 그보다 한 단계 더 나아가 정품 열쇠로만 열 수 있는 자물쇠를 만들었다. 그리고 1848년, 미국의 라이너스 예일Linus Yale은 우리에게 친숙한 모양의 열쇠로 여는 현대적인 더블액션식 핀 텀블러 자물쇠를 발명했다.

전자식 보안

20세기까지 보안은 대부분 기계식으로 이루어졌다. 1909년, 앞으로의 발전을 보여 주는 전조로, 미국의 월터 슈리지Walter Schlage가 불을 켜고 끌 수도 있는 도어 록을 고안했다. 5년 후 고급 승용차 제조업체인 스크립스 부스Scripps-Booth는 최초의 중앙 집중 잠금장치를 자랑스럽게 선보였다. 그러나 전자 보안 혁명이 제대로 시작된 것은 1970년대였다. 1975년 노르웨이의 토르 소네스Tor Sørnes가 프로그램으로 제어 가능한 전자 카드키를 발명한 것이 시발점이었다. 그 후, 자동차 키(1980년, 미국의 포드 사)와 여권(1998년, 말레이시아)을 포함해 모든 것에 전자칩이 내장되게 되었다.

✚ 어느 자물쇠 수리공에 관한 전설

제러마이아 첩이 1818년에 고안한 '풀 수 없는' 자물쇠와 관련해 2개의 이야기가 전해지는데, 사실 둘 다 신빙성은 없다. 첫 번째는 첩이 근무했다고 알려진 영국 포츠머스 왕립 조선소에서 첩의 장치를 채택했는데, 당시 섭정왕자였던 조지 4세가 우연히 그 장치 위에 앉고 나서였다는 이야기이다. 두 번째는 유죄판결을 받은 절도범이었던 어느 자물쇠 수리공에게 첩의 장치를 푼다면 사면해 준다는 제안을 했다는 이야기이다. 두 달 후, 그는 패배를 인정했고, 포츠머스 항구에 있는 감옥선으로 다시 돌려보내졌다.

불과 요리

화덕

불을 이용하는 것과 불을 피우는 것은 완전히 다른 이야기이다. 유인원들은 10만~30만 년 전에 아마도 단단한 나무와 부드러운 나무의 마찰을 이용해 불 피우는 방법을 발견한 것으로 보인다. 현재까지 알려진 가장 오래된 화덕은 이스라엘 텔아비브 인근 케셈 동굴에서 발견된 30만 년 된 화덕이다.

+ 불의 이용, 중요한 처음

불은 태초부터 존재했다. 사실, 지구의 시작이었다고도 할 수 있다. 초기 인류가 처음으로 불을 다루고 이용하는 법을 알게 되기까지는 오랜 시간이 걸렸으나, 이는 초기 인류가 이룬 가장 큰 위업 중 하나로 아마

농업의 발달만큼이나 중요하다고 볼 수 있을 것이다.

불로 난방을 할 수 있게 되면서 기후 조건이 좋지 않은 지역으로의 이주가 가능해졌다. 동굴 입구나 야영지 가장자리에 불을 피우면 맹수로부터 보호받을 수 있었다. 불 덕분에 춥고 어두운 저녁에 할 수 있는 활동들(예를 들어 깎기, 새기기, 이야기하기)이 많아졌다. 불은 문화의 범위도 넓혔다(목탄 화가나 흙을 구워 토우를 만드는 조각가가 등장했다). 그리고 무엇보다 불 덕분에 음식을 조리해서 먹을 수 있게 되었다. 이제 매머드 스테이크에서 시작해 미슐랭 스타에 이르는 길고 맛있는 길에 최초의 걸음을 내딛게 된 것이다.

조리 도구

기원전 10만 년에 접어들면서 요리가 널리 보급되었다. 요리는 미각만 자극한 것이 아니었다. 한 학설('요리가설cooking hypothesis')에 따르면 음식을 요리함으로써 두뇌 발달에 좋은 식품을 더 많이 먹게 되고 섭취 시간이 단축되어 뇌의 용량이 지금과 비슷한 수준, 즉 50테라바이트(1테라바이트는 약 1조 바이트에 해당하는 정보량이다-옮긴이) 이상으로 커질 수 있게 되었다고 한다.

처음에는 모닥불에 간단하게 굽는 방법밖에 없었지만 점차 발전하여 구덩이 화덕(기원전 2만 9000년), 앞쪽에서 넣고 빼는 빵 화덕(기원전 800년경, 고대 그리스), 손으로 돌리는 쇠꼬챙이(중세), 벽돌과 타일로 만든 특정 목적용 화덕(15세기, 프랑스), 쇠화로(1720년경, 독일), 쇠화덕(연료는 나무와 석탄. 1800년경, 영국), 가스레인지(1826년, 영국의 제임스 샤프James Sharp), 그리고 마침내 전기 오븐(1890년경, 캐나다)까지 나오게 되었다. 1893년에는 스코틀랜드의 앨런 맥마스터스Alan MacMasters가 전기 토스터를 발명했고, 1909년 미국 회사 제너럴일렉트릭이 토스터 제품 판매를 시작했지만, 토스터에서 갓 나온 빵을 아침으로 먹게 되기까지는 10년을 더 기다려야 했다. 토스터용 슬라이스 식빵인 '클린 메이드 슬라이스드 브레드Kleen Maid Sliced Bread'는 1928년 미국에서 출시되었다. 전자레인지는 1946년에 처음 나왔고, 최초의 인덕션 호브는 1973년에 판매되었다(둘 다 미국).

난로와 연기

수천 년 동안 모닥불이 사실상 유일한 비태양 난방 형태이긴 했지만, 12세기 이전까지 아무도 굴뚝에 대해 생각하지 않았다는 것은 놀라운 일이다. 프랑스의 퐁테브로 수도원은 현존하는 가장 오래된 굴뚝을 자랑한다. 중국인들은 기원전 4세기에 최초의 무연 연료인 코크스(석탄 가스 제조 중에 나오는 부산물)를 만들었다. 철로 된 난로 반사판은 15세기 유럽에서, 주철 난로는 1642년 미국 매사추세츠주에서, 난로의 받침쇠(영국 찰스 1세의 용감한 조카인 루퍼트 공Prince Ruper의 묘안으로 추정된다)는 1678년경에 등장했다. 무연탄이나 코크스가 연료인 난로는 1830년대에 등장했고, 그로부터 약 20년 후에 최초의 가스난로가 개발되었다.

중앙난방

일부에서는 중앙난방이 7,000년 전으로 거슬러 올라가 한국의 온돌에서 시작되었다고 보기도 한다. 그러나 대부분은 바닥 아래의 더운

공기를 순환시키는 난방법인 고대 로마와 그리스의 하이퍼코스트 hypocaust를 중앙난방의 시작으로 본다.

훨씬 후인 16세기에 영국의 휴 플랫Hugh Plat은 증기배관 온실 난방 시스템을 구상했지만, 그 아이디어는 18세기 말이 되어서야 (짧게 지속된) 현실이 될 수 있었다. 증기배관을 대신해 온수배관을 사용하는 방법도 등장했는데, 러시아의 표트르 대제가 자신의 상트페테르부르크 여름궁전에 쓰기 위해 창안한 방법이었다(1710년경). 러시아에서는 1855년경 라디에이터도 발명되었다.

그 이후 진행된 중요한 발전은 물을 데우는 방법에 집중되었다. 열펌프는 오스트리아의 페터 폰 리팅거Peter von Rittinger가 1855년에서 1857년 사이에 고안한 것으로 알려져 있다. 미국에 거주하는 클래런스 켐프Clarence Kemp는 아마도 1896년에 최초로 태양열 에너지를 이용하여 의도적으로 물을 데운 사람일 것이다(그는 커다란 물탱크를 검은색으로 칠했다). 1948년에는 미국의 로버트 웨버Robert Webber가 지열원 열펌프를 발명했다.

냉장과 냉동

식품을 얼음 저장고에 보관했다는 최초의 기록은 짐리 림Zimri-Lim 왕 때의 것이다(기원전 1780년경, 시리아). 3,500년 후 스코틀랜드의 윌리엄 컬렌William Cullen은 최초로 얼음 만드는 기계를 만들었다(1756년). 오지에서도 맥주를 시원한 상태로 유지할 수 있게 된 것은 1857년 스코틀랜드 태생의 오스트레일리아인 제임스 해리슨James Harrison의 냉장 기계가 가동되면서부터였다. 가정용 냉장고는 1913년에, 냉동고—미국 제너럴일렉트릭 사 제품—는 1927년에 판매되기 시작했다, 두 칸짜리 냉장·냉동고는 미국에서 1939년에 등장했다.

냉방

증발 냉각은 실내 온도를 의도적으로 내리는 첫 번째 방법이었다. 기원전 3000년경 고대 이집트인들은 유입된 바람이 지하수를 지나쳐 가면서 차갑게 식게 하는 시설인 윈드캐처windcatcher(건물 위로 높게 솟아 있는 자연식 환기구-옮긴이)를 설치했다. 또한 그들은 창문에 매단 갈대에 물을 떨어뜨리고 바람에 펄럭이게 하는 방법도 이용했다. 중국 당나라 현종(재위 712~756)의 궁궐에 있었던 냉방실은 수력으로 돌아가는 팬으로 냉방을 했다고 전해진다. 최초의 전기 냉방 장치는 1906년에 미국에서 특허를 받았다. 그보다 4년 전인 1902년에 미국 버펄로 포지 컴퍼니의 윌리스 캐리어Willis Carrier는 세계 최초로 전기 에어컨을 발명했다.

식품 저장

식품을 저장하는 방법에 냉장이나 냉동만 있는 것은 아니다. 농부들은 적어도 1만 4,000년 전부터 햇볕에 농작물을 말리고 있었다. 그로부터 얼마 지나지 않아 소금을 첨가하면 보존력이 더 높아진다는 사실이 발견되었다(이와 비슷한 방법이 기원전 5500년 칠레, 기원전 3000년 이집트에서 인간의 몸을 미라로 만드는 데도 이용되었다).

기원전 7000년경에는 중국과 중동에서 초기 알코올음료가 만들어지면서 알코올에 방부효과가 있다는 사실이 알려졌다. 최초의 피클(티그리스강 유역 이주민들이 만든 오이 피클)은 기원전 2030년에 등장했다고 전해진다.

1823년산 구운 송아지 고기 통조림

통조림 식품은 적어도 1772년부터 네덜란드 해군이 먹었었고, 1810년에 영국에서 특허를 받았다. 그 전해에 프랑스의 니콜라 아페르Nicolas Appert는 행군 중인 나폴레옹의 군대에게 식량을 보급하기 위해 조리된 음식을 병에 넣어서 저장하는 방법을 개발했다. 대량 생산되는 냉동식품은 1930년에 버즈 아이Birds Eye 사가 처음 출시했고, 최초의 본격적인 냉동 포장식 '티브이 디너TV dinner'는 1953년에 미국에서 판매되기 시작했다.

부엌에서

+ 최초의 그릇

간단한 굽기는 뽀족한 막대기나 뼈, 아니면 뿔 조각을 이용해 불 가까이에 음식을 대고만 있으면 되었다. 장점은 어린아이들도 할 수 있을 만큼 쉽고 빠르다는 것이다. 단점은 많은 영양분(특히 지방)이 빠져나와 불 속으로 들어가 버린다는 것이다. 이에 대한 해답은 조리용 그릇이었다. 아마도 동물의 껍데기가 최초의 조리 용기였을 것이다. 예전에는 농업의 시작과 함께 최초의 그릇이 만들어졌을 거라고 여겼지만, 사실 그릇은 중국의 수렵채집인들이 2만 년 전쯤에 만든 것으로 보인다. 그렇다면 도토리 모양의 그 커다란 도자기 용기에 그들은 무엇을 요리했을까? 바로 세계 최초의 생선수프였다!

그릇, 냄비, 주방용품

저장용 토기는 약 2만 년 전부터 사용되었고, 가장 오래된 것은 중국의 토기이다. 고대 이집트인들은 약 1만 년 전에 유약을 처음 만들었고, 그들의 이웃인 메소포타미아 사람들은 그로부터 약 4,000년 후에 돌림판을 발명했다. 중국인들은 기원전 1600년경에 자기(그래서 자기를 영어로 '차이나china'라고 부른다)를 만들었지만, 놀랍게도 본차이나bone china는 영국 런던 사람인 토머스 프라이Thomas Frye가 1748년에 발명했다고 한다.

금은 귀하고 녹이 슬지 않기 때문에 인간이 장신구로 사용한 최초의 금속이었지만, 무게와 희귀성 때문에 금으로 만든 조리용 그릇은 동화 속 이야기나 다름없었다. 기원전 5250년경에 세르비아 지역에서 처음으로 제련된 구리는 솥과 냄비를 만들기에 적합했고, 청동(기원전 제5천년기)은 그보다 더 좋았다. 최초의 청동은 구리와 비소를 섞어서 만들었는데, 단점이 분명했기 때문에 얼마 지나지 않아 구리-주석 합금으로 대체되었다(기원전 4500년, 세르비아 지역). 구리-아연 합금인 황동은 기원전 제3천년기에 중동에서 처음 만들어졌다. 철 제련은 기원전 2100년경 터키에서 시작되었다.

구리, 황동, 철, 강철로 된 취사도구는 에나멜 냄비(18세기 후반, 독일)와 알루미늄 냄비(19세기 말)가 등장하기 전까지 가장 흔하게 사용되었다. 알루미늄 냄비가 등장하기 훨씬 전에 이탈리아의 루이기 브루냐텔리Luigi Brugnatelli는 전기 도금을 발명했다(1805년). 20세기에는 파이렉스 유리(흔히 요리 기구 제조에 쓰이는 강화 유리-옮긴이. 1908년, 미국), 스테인리스 스틸(1913년, 영국), 테플론(음식이 들러붙지 않도록 프라이팬 등에 칠하는 물질-옮긴이. 1938년, 미국), 탄소 섬유(1860년,

영국의 조지프 스완(Joseph Swan), 그리고 변형 자기와 유리를 포함한 여러 신기한 합성물의 출현을 목격할 수 있었다.

저장 식품

빵

수렵채집 생활을 했던 우리 조상들이 약 3만 년 전쯤에 일종의 빵(으깬 곡물을 물로 반죽해서 돌 위에서 익힌 것)을 만들면서 먹을 수 있는 음식이 다양해졌을 것으로 보인다. 2018년에는 1만 4,000년 전에 빵을 구웠다는 증거가 요르단에서 발견되기도 했다. 고대 이집트인들은 기원전 제1천년기에 이스트로 빵을 발효시키고 있었다. 기원전 800년을 전후해 메소포타미아에서는 맷돌이 발명되어 입자가 고운 곡분을 생산할 수 있게 되었다. 제빵은 기원전 300년경 고대 로마에서 하나의 직업이 되었고, 1928년 미국에서 오토 로웨더Otto Rohwedder가 자동 식빵 슬라이서를 개발하면서 어느 정도 오늘날과 비슷한 모습을 갖추게 되었다.

과자를 먹으면 되지

제빵은 과자로 이어지는데, 이번에도 꿀로 맛을 낸 과자를 처음 만든 고대 이집트인들이 최초라고 주장할 것이다. 여러 층으로 된 케이크의 조리법은 1872년 미국에서 가장 먼저 발표되었다. 푸딩의 시작은 규정할 수가 없는데, 그 단어가 달콤하고 풍미 있는 음식을 모두 포괄하고 있기 때문이다. 파이도 그중 하나로 고대 그리스인들이 처음 만든 것으로 추정된다(기원전 5세기 아리스토파네스의 희곡에서 언급됨). 이 말은 기원전 제1천년기에 이집트, 페니키아, 그리스에서 처음 만들었던 페이스트리도 있었다는 뜻이다.

소시지

세척한 창자 속을 고기나 다른 음식으로 채워서 소시지를 만드는 기술은 중국과 고대 그리스에서 거의 동시에 처음 등장하지만(기원전 600년경), 메소포타미아에서 그보다 2,000년 전에 그와 비슷한 음식을 만들고 있었다고 믿는 사람들도 있다. 발효 소시지인 살라미소시지는 적어도 2,000년 전에 그리스와 로마에서 만들어졌다. 프랑스 혁명 직후인 1789년, 프랑스인들은 크루아상 페이스트리(17세기에 헝가리에서 처음 만듦)로 소시지를 싸서 소시지 롤을 만들었는데, 이 음식은 바로 영국으로 수출되어 큰 인기를 얻었다.

✚ 핫도그

독일인들은 이미 13세기에 프랑크푸르터 뷔르스첸 소시지를 먹고 있었다. 미국으로 이주한 독일인들은 그 진미를 길거리에서 간식으로 팔았다. 그런데 문제가 발생했다. 뜨거운 소시지를 먹는 손님들이 손가락에 화상을 입게 된 것. 이에 판매자들은 손님들에게 장갑을 빌려주었다. 그런데 또 새로운 문제가 생겼다. 손님들이 장갑을 제때 돌려주지 않아서 소시지 판매자의 수익이 크게 떨어졌다. 그리하여 새로운 해결책이 마련되었는데, 바로 소시지를 롤빵 속에 넣어서 파는 것이었다.

이렇게 해서 핫도그가 탄생하게 되었다. 언제 처음 시작되었는지 확실히 아는 사람은 없지만, 1880년에 미국 미주리주 세인트루이스의 포히트방거Feuchtwanger 씨가 시작했다는 설이 유력하다.

동물 길들이기

'인간의 가장 좋은 친구'인 개는 가장 오래된 친구이기도 하다. 개는 1만 5,000년쯤 전에 최초의 가축이 되었다(독일). 그다음은 돼지(중국)와 양(아나톨리아(터키))인데 둘 다 기원전 9000년경에 사육되었고, 염소(페르시아(이란))는 소(서아시아)와 함께 공동 4위(기원전 8000년경)를 차지한다. 인도에서 온 닭(기원전 6000년경)은 다소 늦게 등장했다.

유제품

버터는 아마도 염소를 사육한 직후 우연히 발견되었을 것으로 보인다. 마가린은 1869년 프랑스의 이폴리트 메주 무리에Hippolyte Mège-Mouriès가 특허를 받았다. 유니레버 사는 1920년에 스토크Stork를, 1964년에는 식물성 유 중심의 플로라Flora를 출시했는데, 당시는 건강을 중시하는 스칸디나비아 사람들이 올리브유 등의 식물성 기름이 주재료인 다양한 대체 스프레드를 사용하기 시작한 시기였다. 치즈 역시 레닛(우유를 치즈로 만들 때 사용되는 응고 효소-옮긴이)이 풍부한 반추 동물의 위장을 말려 만든 자루에 우유를 담아 두었다가 우연히 발견되었다. 치즈 제조의 가장 오래된 증거는 폴란드와 크로아티아에서 찾을 수 있으며(기원전 5500년경), 특정 종류의 치즈는 처음 기록된 시기가 알려져 있는데, 체더치즈(1500년경, 영국), 모차렐라 (1570년, 이탈리아), 파르메산치즈(1597년, 이탈리아), 카망베르(1791년, 프랑스) 등이 이에 해당한다. 최초의 치즈 공장은 1815년 스위스에 세워졌고, 최초의 가공 치즈도 마찬가지로 스위스에서 1911년에 만들어졌다.

말을 사육하기 시작한 이후의 어느 불특정한 시기에 중앙아시아의 부족들이 요구르트를 우연히 발견한 것으로 알려져 있다. 이는 로마인들이 요구르트를 '야만인'의 음식으로 묘사했다는 것으로 뒷받침되는 설이다. 요구르트를 기업에서 생산하기 시작한 것은 1919년 터키의 아이작 카라소Isaac Carasso였는데, 그는 자신의 아들 다니엘의 이름을 따서 회사 이름을 지었다. 훗날 다농Danone—다니엘의 애칭—은 미국 시장에서는 다논Dannon으로 바뀌었다. 과일이나 맛을 첨가한 요구르트의 상업적 생산은 1933년 체코의 수도 프라하에서 시작되었다.

패스트푸드

분주한 사람—말 탄 기사, 쟁기질 중인 농부, 시장에서 물건 파는 상인—이 간단히 먹는 모든 음식은 '패스트푸드'라고 할 수 있다. 이 용어는 1950년대 초가 되어서야 사전에 등재되었지만, 최초의 패스트푸드가 언제 판매되었는지는 정확히 말할 수 없다. 우리는 보통 도시에서 파는 미리 조리된 테이크아웃 음식을 패스트푸드라고 정의한다. 패스트푸드의 개척자는 영국 랭커셔 모슬리의 존 리스John Lees와 런던 이스트엔드의 유대인 이민자 조지프 말린Joseph Malin이라고 알려져 있다. 두 사람 다 1860년대에 피시앤드칩스(얇게 썬 감자튀

김을 곁들인 생선프라이-옮긴이)를 팔았다.

햄버거의 발명에 대한 많은 주장들이 있지만, 필자는 최근까지 독일 함부르크에 거주한 프랭크와 찰스 멘체스Frank & Charles Menches 형제와 그들이 이용한 정육점 주인 앤드루 클라인Andrew Klein이 처음 만들었다는 설을 지지한다. 그들은 1885년 미국 버펄로에서 열린 이리 카운티 박람회에서 소시지 노점을 열었는데, 돼지고기가 떨어지는 바람에 다져서 양념한 쇠고기를 빵 사이에 끼워서 팔았고 큰 성공을 거두었다. 월터 앤더슨Walter Anderson의 화이트 캐슬White Castle(1921년, 미국 위치토)은 종종 최초의 패스트푸드점으로 일컬어진다. 그로부터 34년 후인 1955년, 최초의 맥도널드 매장이 오픈했다. 케밥은 중세 페르시아에 뿌리를 두고 있고, 아주 오래전인 997년에 이탈리아인들이 피자를 즐겼다는 기록이 남아 있다.

새콤달콤한 카레 요리는 서아시아 지역에서는 요리 자체만큼이나 오래되었다. 1810년에는 처음으로 인도가 아닌 다른 나라, 영국 런던에 인도 식당이 문을 열었고, 1908년에는 런던 최초의 중식당이 오픈했다. 인도와 중국 요리 테이크아웃점은 1950년대부터 생겼다. 영국에서 개발된 인도 요리인 볼티는 1971년 영국 버밍엄에서 시작되었다고 전해진다.

사실이든 아니든, 샌드위치 가문의 4대 백작으로 도박을 좋아하기로 소문난 존 몬태규John Montagu(1718~1792)가 카드놀이를 즐기면서 먹을 음식을 만들어 오게 했다는 이야기는 샌드위치의 유래에 대한 괜찮은 설명이긴 하다. 바게트baguette라는 이름은 1920년에 붙여졌지만 프랑스에서는 이미 18세기에 바게트가 만들어지기 시작했다. 짐작건대 당시에는 빵을 갈라서 버터와 치즈, 햄을 넣었을 것이

1955년에 오픈한 미국 일리노이주 맥도널드 1호점 앞의 손님들

다. 얼마 지나지 않아 영국의 윌리엄 키치너William Kitchiner는 책『요리사의 신탁The Cook's Oracle(1817년)』에서 '술안주의 왕' 감자칩을 만드는 법을 설명했다. 스미스 감자칩Smith's Crisps(영국)은 최초로 소금을 첨가한 감자칩이고, 1950년대 초에 아일랜드의 조 머피Joe 'Spud' Murphy는 최초로 조미된 감자칩을 제조했다.

시리얼

포리지(오트밀 등을 물이나 밀크로 걸쭉하게 쑨 죽–옮긴이)는 농업만큼이나 오래된 음식이다(18쪽 참조). 독일 이민자 출신 미국인인 페르디난드 슈마허Ferdinand Schumacher가 설립한 저먼 밀스 아메리칸 오트밀 컴퍼니German Mills American Oatmeal Company(1854년 설립되었다가 퀘이커 오츠Quaker Oats로 바뀌었고, 2001년에 펩시코PepsiCo가 인수함)를 통해 미국의 시리얼 혁명이 시작되었다. 대서양의 반대편에서는 1880년이 되어서야 스콧 포리지 오츠Scott's Porage Oats(1982년에 퀘이커에 매각됨)가 생산을 시작했다.

사람이 만든 최초의 시리얼은 미국의 제임스 케일렙 잭슨James Caleb Jackson이 1863년에 개발한 그래눌라Granula이다. 18년 뒤 존 하비 켈로그John Harvey Kellogg가 그것과 아주 비슷한 것을 개발했고, 법적 분쟁을 피하기 위해 '그래놀라Granola'라는 이름을 붙였다. 켈로그는 1906년에 배틀 크릭 토스티드 콘플레이크 컴퍼니Battle Creek Toasted Corn Flake Company라는 회사를 세웠다. 그보다 6년 전에 스위스의 의사 막시밀리안 비르헤르 베너Maximilian Bircher-Benner는 자신의 환자들을 위해 최초의 뮤즐리(통귀리와 기타 곡류, 생과일이나 말린 과일, 견과류를 혼합해 만든 시리얼–옮긴이)를 개발했다.

켈로그 콘플레이크 초기 광고(1907년)

아쉽기는 하지만 그런대로 괜찮은

고대 그리스인들이 아이스크림과 비슷한 것을 즐겨 먹었지만(기원전 5세기), 사실 그것은 눈에 맛을 첨가한 것에 지나지 않았다. 우유를 이용한 제대로 된 아이스크림은 3세기 후에 중국에서 만들어졌다. 맛을 첨가한 아이스크림이 유럽에 들어온 것은 1533년경이었다. 아이스크림콘은 1880년대 이탈리아에서, 소프트아이스크림은 1934년 미국에서 등장했다.

약 5,300년 전, 안데스산맥의 동쪽 산비탈에 사는 사람들은 처음으로 초콜릿의 원료인 카카오를 재배했다. 16세기 전반, 스페인 사람들은 그것을 유럽으로 가져갔고, 네덜란드의 콘라드 반 하우텐Coenraad Van Houten(압착 초콜릿. 1828년)과 영국의 조지프 프라이Joseph Fry(판형 초콜릿. 1847년)의 손을 거쳐 음료에서 고형으로 바뀌었다. 1875년, 스위스의 다니엘 페터Daniel Peter가 또 다른 스위스인인 앙리 네슬레Henri Nestle가 1867년에 개발한 가루우유를 이용해 밀크 초콜릿을 개발하면서 현대 초콜릿 산업은 활기를 띠게 되었다.

단맛

사탕수수는 기원전 8000년경에 인도에서 처음 재배되었고, 350년을 전후해 사탕수수의 달콤한 즙으로 과립이 만들어졌다. 1493년에 콜럼버스가 사탕수수를 아메리카 대륙에 들여왔고, 최초의 사탕무 가공 공장은 1801년 폴란드의 슐레지엔에 문을 열었다.

단맛을 내는 세 번째 원료로 포도당이 풍부한 옥수수 시럽은 1812년 러시아에서 발견되었고, 1864년에 미국에서 상업적으로 생산되었다. 1958년 미국의 클린턴 옥수수 가공 회사Clinton Corn

초콜릿 단지와 손으로 깎아 만든 거품기를 사용하는 아즈텍족(16세기)

Processing Company가 포도당의 일부를 과당으로 바꿀 수 있게 되면서 옥수수 시럽은 매력적인 식품 첨가물로 자리 잡았다. 일본에서 더 많은 연구를 한 끝에, 클린턴 옥수수 가공 회사는 1967년에 고과당 옥수수 시럽을 생산하게 되었다.

사카린(과거에는 '가난한 사람'의 설탕이라 불린)의 단맛은 1879년 독일의 과학자 콘스탄틴 팔베르크Constantin Fahlberg에 의해 우연히 발견되었다. 에르메세타Hermesetas(1932년, 스위스)는 최초의 브랜드 인공 감미료이다.

식이요법

몸매와 건강을 생각하는 사람들은 어느 시대건 음식을 가려 먹었다. 2세기에 그리스의 부인과 의사였던 소라누스Soranus는 하제나 완하제(배변을 쉽게 하는 약·음식·음료-옮긴이)를 포함한 식이요법을 통한 체중 감량을 권고했다. 그의 이름이 암시하듯 불쾌한 부작용이 생길 위험이 있었다(소라누스Soranus라는 이름은 '쓰라린 항문sore anus'을 연상시킨다-옮긴이)

최초의 현대적 식이요법은 영국의 조지 체인George Cheyne 박사가 쓴 「건강과 장수에 관한 에세이Essay of Health and Long Life(1724년)」에서 제안한 것으로 알려져 있고, 식이요법에 관한 최초의 대중서는 영양부족의 결과를 충분히 체험한 사람이 쓴 책이었다. 바로 영국의 장의사 윌리엄 밴팅William Banting의 『비만에 관한 편지Letter on Corpulence(1863년)』로 그는 육류, 야채, 과일, 단맛이 없는 포도주가 포함된 균형 있는 식단의 중요성을 역설했다. 이 책은 21세기에도 여전히 출판되고 있다.

19세기 말쯤에는 최초의 체중 감량제—치명적인 부작용이 발생할 수도 있었다—가 여러 서구 국가에서 판매되었다. 1960년대 초에 나온 웨이트워처스Weight Watchers 제품은 그전 것들보다 훨씬 더 안전했다.

지하 저장고

물과 와인

물은 인류의 첫 음료였다. 또한 여전히 세계인들이 가장 많이 즐기는 음료이다. 선사 시대의 우리 조상들은 다양한 즙을 즐기기도 했지만, 획기적인 변화를 가져다준 것은 알코올성 음료의 등장이었다. 고고학적 증거에 따르면 중국인들이 가장 빨랐는데, 그들은 약 9,000년 전에 포도를 발효시켜 마셨다고 한다. 그것이 와인이었는지 아니었는지는 논란의 여지가 있다.

좀 더 확실한 증거에 의하면 와인의 첫 생산지는 기원전 6000년경에 와인을 만들기 시작한 조지아이고, 가장 오래된 포도주 양조장은 아르메니아에 있었다(기원전 4100년경). 생산연도(빈티지)로 와인을 구분하는 것은 중세 말 프랑스에서 시작되었다. 코르크 마개는 로마 시대부터 나무와 헝겊 대신 쓰기 시작했는데, 합성 코르크가 만들어지면서(1890년, 독일) 값이 싸졌다. 플라스틱 마개가 개발되면서 1955년에 시작된 코르크 대 인조 마개 논쟁은 1970년 스위스에서 와인에 스크루 캡screw cap(틀어서 여는 뚜껑-옮긴이)을 써서 성공을 거두자 더욱 격화되었다.

+ 위험한 거품

최초의 스파클링 와인sparkling wine은 그저 발효가 끝나지 않아서 거품이 일고 있는 평범한 와인이었다. 의도적으로 기포를 생기게 한 와인—블랑케트 드 리무Blanquette de Limoux라는 화이트 스파클링 와인—에 대해 처음으로 언급한 것은 1531년 생 힐레르Saint-Hilaire 수도원의 베네딕트회 수도사들이었는데, 그들은 그 와인을 병에 넣고 코르크 마개로 막아서 유통시켰다.

그 후에 샴페인이 등장하게 된 것은 17세기 영국인들이 병속에서 계속 발효되는(따라서 거품이 이는) 프랑스 랭스 지역 와인을 더 많이 주문했던 덕분이었다. 영국인들은 또한 맞춤형 샴페인 병이 제작되는 데도 일조했다(처음 제작된 병은 잘 폭발하여 안면 보호 마스크를 썼음에도 저장실 근로자들이 부상을 입기도 했고, 연쇄 반응으로 연간 생산량의 90퍼센트가 못 쓰게 된 경우도 있었다).

1967년 자동차 경주대회 '르망 24시24 Hours of Le Mans' 우승자인 미국인 댄 거니Dan Gurney는 우승을 축하하기 위해 처음으로 샴페인을 뿌린 선수이다.

증류주

증류는 3,200년 전 바빌론(이라크)에서 시작되었고, 1세기경 중국과 인더스강 지역(파키스탄)에서는 증류법을 이용하여 알코올음료를 생산했다. 9세기에 아랍의 과학자 알 킨디Al-Kindi는 증류주로 볼 수도 있는 음료를 만들었다. 위스키에 대해 가장 먼저 언급한 나라는 당연하게도 스코틀랜드였다(1494년).

그다음 세기는 그 외 모든 훌륭한 증류수의 등장을 알렸다. 네덜란드인들은 불에 태운 와인(브랜디)이 태우지 않은 와인보다 장거리 수송에서도 품질이 더 잘 유지된다는 것을 알게 되었다. 네덜란드의 군인들은 스페인의 지배에 맞서 저항했을 당시(16세기 말) 스스로 용기를 북돋우기 위해 예네버르(진)를 마셨다. 그보다 적어도 50년 전 폴란드의 상인들은 러시아 사람들에게 보드카를 소개해 주었다. 처음으로 칵테일을 만들어 판 곳은 영국 런던(1798년) 아니면 미국(1803년)이었다. 누군지는 몰라도 그 아이디어를 생각해 낸 사람은 성공 아이템을 찾아낸 게 분명했다.

✛ 맥주

맥주는 약 1만 3,000년 전에 현재는 이스라엘에 속하는 지역에서 처음 양조되었을 가능성이 있다. 다른 고고학적 발견에 의하면, 기원전 8000년경 서아시아 지역 사람들이 최초로 맥주를 양조했다고 한다. 더 신뢰할 수 있는 증거에 따르면 그로부터 약 2,500년 후에 페르시아에서 맥주를 처음 마셨다고 한다. 맥주의 인기는 빠르게 치솟았고, (이집트 기자의 피라미드 건설을 포함해) 갖가지 힘든 노동에 대한 보상으로 매일 1파인트(약 0.473리터), 1쿼트(약 0.94리터), 심지어 1갤런(약 3.8리터)의 맥주를 마시는 사람들도 있었다.

차와 커피

전설을 좋아하는 사람들을 위한 이야기를 하자면, 최초의 차는 기원전 2737년에 중국의 황제 신농(고대 중국의 전설상의 제왕-옮긴이)이 마셨다고 한다. 그가 마시고 있던 끓인 물 위에 우연히 바람에 날려온 차나무(카멜리아 시넨시스)의 잎이 떨어졌다는 이야기이다. 신화는 제쳐 두더라도 차를 개척한 이들이 중국인인 것은 확실하다. 그 뒤 차는 800년경 일본에 전파되었고, 1606년에는 유럽에 들어왔다. 영국은 1658년에 차에 대한 언급이 처음으로 나온다.

커피의 원산지는 에티오피아이다. 커피는 이슬람교 종교의식과 관련이 있었고, 15세기 예멘의 수도원에 종교의식을 행하면서 커피를 마셨다는 최초의 기록이 남아 있다. 유럽의 커피 하우스는 1645년 베니스에서 처음 문을 열었다.

탄산음료

탄산음료가 세상에 나올 수 있었던 것은 영국의 화학자 조지프 프리스틀리Joseph Priestley가 1767년에 개발한 탄산수 덕분이었다. 1770년대에는 영국 맨체스터의 토머스 헨리Thomas Henry와 스위스의 요한 야코프 슈베프Johann Jacob Schweppe(후에 영국 런던으로 이주함)가 '소다수soda water'라고 이름 붙인 제품을 대중에게 판매했다.

탄산 레모네이드는 1830년대에 미국과 유럽에서, 토닉 워터(탄산수에 각종 향초류와 감귤류의 과피 추출물 및 당분을 첨가하여 조제한 청량음료-옮긴이)는 1858년 인도에서 나왔다.

가스의 압력을 견디는 최초의 왕관 병뚜껑(1892년, 미국)과 유리세공 기계(1899년, 미국)가 제작되면서 탄산음료 산업은 급속도로 팽

17세기 커피 하우스

창했다.

　최초의 캔 음료는 맥주이고(1933년, 미국), 그다음 해에는 청량음료도 캔에 담겨 판매되었다. 1959년에는 스틸 캔을 대신해 알루미늄 캔을 쓰기 시작했고, 같은 해에 고리 달린 따개도 등장했다(둘 다 미국).

+ 콜라

카페인이 풍부한 콜라나무 열매는 수천 년 동안 서아프리카 중부에서 귀하게 여겨져 왔지만, 서양에서 상업적으로 이용되기 시작한 것은 19세기가 되어서였다. 1886년에 미국의 약제사 존 펨버턴John Pemberton이 개발한 코카콜라는 최초의 콜라 음료였다.

　코카콜라의 강력한 라이벌로 미국의 칼렙 브래드햄Caleb Bradham이 만든 펩시콜라는 처음에는 '브래드의 음료수Brad's drink'라는 이름으로 팔렸다(1893~1898년에 펩시콜라로 이름이 바뀌었다). 펩시는 1963년 최초로 다이어트 버전을 출시했다.

쇼핑

시장과 가게

기본적인 쇼핑—즉 무언가를 얻기 위한 교환—은 최초의 문명들이 전문 노동을 도입하면서 시작되었다. 예컨대 농부들은 그들의 농산물을 대장장이가 만든 도구와 교환했다. 그러한 여러 교환이 한곳에서 일어나는 것이 편리했기 때문에, 기원전 7000년을 전후해 차탈회위크(터키)나 카샨(이란) 같은 곳에서 시장이 발달했다. 화폐가 사용되기 시작한 것은 약 1,000년 후였다.

시장이 자리를 잡으면서 제조업자들은 작업장을 소매상권 변두리에 두어서 고객에게 직접 판매할 수 있도록 하는 것이 편리하다는 것을 알게 되었다. 그렇게 해서 최초의 가게(말 그대로 '작업장을 겸한 가게workshop')가 생겨났다. 처음으로 상표를 만들고 상품에 맞춰 포장을 한 것은 중국인들로 알려져 있다(기원전 200년경).

쇼핑센터

수많은 도시들이 저마다 세계 최초의 쇼핑센터를 보유하고 있다고 주장한다. 이렇게 의견 충돌이 생기는 데는 쇼핑 아케이드, 수크, 바자르, 쇼핑몰 등이 명확히 구별되지 않는 이유도 있다.

고대 로마의 트라야누스 시장(100~110년에 세워짐)을 최초의 쇼핑센터로 주장하는 사람도 있지만, 알레포 등의 중동 지역과 실크로드에 있었던 수크(아랍 나라들의 시장-옮긴이. 적어도 600년의 역사를 가지고 있음)를 들어 반박하는 이들도 있다. 또 어떤 이들은 중세 말 프랑스 라로셸에 세워진 아케이드(지붕 있는 상점가-옮긴이)나 1455년 터키 이스탄불에 세워진 그랜드 바자르(아치형 돔 지붕으로 덮인 대형 실내 시장-옮긴이)에 한 표를 던지기도 한다.

1785년 러시아 상트페테르부르크에 개장한 고스티니 드보르Gostiny Dvor는 최초의 특정 목적용 쇼핑몰이고, 런던에서 1819년 문을 연 벌링턴 아케이드는 최초의 특정 목적용 쇼핑 아케이드라고 할 수 있을 것이다. 세계 최초로 냉난방이 가능한 실내 쇼핑몰인 사우스데일 센터Southdale Center는 1956년에 미국 미네소타주 에디나에서 개장했다.

협동조합, 체인점, 백화점

1498년에 설립된 스코틀랜드 애버딘의 항만노동자 협동조합은 아마도 세계 최초의 협동조합일 것이다. 가장 오래된 소비자 협동조합은 역시 스코틀랜드의 펜위크 직물공 협동조합이다(1761년). 최초의 협동조합은행을 설립한 사람은 프란츠 슐체델리치Franz Hermann Schulze-Delitzsch이다(1852년, 독일). 1792년에는 영국의 헨리 월턴 스미스Henry Walton Smith가 세계 최초의 체인점(WH스미스)이 될 가게를 열었다. 미국 최초의 체인점인 그레이트 아틀랜틱 앤 퍼시픽 티 컴퍼니는 67년 뒤에 출범했다. 1796년에는 세계 최초의 백화점이라고 주장하는 2개의 상점이 문을 열었다. 영국 런던 팰맬가의 하딩, 하월 & 컴퍼니와 영국 맨체스터의 왓츠 바자(켄달 밀른 & 포크너, 혹은 간단히 줄여서 '켄달스'가 됨)이다. 파리 사람들은 1784년 개장한 르 태피 루주가 엄밀히 따지면 잡화상에 가깝기는 하지만, 영국의 두 백화점보다 먼저라고 주장한다.

슈퍼마켓, 하이퍼마켓, 포인트 제도

마이클 컬렌Michael J. Cullen은 1930년 8월 4일 미국 뉴욕에 세계 최초의 슈퍼마켓인 킹 컬렌King Kullen을 오픈했다. 유럽인들은 이 아이디어를 한 단계 더 발전시켜서 1963년 프랑스 파리 근교에 첫 하이퍼마켓(슈퍼마켓과 백화점이 결합된 형태의 대형 소매점) 매장 까르푸를 열었다. 충성도 높은 고객에게 보상으로 제공하는 경품권은 미국 위스

콘신주 밀워키에 있는 슈스터 백화점에서 1891년부터 시작되었고, 고객 포인트 적립 카드(1981년)와 항공 마일리지 제도(1988년)는 영국에서 가장 먼저 시작되었다.

계산과 드라이브스루

셀프서비스 슈퍼마켓은 다 좋았지만, 통로를 오가는 동안 구입할 물건들을 어디에 둘지가 문제였다. 미국 오클라호마의 험프티덤프티 슈퍼마켓 체인을 운영하던 실번 골드만Sylvan Goldman은 1937년에 해답을 생각해 냈다. 바로 쇼핑 카트였다. 한 문제에 대한 해답을 찾자 또 다른 문제가 생겼다. 물건이 가득한 카트가 계산대 앞에 밀려 있고, 지칠 대로 지친 직원들이 물품 가격을 일일이 확인하느라 정신이 없다면 어떻게 해야 할까? 이에 대해서는 바코드를 입력하는 것으로 해결되었다. 바코드는 1952년에 특허를 받았고, 1966년에 상업적으로 사용이 가능해졌다(둘 다 미국).

최초의 드라이브스루 은행 창구는 1929년 미국에서 생겼고, 최초의 드라이브스루 식료품점—마찬가지로 미국에서 도입한—은 1941년경에 캘리포니아에서 문을 열었다. 지금까지 살펴본 모든 쇼핑 혁신의 과정에는 계산과 지불 단계가 필요했다. 그러다가 2018년 미국 시애틀에 '아마존 고'가 등장했는데, 카메라와 센서가 계산원을 대신하는 최초의 계산대 없는 매장, 즉 빅 브라더가 지켜보고 있는 매장이 최초로 생겨난 것이다.

의복

원단

의복은 원래 동물의 가죽과 잎과 같은 적당한 식물질로 만들어졌다. 이 재료들을 꿰매어 연결하는 데 필요한 바늘은 시베리아와 남아프리카에서 약 5만 년 전부터 쓰였고, 가장 오래된 실은 조지아에서 3만 4,000년 전에 개아마 섬유를 꼬아서 만든 것이었다. 그 후 동물의 털, 특히 양털을 직물로 바꾸는 과정이 시작되었다. 펠트(모직이나 털을 압축해서 만든 부드럽고 두꺼운 천-옮긴이)가 가장 먼저 등장했는데(아마도 기원전 8000년, 중동), 특별한 기술이 필요하지 않았기 때문이었다. 그다음으로 니들 바인딩needle-binding(하나의 바늘과 실로 여러 매듭이나 루프를 만들어 패브릭을 만드는 기법-옮긴이)이 등장했고(기원전 6500년경, 이스라엘), 마침내 방직이 시작되었다. 방직은 약 5,400년 전에 고대 이집트에서 처음으로 행해졌다. 초기의 원단에는 중동의 아마(리넨의 재료), 중국의 비단, 인도의 면직물, 중동과 유럽의 모직물, 중국과 일본의 삼베가 있었다.

+ 지저분한 증거

우리는 인류의 조상들이 대략 10만 년 전 아프리카 대탈출이 이루어진 시기에 옷을 입기 시작했다고 믿는다(시기에 대해서는 인류학자들마다 의견이 다르다). 이렇게 추측하는 증거는 옷 자체가 아니라—남아 있는 옷이 없다—옷 안에 살았던 생물에서 찾을 수 있다. 우리가 아니라 바로

고대 이집트인들의 양말(300~500년)

'이'를 말한다. 체모에 붙어사는 머릿니는 우리와 늘 함께해 왔다. 하지만 유전학자들은 기원전 10만 년을 전후해 머릿니가 옷에 알을 낳는 몸니로 진화했다고 말한다. 이를 통해 인간이 옷을 입기 시작한 시기를 추정할 수 있다. 이는 아프리카 대탈출과도 관련이 있다. 더 추운 지역으로 이동하면서 옷이 필수품이 된 것이다.

기술

방적은 처음에는(아마도 2만 년 전) 굴대를 이용해 손으로 섬유를 말거나 꼬아서 실을 만드는 작업이었을 것이다. 1,000~1,500년 전에 인도에서 물레가 발명되었다. 이 과정은 제임스 하그리브스James Hargreaves의 제니 방적기spinning Jenny(1764년, 영국)와 리처드 아크라이트Richard Arkwright와 존 케이John Kay의 정방기(1769년, 영국)에 의해 기계화되었다. 그 후에도 기술이 발전해서 로터 방적rotor spinning(1963년, 체코슬로바키아)과 마찰 방적friction spinning(1973년, 오스트리아)이 나왔다.

직조는 바구니 만들기에서 유래했다. 직기를 누가 처음 만들었는지는 알려지지 않았는데, 여러 문화들이 초기 유사 시대에 각자의 버전을 독립적으로 고안한 것으로 보이기 때문이다. 논쟁의 여지가 거의 없는 사실은 1733년 영국에서 존 케이가 기계식 플라잉셔틀flying shuttle을 발명했고, 그 후인 1785년, 역시 영국에서 에드먼드 카트라이트Edmund Cartwright가 반자동 역직기power loom를 만들었다는 것이다.

1804년, 프랑스인 조제프 마리 자카드Joseph Marie Jacquard의 천공 카드 직기punch card loom가 나오면서 복잡한 무늬의 자동 직조가 가능해졌고, 1895년에는 미국의 제임스 헨리 노스롭James Henry Northrop이 전자동 역직기를 만들었다. 북 없는 직기는 스위스의 슐처 브라더스 사가 1942년에 개발했다. 워터 제트water-jet 직기와 에어 제트air-jet 직기는 1950년대에 체코슬로바키아에서 개발되었다. 뜨개질의 기계화도 이보다 뒤처지지 않는다. 이미 1589년에 영국의 성직자 윌리엄 리William Lee가 최초의 편물 기계를 발명하면서 기계화가 이루어졌다.

+ 합성 섬유

오늘날 전 세계 의복의 최소 절반가량은 150년 전에는 알려지지 않았던 원단으로 만들어진다. 1885년 영국의 조지프 스완은 실험실에서 만든 셀룰로오스cellulose 섬유를 공개했고, 1889년 프랑스에서는 일레르드 샤르도네Hilaire de Chardonnet가 인조견사를 만들었다. 1905년 영국 코털즈 사에서 레이온을 생산했고, 미국의 듀폰 사는 1930년대 후반 나일론을 개발했다. 1941년 영국 칼리코 프린터스 사의 존 윈필드John Whinfield와 제임스 딕슨James Dickson은 아마도 가장 큰 성공을 거둔 인조 원단인 폴리에스테르 섬유 '테릴렌Terylene'을 발명했다. 1998년에는 미국인 로버트 캐스단Robert Kasdan과 스탠리 콘블럼Stanley Kornblum이 최초로 폴리에스테르를 위킹 마이크로파이버wicking microfibre(극세사)로 만들었다.

1960년대에는 두 가지 획기적인 발전을 목격할 수 있었다. 먼저 1962년에 미국에서 스판덱스가 등장했다. 들어 본 적 없다고? 라이크라Lycra를 착용해 보라! 그리고 2년 뒤 듀폰 사의 스테퍼니 퀄렉Stephanie Kwolek이 방탄조끼 소재로 쓰이는 고강도 섬유 케블라Kevlar를 발명했다.

기본 의복

짚으로 짠 최초의(즉 현존하는 가장 오래된) 스커트는 기원전 3900년경에 아르메니아에서 만들어졌다. 어느 이집트 고분에서는 5,000년 된 리넨 셔츠(또는 어쩌면 드레스)가 발견되었다. 오래 지나지 않아 인더스강 유역의 여자들은 사리(인도의 여성들이 입는 민속 의상-옮긴이)를 입었다.

바지도 아주 늦게 등장한 것은 아니었다. 중국에서 발견된, 현존하는 최초의 바지는 3,000년은 된 것으로 보인다. 기원전 6세기에 남겨진 바지에 관한 기록이 있는데, 바지는 말 위에서 오랜 시간을 보낸 아시아 유목민들이 선호하는 옷으로 기술되어 있다. 중동의 싸웁(아랍의 남성용 전통 의상-옮긴이)은 이슬람교가 창시되기 전부터 입었던 옷으로, 고대 그리스와 로마의 남녀 모두 즐겨 입던 늘어뜨려 입는 의복과 같은 시기에 나온 것으로 보인다(기원전 제1천년기).

부츠와 신발

중국에서 발굴된 발가락뼈 화석을 보면 인간은 4만 년 전에 처음으로 신발을 신었음을 알 수 있다. 남아 있는 샌들 중 가장 오래된 것은 산쑥으로 만들어졌고(기원전 8500년, 미국 오리건주), 아르메니아의 동굴에서 발견된 가장 오래된 가죽 신발은 5,500년 된 것이다.

최초의 부츠 그림은 기원전 1만 3000년경에 그려진 스페인의 동굴 벽화에서 찾을 수 있고, 부츠는 기원전 3000년을 전후해 고대 페르시아에서 착용했다. 당시 부츠는 신는 사람의 권력과 권위를 나타냈다. 나막신은 북유럽의 켈트족이 처음 신었을 것으로 추측되는데, 어쩌면 제1천년기 초부터 신었을지 모른다. 10세기경 페르시아 기병들은 등자(말안장에 발을 거는 고리-옮긴이)에 발을 잘 고정시키기 위해 하이힐을 신었고, 17세기에 페르시아 아바스 1세의 사절들이 유럽에 하이힐을 전파했다.

풋웨어 패션

1837년 영국의 빅토리아 여왕은 옆면을 신축성 있는 소재로 만든 첼시 부츠Chelsea Boots를 신었고, 대서양 건너편 미국 캔자스주 목장에서 말을 타고 일하는 남자들은 멕시코 스타일의 신발 굽에 유럽 스타일의 높이를 결합하여 카우보이 부츠를 개발했다.

이번에는 대서양을 건너는 창의력의 방향이 바뀌어서, 영국계 미국인 사업가 하이럼 허친슨Hiram Hutchinson이 프랑스로 이주해 1853년에 고무장화(영국식 영어로 '웰리스wellies')를 만들었다. 일본의 전통 짚신 조리의 영향을 받은 플립플롭flip-flop(엄지발가락과 둘째 발가락 사이를 한 가닥 줄로 연결한 신-옮긴이)은 1950년대에 미국에서 등장했다.

스틸레토 힐stiletto heel(뒷굽이 매우 높고 송곳처럼 가늘어 뾰족한 구두-옮긴이)을 처음 만든 이로는 1906년부터 유행의 첨단을 걷는 구

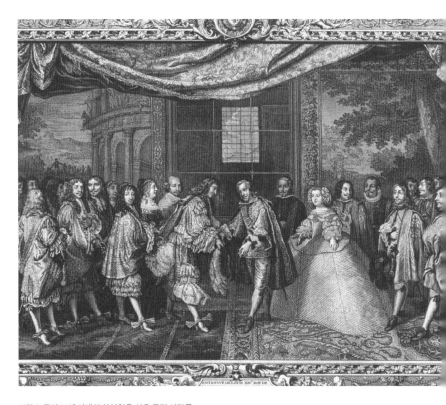

프랑스 루이 14세 시대의 하이힐을 신은 궁전 사람들

두를 만들어 온 프랑스의 구두 디자이너 앙드레 페루자André Perugia
를 꼽을 수 있을 것이다. 그러나 인쇄 매체에서 구두를 설명하며 '스
틸레토'라는 용어를 처음 쓰기 시작한 것은 1959년이 되어서였다.
밑창이 두꺼운 구두인 브라슬 크리퍼brothel creeper는 그보다 10년 전
에 조용히 등장했고, 그즈음 포인티드 토 슈즈pointed-toe shoes(12세기
이후)와 윙클 피커즈winklepickers(앞코가 뾰족한 구두나 부츠–옮긴이)가
다시 유행했다.

속옷

직물이 개발된 시점(52쪽 참조) 또는 더 이전부터—나무껍질이나 잎
으로 만든 속옷을 생각해 보라—입기 시작한 최초의 남녀 공용 속
옷은 로인클로스loincloth(허리에 두르는 천–옮긴이. 카우피남, 브리치 클로
스, 훈도시 등으로도 알려져 있음)였다. 라틴어로 '브레braies' 또는 '브라
케braccae'로 알려져 있는 바지 모양의 속옷은 기원전 제1천년기부터
로마 제국 밖의 종족들이 입었다. 로인클로스와 속바지는 19세기까
지 전 세계적인 표준 속옷이었다.

스포츠를 좋아하는 로마의 여성들은 비키니와 비슷한 브레스
트클로스breastcloth('스트로피움')를 입었고, 현대적인 브래지어(한 쌍
의 '가슴받이'가 있는)는 15세기에 오스트리아에서 놀랄 만큼 일찍 등
장했다. 이는 19세기 후반 프랑스의 코르셋 제작자 헤르미니 카돌
Herminie Cadolle의 브래지어 발명과 미국의 브래지어 특허 등록(1914
년)보다 수백 년 앞선다.

코르셋, 양말, 스타킹

적어도 3,500년 전 고대 크레타에서 코르셋을 착용했다는 증거가 있지만, 현대적인 코르셋은 프랑스의 왕비 카트린 드 메디시스Catherine de Médicis(재위 1547~1559)가 허리가 굵은 여성의 궁전 출입을 금한 시기에 시작되었다고 전해진다. 20세기 중반에는 코르셋 대신 신축성 있는 거들을 입기 시작했다.

수세기 동안 양말과 스타킹은 거의 구별되지 않았다. 최초의 양말은 기원전 750년경 그리스에서 신은 것으로 동물의 털로 만들어졌다. 앵글로·색슨 시대(6세기 이후)에 들어 양털 양말의 길이가 길어져서 내려오지 않게 잡아 줄 밴드가 필요해졌다. 호즈(스타킹과 팬티스타킹의 전신)는 중세 초기에 처음 만들어졌다. 서스펜더 벨트(미국에서는 가터벨트라고도 불림)는 19세기에 등장했다. 나일론 스타킹은 1939년 10월 24일 미국 델라웨어주 윌밍턴에서 처음 판매에 들어갔고, 1959년에는 미국의 앨런 갠트Allen Gant가 최초의 팬티스타킹을 생산했다.

모자

가장 오래된 모자는 사해 인근 동굴에서 발견된 5,500년 된 구리 왕관일 것이다. 알프스산맥에서는 러시아식 곰 가죽 모자(기원전 3300년경에 만든 것으로 추정됨)가 얼어붙은 시신과 함께 발견되었다.

여성의 고상한 머리쓰개에 대한 최초의 언급은 기원전 13세기 아시리아(이라크, 시리아)의 기록에서 찾을 수 있는데, 머리를 가리는 것은 최상류층 부인들만이 할 수 있는 것이었고, 신분이 낮은 여성들이 윗사람들의 스타일을 따라 하면 벌을 받았다고 한다. 터키에서는 1980년에 최초로 근대적인 머리쓰개 금지령을 내렸다. 가장 오래된 머리 장식품—머리쓰개와는 다른—은 16세기 후반 유럽에서 시작되었고, 1990년대에 다시 유행했다. 14세기 영국에서는 테 없는 납작한 모자, '보닛'이 등장했고, 17세기 플랑드르(벨기에, 네덜란드 남부, 프랑스 북부에 걸친 중세의 나라-옮긴이)에서는 군인 삼각모가, 18세기 후반 프랑스에서는 실크해트(서양의 남성 정장용 모자-옮긴이)가, 1849년에는 꼭대기가 둥글고 딱딱한 모자인 중산모(영국의 토머스 볼러Thomas Bowler와 윌리엄 볼러William Bowler가 만듦)가 등장했다.

강도의 트레이드마크인 발라클라바balaclava(머리와 얼굴을 완전히 덮어씌우고 눈만 보이게 만들어진 방한용 모자-옮긴이)는 크림 전쟁(1854~1856년)에 참전한 영국 병사들에게 보낸 방한용품에서 시작되었지만, '발라클라바 모자'라는 문구가 쓰이기 시작한 것은 1881년이 되어서였다. 마지막으로, '평원의 우두머리' 카우보이의 모자인 스테트슨은 1865년에 미국의 존 스테트슨John Stetson이 디자인하고 제작했다.

방한과 방수

추운 날씨에 몸을 보호하는 방법은 최초의 옷(52쪽 참조)으로 시작된다. 더 구체적으로 말하면, 철기 시대에(기원전 제1천년기) 북유럽 사람들은 털로 된 겉옷을 만들고 있었다. 1587년부터 그 옷들은 영국 채널 제도의 선원들 사이에서 인기를 얻으면서 저지로 알려지게 되었다(저지는 영국 해협에 있는 섬 이름이다-옮긴이). '점퍼'라는 단어가 의복에 쓰이기 시작한 것은 19세기 중반이 되어서였다(영국).

미국인들은 19세기 말에 들어 저지를 '스웨터'라고 불렀고, '풀

1893년 카탈로그에 실린 신사의 맥 코트

오버'라는 단어는 1920년대에 영국에서 쓰이기 시작했다.

최초의 카디건(니트 조끼)은 수많은 사상자를 낸 1854년 '경기병대의 돌격(크림 전쟁 당시 영국과 러시아가 벌인 발라클라바 전투에서 있었던 사건-옮긴이)'을 지휘한 영국의 카디건 백작이 고안해서 입기 시작했다고 알려져 있다.

방수모를 포함해 방수가 되는 오일스킨(기름을 먹여 방수한 천이나 유포-옮긴이)은 17세기 유럽에서 처음 만들어졌다. 중세에 입기 시작했을 것으로 보이는 케이프(소매가 없는 망토식의 겉옷-옮긴이)는 스코틀랜드의 찰스 매킨토시Charles Macintosh가 1824년에 고무코팅된 레인코트(맥mac 코트)를 만들면서 구식이 되었다.

+ 정조대

삽화와 함께 정조대를 최초로 언급한 기록은 독일 작가 콘라드 카이저Konrad Kyeser가 쓴 15세기 군사 공학에 관한 책 『병기도Bellifortis』에서 찾을 수 있다. 오늘날의 학자들은 그 언급이 농담에 가까운 것이라 여긴다. 그들은 또한 전 세계 박물관에 전시되어 있는 기상천외한 정조대들은 모두 19세기 후반~20세기에 만들어진 가짜라고 생각한다. 그러면 최초의 정조대는 어디 있냐고? 그것은 지나치게 호색적이거나 아니면 강박적으로 순결을 중시하는 사람들의 마음속에만 존재한 것이다.

전투복

정의에 따르면, 최초의 군복은 스파르타 장갑보병의 붉은 망토(기원전 500년경)이거나 약 50년 이후 로마 군단 병사의 복장, 또는 1550년 경 이후 프랑스 육군 연대복이었다. 육군의 군복과 마찬가지로 최초의 해군 제복도 확실하지는 않다. 로마 제국 해군이 입은 청회색 옷 (1세기)이거나 1748년부터 영국 해군 장교들이 입은 제복, 아니면 (가장 신뢰할 만한 사실로는) 1857년 영국 해군이 채택한 정식 제복일 수도 있다. 카키('먼지 색깔'을 뜻하는 우르두어)색 군복이 등장한 것은 19세기로 인도 주둔 영국군이 흰옷을 눈에 띄지 않게 하려고 카레 가루나 커피, 진흙 등을 섞어 발라 변색시킨 것에서 시작되었다.

갑옷

기록에 남아 있는 최초의 갑옷은 중국의 전사들이 착용한 것으로 여러 겹의 코뿔소 가죽으로 만들었다(기원전 11세기). 사슬 갑옷은 기원전 4세기 이탈리아반도에 있었던 에트루리아에서 처음 생겼고, 판금 갑옷은 고대 그리스인들이 착용했다(기원전 제1천년기). 1538년에 처음으로 방탄조끼 제작 의뢰가 있었던 것으로 알려져 있고, 효능이 입증된 최초의 보호복은 '철기대'로 알려진 영국 의회파의 신모범군 기병대가 입은 동체 갑옷이었다(1645년). 현대의 화기로부터 신체를 지켜주는 최초의 경량 방탄조끼는 1975년 미국의 아메리칸 보디 아머 K-15이다.

격식을 갖춘 말쑥한 옷차림

대학 예복은 영국 캔터베리 대주교이자 추기경이었던 스티븐 랭턴 Stephen Langton이 1222년에 내린 결정에서 시작되었고, 교복을 가장 먼저 도입한 학교는 영국의 크라이스츠 호스피털 학교Christ's Hospital

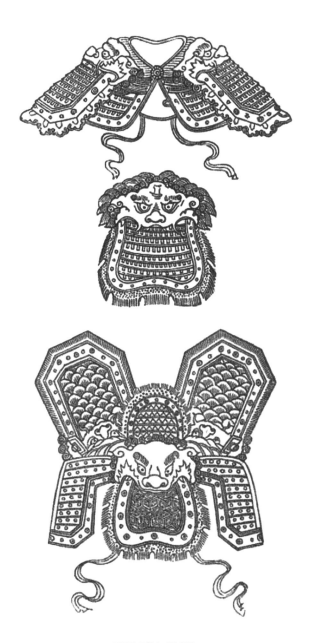

중국의 코뿔소 가죽 갑옷

School였다(1553년).

스리피스 슈트의 시작은 프랑스 루이 14세(재위 1643~1715) 때 입었던 궁중 예복으로 거슬러 올라가는데, 이는 한 세기 전에 네덜란드에서 유행했던 스타일을 따라 만든 것이었다.

페르시아의 옷이었던 웨이스트코트(앞에 단추가 달린, 셔츠 위에 덧입는 조끼를 통틀어 이르는 말-옮긴이)는 사절단을 통해 유럽으로 전해져서 영국의 찰스 2세(재위 1660~1685)의 궁정에까지 들어갔으며, 불러 오는 배를 편안하게 하기 위해 처음으로 맨 아래 단추를 풀어 놓은 사람은 영국의 에드워드 7세(재위 1901~1910)라고 전해진다.

모닝 드레스(현재는 주로 결혼식에서만 입음)는 19세기 영국에서 만들어졌고, (이제는 구식이 된) 프록코트는 19세기 초에 프랑스 황제 나폴레옹 1세와 맞서 싸운 독일과 오스트리아 군 장교들이 입었다. 1860년, 웨일스의 에드워드 왕자는 그때까지 신사들이 입었던 거추장스러운 테일드 코트(연미복)에 대한 대안으로 디너 재킷 슈트를 주문했다.

넥타이는 프랑스 루이 13세(재위 1610~1643)의 궁정에 등장했는데, 크로아티아 용병들이 목에 두른 긴 천을 보고 모방한 아이디어였다. 최초의 여성 정장은 17세기 중반 유럽의 승마복이었지만, 바지 정장은 1960년대에 유럽에서 처음 선을 보였다.

편한 옷차림

반바지는 브리치스breeches(중세 때 남성이 입었던, 길이가 무릎까지 오는 바지-옮긴이)와 퀼로트culottes(치마처럼 보이는, 통이 넓은 여성용 반바지-옮긴이)에서 유래했다. 오늘날의 반바지는 1880년대에 네팔의 구르카 병사들이 처음 입었다는 설도 있다.

어디서나 볼 수 있는 청바지는 1873년 미국의 제이컵 데이비스 Jacob Davis와 리바이 스트라우스Levi Strauss가 처음 만들었다. 웨이스트 코트(66쪽 참조)는 19세기 초 속옷을 거쳐 20세기 초 미국 해군 병사에게 지급된 티셔츠로 발전했다.

기록이 남아 있는 날염 티셔츠의 첫 등장은 1939년 영화 〈오즈의 마법사The Wizard Of Oz〉에서 찾을 수 있는데, 이 영화에서 일꾼들이 '오즈'라는 단어가 새겨진 녹색 티셔츠를 입고 있다.

미니스커트는 고대 이집트의 미술품(기원전 1390~기원전 1370년경)이나 여러 시대의 무용수들에게서도 볼 수 있지만, 현대적인 미니스커트는 1960년대 초 영국 런던과 프랑스 파리의 거리에서 처음으로 사람들의 시선을 끌었다.

모자 달린 옷의 유래도 확실하지는 않다. 후드('머리'를 뜻하는 고대 영어에서 유래)와 수도승들이 입는 고깔 달린 겉옷은 중세 유럽에서 유행했지만, 후디드 스웨트 셔츠(후드가 달린 트레이닝 상의-옮긴이)는 1934년에 와서야 미국에서 처음 입게 되었고, 그 옷을 '후디 hoodie(이전에는 까마귀의 한 종류만을 지칭하던 단어)'라고 부르게 된 것은 1991년이 되어서였다.

스포츠웨어

문헌에 기록된 최초의 운동 복장은 옷을 벗는 것이었다. 고대 그리스 올림픽(기원전 776년 이후)에 참가한 선수들은 벌거벗은 채로 경기를 했다! 남자 선수들에게 유일하게 허용된 가리개는 권투 선수의 손에 감는 가죽띠로, 크레타섬의 프레스코화(기원전 1500년경)에서 처음 발견되었다. 여자 선수들은 짧고 단순한 디자인의 드레스를 입었다. 19세기 이전의 운동선수들은 일반적으로 수영을 할 때는 옷을 벗었고(이런 이유로 수영은 도덕적으로 의심스러운 활동으로 여겨졌다), 육지에서 스포츠 활동을 할 때는 평상복을 입었다(로마 시대의 '브레스트클로스'와 잉글랜드의 왕 헨리 8세가 1525년에 신은 축구화는 두드러지는 예외이다). 18세기 말부터 사람들이 운동의 이점을 더 잘 이해하게 되고, 새로운 스포츠가 탄생하면서 스포츠에 적합한 복장과 보호 장비가 등장했다.

여밈 도구

신발끈은 신발 자체만큼 오래되었고(56쪽 참조), 꿰매기와 끈 묶기 형태 중에는 의복만큼 오래 된 것들도 있다(52쪽 참조). 단추는 기원전 2700년경에 인도에서 처음 달았고, 청동 버클은 그로부터 몇 세기 후에 달았다. 핀으로 고정하는 (널리 퍼진) 브로치는 거의 비슷한 시기에 등장했다. 어떤 이유에서인지 토글(외투 등에 다는 짤막한 막대 모양의 단추-옮긴이)은 추운 기후(600년경, 스칸디나비아, 러시아, 캐나다)에서 사용되었고, 호크 단추는 기후가 온화한 영국 제도에서 14세기에 쓰기 시작했다고 알려져 있다.

똑딱단추의 한 형태가 중국 병마용의 마구(기원전 210년)에서 발견되었고, 1885년 독일 헤리베르 바우어Heribert Bauer가 현대적인 형태의 똑딱단추 특허를 받았다. 커프스단추는 17세기에 유럽에서 처음 사용되었고, 1827년 미국에서 탈부착 가능한 셔츠 칼라의 등장으로 셔츠에 칼라를 붙일 때 쓰는 작은 금속 단추가 필요해졌다. 최초의 지퍼는 논란의 여지가 있기는 한데, 1913년 스웨덴계 미국인

기디온 선드백Gideon Sundback의 업적으로 보는 것이 합당할 듯하다. 벨크로는 스위스의 전기기술자인 조르주 드 메스트랄George de Mestral 이 발명했고, 1955년에 특허를 취득했다.

가정용 도구, 가구, 기기

날붙이류와 젓가락

원시적인 날붙이—날카로운 부싯돌이나 비슷한 재질의 덩어리—는 석기 시대 말경(약 240만 년 전 이후)에 사용되었고, 기원전 4500년을 전후해 금속칼(구리)이 사용되기 시작했다. 식탁용 나이프(끝이 무디 고 식사할 때만 사용)는 1640년경 프랑스에서 등장했다. 맨 처음 포크 는 뼈로 만들어졌고(기원전 2200년경, 중국) 오랫동안 요리와 서빙에 만 사용되었다. 4세기 동로마 제국의 부유한 가정에서 아마도 처음 으로 식사 시간에 식탁용 포크를 사용했을 것이다.

뼈로 만든 숟가락은 종교 의식에서 처음 사용되었다(기원전 1500 년경, 중국). 그 후 얼마 되지 않아 중국인들은 청동 숟가락을 만들어 식탁에서 사용했다. 젓가락을 조리 도구(기원전 1766~기원전 1122년) 와 식사 도구(220년경)로 쓰기 시작한 것도 중국인들이었다. 최초의 은수저(운 좋은 사람들이 물고 태어나는 스푼)는 아마도 고대 그리스에 서 기원전 4세기 또는 그 이전에 만들어졌을 것이다.

식탁용 식기류

기본적인 그릇은 가장 오래된 도자기에 속한다(31쪽 참조). 최초의

화려하게 장식된 은수저(기원전 4세기경)

접시—튼튼한 나뭇잎 또는 나무 쟁반이나 접시 등—역시 수천 년 전에 사용되었고, 최초의 도자기 접시는 적어도 3,000년 전에 중국에서 만들어졌다. 2017년에는 도자기 접시와 거의 같은 시기에 중국에서 만들어진 청동 접시—아마도 최초의 청동 접시 중 하나—가 경매에서 기록적인 가격에 팔렸다.

사람들은 유럽의 벨 비커Bell Beaker 문화(기원전 2900~기원전 1800년경 유럽에서 일어난 독특한 도기 문화-옮긴이)가 있기 전에도 수천 년 동안 도자기 잔으로 음료를 마시고 있었고, 이 무렵 가죽으로 된 음료 용기도 처음 만들어졌다. 가장 오래된 도자기 머그잔은 기원전 제5천년기에 그리스에서 만들어졌을 가능성이 높다. 교양 있는 중국인들이 찻잔을 만들었지만(기원전 210년경), 손잡이를 단 것은 영국인이었다(1750년, 로버트 애덤Robert Adam). 찻잔은 1700년부터 받침 접시 위에 놓이게 되었다.

이집트인들과 메소포타미아인들은 기원전 1500년경 유리그릇을 만들었는데, 커트 글라스(무늬를 새겨 넣은 유리-옮긴이)도 발명했다. 이 작업은 기원전 1세기에 시리아에서 유리 제품을 만들 때 취관(녹인 유리의 모양을 잡을 때 입으로 바람을 불어 넣는 긴 대롱-옮긴이)을 쓰게 되면서 한결 수월해졌다. 최초의 유리컵은 이집트 투트모세 3세(재위 기원전 1479~기원전 1425) 때 만들어진 것으로 알려져 있다. 종이접시는 1867년 독일에서, 종이컵은 1908년 미국에서 만들어졌다. 미국은 플라스틱 컵으로 인한 환경 오염의 저주에도 책임이 있다(1964년에 특허 등록).

액체 용기

메소포타미아인들은 약 5,500년 전에 주전자처럼 생긴 청동 용기를 만들고 있었다. 1707년 에이브러햄 다비Abraham Darby의 모래 거푸집 주조가 도입된 이후 영국에서 주철 주전자가 만들어졌고, 1890년에는 미국에서 물이 끓으면 소리를 내는 휘슬 주전자가 처음 발명되었으며, 1892년에는 전기 주전자가 처음 등장해서 영국인들이 더 쉽게 차를 만들 수 있게 되었다.

항아리, 물병, 단지 등과 같은 형태의 물을 담는 용기의 시작은 적어도 1만 2,000년 전으로 거슬러 올라간다. 영국 요크셔의 전설적인 맥주 애호가 토비 필팟Toby Philpot('Fill-pot!': 잔을 채워라!)의 이름을 따서 명명된 것으로 추정되는 토비 저그Toby jug는 18세기 중반에 등장했다. 로마인과 켈트족은 약 2,000년 전에 각각 최초의 배럴(가운데에 배가 나온 통의 하나—옮긴이)을 만들었다고 인정받는다.

1934년에는 플라워Flower의 인디아 페일 에일India Pale Ale(영국 페일에일 맥주의 일종—옮긴이)이 최초의 철제 케그keg(맥주를 저장하는 작은 통—옮긴이)에 담겨 영국에서 인도로 운송되었다. 스테인리스 스틸 케그는 1950년대에, 알루미늄 합금 케그는 1960년대에 나왔다.

초기의 병은 선사 시대에 사용한 가죽이었다. 가장 오래된 유리병은 기원전 100년경에 동남아시아에서 만들어졌고, 환경 오염의 주범이기도 한 플라스틱 병은 1947년에 미국에서 만들어졌다. 보온(진공)병은 1892년에 영국 케임브리지의 제임스 듀어James Dewar가 발명했으나, 제작된 곳은 1904년 독일이었다.

가구

문명이 시작된 이래 사람들은 자연물(나무 그루터기, 바위 등)을 가구로 이용해 왔다. 7만 7,000년 전, 남아프리카의 콰줄루나탈의 주민들은 식물 재료를 여러 층 겹쳐서 최초의 침대를 만들었을지도 모르지만, 이것을 가구로 보기에는 부족하다.

현존하는 가장 오래된 가구─돌 찬장, 선반, 의자, 침대─는 스코틀랜드 오크니에 위치한 스카라 브레Skara Brae(기원전 3000년경)에서 발견되었다. 목재가구(의자, 스툴, 보관함, 침대)를 만들었다는 가장 오래된 증거는 기원전 3100년경 고대 이집트에서 나온 것이다. 수세기 동안 노예들이 부유하고 영향력이 있는 사람들을 실어 날랐지만, 하인들이 처음으로 가마를 어깨에 멘 것은 16세기 후반 프랑스와 영국에서였다. 최초의 덱 체어(갑판 의자)는 존 챔John Cham이 1855년 미국에서 특허를 취득했다고 알려져 있다.

> ### ✛ 침대 데우기
> 쌀쌀한 밤에 따뜻한 침대를 갈망하는 마음은 몇 가지 흥미로운 대안을 만들어 냈다. 가장 확실한 방법은 기꺼워하는 (그리고 따뜻한) 동반자를 찾는 것이었다. 그렇지 않으면 중세 유럽의 하인들은 그들의 주인의 침대에 뜨겁게 덥힌 돌을 놓아두었다가 주인이 침대에 눕기 전에 치웠다. 침대 데우는 다리미(석탄이나 뜨거운 물을 가득 채우고 뚜껑을 덮은 프라이팬 모양의 기구)는 16세기 중엽 유럽에서 사용되었다. 여기에 얽힌 이야기도 전해 온다. 1688년, 당시 54세였던 영국의 왕 제임스 2세와 그의

두 번째 부인인 스물아홉 살 메리 왕비에 관한 '침대 데우는 다리미 아기' 소문이 그것이다. 아이들이 태어난 지 얼마 안 되어 연달아 죽자 사람들은 왕과 왕비가 더 이상 건강한 아이를 낳을 수 없을 거라고 생각했다. 그러다가 1688년 6월에 기적적으로 아이가 태어나자, 아연실색한 왕의 적들은 아기가 두 사람의 아이가 아니고, 침대 데우는 다리미에 담겨 왕비의 침대로 몰래 들어온 거라는 소문을 퍼뜨린 것이었다. 이후 발명된 고무로 만든 뜨거운 물주머니(1875년, 영국)와 자동 전기담요(1936년, 미국)는 이보다 더 효율적이었고, 추문도 없었다.

침대와 옷장

기원전 3600년경 창의적인 페르시아인들은 염소 가죽을 물로 채워 최초의 물침대를 만들었다. 최초의 에어 매트리스(에어 매트)는 1889년 미국 매사추세츠주에서 만들어졌다. 간이침대는 고전 시대에 사용되었고, 요는 18세기 일본에서 제작되었으며, 소파 침대는 1899년에 미국에서 특허를 받았다. 12세기의 아일랜드 사람들은 4주식 침대(네 모서리에 기둥이 있고 덮개가 달린 큰 침대-옮긴이)를 만들었다고 인정받는다.

독일의 하인리히 베스트팔Heinrich Westphal은 1871년에 스프링이 있는 매트리스를 고안했는데, 편안하게 잠은 잤지만 발명품으로 이득은 얻지 못하고 가난하게 살다 죽었다. 옷장(옷을 상자에 보관하는 것이 아니라 걸어 두기 위한 가구)은 12세기 유럽에서 처음 만들어진 것으로 추측되고, 서랍장은 그로부터 몇백 년 후에 등장했다. 카우치는 고대 이집트에서 처음 등장했고, 시간이 지나 1620년대에 긴 의자(16세기, 프랑스)와 소파(카우치를 뜻하는 아랍어인 서파suffah에서 유래)로 바뀌었다.

+ 거울아, 거울아

넋을 쏙 빼놓을 정도로 눈부신 나르키소스가 물에 비친 자기 자신의 모습을 보고 스스로에게 반하기 전부터 우리는 자신이 어떤 모습인지 보고 싶어 했다. 표면을 갈아서 광을 낸 돌 거울은 약 8,000년 전에 아나톨리아에서 만들어졌다. 다음으로 기원전 4000년경에 금속 거울이 등장했다.

로마의 작가 플리니 디 엘더Pliny The Elder는 1세기에 유리 거울을 언급했고, 2세기 말에 들어 로마인들은 유리 뒤에 광택이 있는 금속을 붙여서 자신의 모습을 더 선명하게 볼 수 있었다. 약 1,500년을 건너뛰면 독일에서 가장 유명한 과학자 중 한 사람인 유스투스 폰 리비히Justus von Liebig를 만나게 된다. 그는 옥소Oxo의 고형 육수와 마마이트marmite(빵에 발라 먹는 이스트 추출물로 만든 제품−옮긴이)를 개발했을 뿐 아니라, 1835년에는 유리 표면을 은으로 코팅하는 법을 알아냈다. 그리하여 우리 모두를 나르키소스로 만들 수 있는 물건, 즉 뒷면이 은으로 도금된 현대적인 거울을 만들었다.

기기

집게발 모양의 캔 오프너(망치와 끌은 이제 안 써도 된다!)는 1855년,

로버트 예이츠Robert Yeates에 의해 영국에서 설계되었다. 통조림 식품 (30쪽 참조)이 도입되고 반세기 넘게 지나고 나서였다. 회전형 휠 오프너는 1870년에 미국에서 발명되었다. 야채 탈수기는 1971년에 프랑스에서 특허를 받았지만, 비슷한 기구들이 한 세기 전에도 있었던 것으로 보인다.

기타 원운동 기계로는 주스기(1936년, 미국의 노먼 워커Norman Walker 박사)와 조리용 믹서(1856년 손으로 작동하는 거품기, 1885년 루퍼스 이스트먼Rufus Eastman의 소형 전기 믹서, 1908년 허버트 존슨Herbert Johnson의 전기 스탠딩 믹서─모두 미국)가 있다. 1971년 프랑스의 피에르 베르동 Pierre Verdon은 푸드 프로세서food processor(다양한 칼날을 이용하여 음식 재료를 손쉽게 다듬을 수 있는 다용도 주방 기기-옮긴이) '르 매지믹스Le Magi-Mix'를 개발했다.

차 끓이기

1892년 영국인 새뮤얼 로우보텀Samuel Rowbottom이 특허를 받은 자동 티 메이커는 태엽 알람시계에 원반형 가스 가열판, 점화용 불씨라는 치명적일 수도 있는 조합으로 이루어졌다(그래서 침대 옆 탁자에는 적합하지 않았다).

최초의 전기 티 메이커인 티즈메이드Teesmade는 1933년에 영국에서 제조되었고, 더 성능이 좋은 티즈메이드Teasmade가 1936년에 판매되기 시작했다.

최초의 찻주전자는 중국, 아마도 송나라(960~1279년) 때 만들어졌을 것인데, 내용물은 주둥이를 통해 마셨다고 한다. 영국식 티세트는 18세기 초에 생산되었지만(앤 여왕은 은으로 된 티세트를 가지고

매우 영국적인 발명품, 고블린 티즈메이드(1935년경)

있었다), 중국인들은 그보다 훨씬 전부터 구성품은 더 적어 단출한 (즉 우유나 설탕을 담는 용기는 없는) 티세트를 만들고 있었다.

커피에 도전하다

아주 먼 옛날부터 사람들은 커피콩을 갈아서 끓인 물에 섞는 방식으로 간단하게 커피를 만들었다. 그러다가 1710년에 프랑스에서 처음으로 커피를 우려 마시기(작은 직물 봉지에 커피를 넣고 끓이는 방법)시작했다. 1780년경에는 커피 필터와 퍼컬레이터percolator(가운데 있는 관으로 끓는 물이 올라가서 위에 있는 커피 가루 속으로 들어가 커피가 삼출되게 하는 방식의 커피 끓이는 기구-옮긴이)가 역시 프랑스에서 등장했다.

퍼컬레이터도 첨단 기기였지만, 1884년 안젤로 모리온도Angelo Moriondo가 이탈리아 토리노에 전시한 기계인 에스프레소 머신(고온·고압하에서 곱게 간 커피 가루에 물을 가하여 에스프레소를 추출해 내는 기계-옮긴이)과는 비교가 되지 않았다. 가정집 주방에서는 더 간단하고 저렴한 기계에 대한 요구가 있었다. 몇몇 이탈리아인들이 응답했다. 아틸리오 칼리마니Attilio Calimani와 줄리오 모네타Giulio Moneta는 1929년에 프렌치 프레스French press(가루에 뜨거운 물을 붓고 일정 시간 동안 우려낸 다음 압력을 가하여 커피를 추출하는 기구-옮긴이) 플런저plunger를 고안했고, 4년 후인 1933년, 루이지 데 폰티Luigi de Ponti는 가스레인지용 모카포트moka pot(증기압의 힘으로 에스프레소를 추출하는 주전자 모양의 커피 추출 기구-옮긴이)를 만들었다.

1954년 독일에서 전기 드립식 커피 메이커가, 1976년 스위스 회사 네슬레에서 파드커피pod coffee(한 잔 분량의 분쇄된 원두를 종이 필터

이탈리아에서 발명되고 만들어진 가스레인지용 모카포트 광고(1965년)

에 포장해 놓은 것-옮긴이) 머신이 나오면서 커피 제조 발명품들의 물줄기는 말라 버린 듯 보였다. 하지만 꼭 그렇지는 않지 않을까….

청결 유지하기

쓸기

빗자루는 문명의 시작만큼이나 오래된 물건인데, 마녀들의 비행 도구로 가장 처음 언급된 것은 1453년이었다. 납작한 빗자루는 19세기 초 미국에서 발명되었고, 1858년부터는 이 역시 미국에서 발명된 쓰레받기와 함께 사용되었다.

수동 카펫 청소기는 1860년 미국에서 대니얼 헤스Daniel Hess의 카펫 스위퍼carpet sweeper로 시작되었다. 최초의 동력 청소기는 마차에 매달아 끌고 다니며 요청하는 집에 방문하는 식이었다. 가솔린 기관으로 구동되는 1898년형은 먼지를 봉투 속으로 날려 보냈고, 그다음 해에는 처음으로 전동기가 장착되었다. 1901년에는 중대한 발전―진공청소기(영국과 미국) 발명―이 있었지만 여전히 말이 끌고 다녔다.

최초의 가정용 진공청소기는 영국 버밍엄에서 1905년에 만들어졌으나, 얼마 지나지 않아 후버 흡입 청소기 회사Hoover Suction Sweeper Company(1915년, 미국)가 등장해 성공을 거두면서 시장 점유율을 잃었다. 최초의 먼지봉투 없는 진공청소기는 영국의 다이슨 사에서 1993년에 판매를 시작했다.

세탁하기

모든 초기 세탁기는 수동으로 작동했다. 여기에는 1691년에 개발되었다고 하는 어떤 '기계', 18세기의 다양한 빨래통과 세탁기(모두 영국), 1797년 미국의 너대니얼 브리그스Nathaniel Briggs가 만든 '박스 맹글러Box Mangler'가 포함된다.

가장 중요한 구상이 등장한 해는 1851년으로, 이 해에 미국의 제임스 킹James King이 드럼식 세탁기의 특허를 받았다. 1862년 영국에서는 세탁기 겸 물 짜는 기계 특허가 등록되었다. 앞의 두 해 사이인 1853년에는 스프링이 들어가 있는 빨래집게가 미국에서 등장했다.

57년 후, 또 다시 미국에서 모두가 기다려 온 위대한 발명품이 등장했다. 바로 최초의 전기 구동 세탁기 토르Thor였다. 이후에는 전자동세탁기와 세탁기 겸 건조기(1953년, 미국)가 뒤를 따랐다. 최초의 세제인 드레프트Dreft가 미국 프록터앤드갬블Proctor and Gamble, P&G에서 1933년에 시판되었고, 1934년 미국 텍사스주 포트워스에서 최초의 빨래방이 문을 열었다. 프랑스의 어느 포숑 씨Monsieur Pochon가 1800년에 수동식 빨래 건조기를 설계했는데, 1938년에 미국에서 나온 전기 건조기가 훨씬 더 성능이 좋았다.

목욕 시간

의례적인 이유에서든 개인위생을 위해서든 인간은 충분한 물이 있는 곳이면 어디에서나 목욕을 했다. 기원전 3000년에 이르러 여러 초기 문명사회에서는 다소 공개적인 욕실을 지었다. 기록에 의하면 바빌로니아인들은 기원전 2800년경에 최초의 비누를 만들었고, 기원전 제3천년기 중반에 모헨조다로(파키스탄)에는 최초의 대형 공중목욕

탕(대략 길이 12미터, 폭 7미터, 깊이 2.4미터)이 건설되었다. 가장 오래된 개인 욕조는 아마도 기원전 1500년경 크레타섬 크노소스 궁전에 있는 욕조일 것이다. 금속 욕조(목조 욕조를 대체함)는 18세기에 처음 만들어졌고, 주철 에나멜 욕조는 1885년경 스코틀랜드계 미국인 데이비드 뷰익David Buick의 작품으로, 그는 이어서 자동차도 개척했다.

수도꼭지는 기원전 100년경 로마인들이 처음 만든 것으로 짐작된다. 찬물과 더운물이 같이 나오는 수도꼭지는 캐나다 사람인 토머스 캠벨Thomas Campbell이 발명했다.

물비누는 1865년에 미국에서 제조되었고, 영국의 라독스Radox는 1970년대에 샤워 젤을 시장에 내놓았다.

고대 문명의 부유한 시민들은 노예들이 양동이로 물을 뿌려 줘서 일종의 샤워를 즐겼다(기원전 1000년경 이후). 1767년, 영국에서 특허를 받은 수동 펌프 샤워기는 유행하지 못했지만, 1810년경에 '잉글리시 리전시English Regency' 샤워기가 발명되면서 진정한 현대식 샤워기가 탄생했다.

변소 이야기

모헨조다로에도 최초의 변소 일부가 남아 있었고, 스코틀랜드의 외진 오크니 제도의 촌락인 스카라 브레에도 변소가 있었다. 둘 다 기원전 제3천년기에 만들어졌다. 고대 그리스인들은 요강을 처음 사용한 것으로 알려져 있다(기원전 4세기 또는 그 이전). 영국의 존 해링턴 경Sir John Harington은 1596년 수세식 변기를 발명했다(토머스 크래퍼 Thomas Crapper가 아니라).

고대 로마에는 최초의 공중변소가 있었고, 사용 중 표시 잠금장치는 1883년에 영국에서 특허를 받았다. 금욕주의적인 완곡 어구인 '화장실rest room'은 1897년부터 쓰기 시작했다. 비데bidet(비데는 프랑스어로 '조랑말', 즉 걸터앉는 곳을 뜻한다)는 프랑스의 발명품이라고 여겨지지만, 1726년에 이탈리아에서 처음 언급되었다. 1975년에 이탈리아인들은 한 걸음 더 나아가 비데 설치를 의무화했다. 일본의 욕실 업체인 토토Toto는 1980년에 화장지 없는 화장실을 표방하며 세척과 건조 기능이 있는 비데를 시장에 내놓았다.

수세식 변기(사실은 두 칸)가 갖춰진 최초의 철도 객차는 1859년에 제작된 풀먼Pullman의 침대차 '올드 9호Old No. 9'였다. 공중에 떠 있는 화장실은 제1차 세계대전 전, 1914년 1월에 러시아의 시코르스키 일리야 무로메츠Sikorsky Ilya Muromets기에 설치되었다.

기저귀와 휴지

최초의 기저귀는 아마도 나뭇잎이나 건초로 만들어졌을 것이다. 그 다음에는 낡은 천 조각만 있으면 충분했다. 아기들은 안전핀이 나오면서 편안해졌고(1849년, 미국), 돌보는 사람들은 일회용 종이 기저귀가 나오면서 육아가 수월해졌다(1942년, 스웨덴).

항문 세정은 처음에는 한다 해도 손이나 모래, 스펀지, 양털, 나뭇잎, 작은 돌멩이 따위를 사용하거나 물에 직접 담그는 방법으로 행해졌다. 종이를 발명한 중국인들은(21쪽 참조) 기원전 6세기경 처음으로 종이를 변소용으로 사용했다. 대량 판매용 두루마리 휴지는 19세기 중반에 미국 등에서 판매가 시작되었고, 영국 안드렉스Andrex사의 물 티슈는 1990년대 중반에 나왔다.

조리법, 요리책, 안내서

가장 오래전에 기록된 요리법은 기원전 1700년경 메소포타미아의 점 토판에 남아 있다. 고대 로마의 책『데 레 코퀴나리아*De re coquinaria*(1세 기)』는 1483년이 되어서야 인쇄되긴 했지만 흔히 최초의 요리책으로 꼽힌다. 아라비아의 요리책은 10세기, 중국의 요리책은 1330년경에 나오기 시작했다.

가장 오래된 가사 관리 서적 중 하나인『파리의 살림살이*Le Ménagier de Paris*(1393년)』는 더 잘 알려진 책『비튼 여사의 살림 요령서*Mrs. Beeton's Book of Household Management*(1861년)』보다 거의 500년 정도 먼저 나왔다. 프랑스 요리 중심인『요리대사전*Larousse Gastronomique*(1938 년)』은 최초의 요리 백과사전이었다. 미국의 베티 크로커*Betty Crocker* 사에서 출간한『그림 요리책*Picture Cookbook*(1950년)』은 컬러 사진이 대 부분을 차지하는 최초의 요리책이었다.

외식

길을 가다 들러서 술이나 식사를 할 수 있는 곳으로 관련 문헌이 많 이 남아 있는 최초의 장소는 기원전 400년경 번창했던 고대 아테네 의 타베르나*taverna*이다. 색다른 음식을 먹기 위해 가는 고급 레스토 랑*bouillon*은 1765년경 프랑스 파리에서 문을 열기 시작했다. 마찬가 지로 프랑스 식당인 비스트로*bistro*(편안한 분위기의 작은 식당-옮긴이) 는 1884년에 등장했다. 라이언즈*Lyons*는 1909년에 독특한 아르 데코

스타일의 코너 하우스Corner House를 오픈했고(영국 런던), 1921년 미국에서는 최초의 패스트푸드점이 탄생했다(36쪽 참조).

펍pub—보통 사람들이 에일 맥주를 마시는 평범한 술집(즉 대중적인 술집public house)—은 앵글로·색슨 시대 초기(5~6세기)의 영국에서 등장했지만, 앵글로·색슨족 사람들이 유럽 대륙에서 가져온 아이디어였을지도 모른다. 1991년 영국 런던 클러큰웰에서 데이비드 에어David Eyre와 마이크 벨벤Mike Belben이 최초의 개스트로펍gastropub(펍pub과 미식학gastronomy의 합성어로, 음식과 술을 함께 파는 곳-옮긴이) '이글The Eagle'을 시작했다. 바는 어원이 중요한데, 16세기 말의 선술집이 처음으로 '바bar', 즉 장벽 또는 카운터로 묘사되었다.

3장

건강과 의학

초기

비범한 이집트인들

유인원들이 특정 식물을 먹어서 자가 치료를 하는 것처럼 초기 인류도 똑같이 했을 거라고 추정된다. 이런 행위들은 투박한 형태이기는 하나 최초의 의술이라고 볼 수도 있다. 그러나 (기원전 4000년경에 시작된 인도의 아유르베다 의술 같이) 마구잡이식의 약초요법에 주술이나 심령술이 섞인 형태의 치료법이었기 때문에 최초의 대체요법이라고 하는 것이 더 정확하다.

최초의 의학 문헌은 고대 수메르(이라크)의 점토판(기원전 1900년경)과 고대 이집트의 여러 파피루스 문서(기원전 1800년 이후)에서 찾을 수 있다.

고대 이집트인들의 혁신적인 의술은 참으로 놀랍다. 그들은 기록에 남아 있는 최초의 의사(헤시라), 최초의 여의사(메리트프타), 전문의, 의료시설('생명의 집'. 기원전 2200년경), 부인과 의학, 조산술을 보유했고, 변비에 좋은 피마자유나 통증 완화에 도움이 되는 대마초 등 과학적으로 효능이 입증된 약 성분과 종양, 뇌, 맥박 등에 대해 최초로 언급했다. 또한 그들은 ('백내장압 내림술'을 통한) 백내장 수술의 선구자로도 알려져 있다.

+ 침술

몸을 바늘로 찔러서 병을 치료하거나 통증을 줄이는 의술의 기원은 분명하지 않다. 많은 사람들은 기원전 600년경 중국에서 편작이라는 의사가 시작한 것으로 믿고 있지만, 일부에서는 침술의 시작이 상 왕조(기원전 1766년 이후)까지 거슬러 올라간다고 보기도 한다. 이렇게 이른 시기에 시작되었다는 주장에 회의적인 사람들도 있는데, 철이 없었던 당시에는 구리나 금, 은 같은 부드러운 금속으로—심지어 가시나 부싯돌 조각, 뾰족한 대나무 조각으로—된 바늘로 살을 찔러야 했을 것이기 때문이다. 그런가 하면 티롤 지역의 얼음 속에서 5,000년 넘게 보존되어 있던 아이스맨 외치Ötzi의 몸에 있는 61개의 문신 자국이 침술의 원시적 형태를 보여 준다고 주장하는 이들도 있다. 어찌 되었건 침술은 기원전 6세기에 중국을 넘어 한국으로 전파되었고, 17세기에는 최초로 유럽에—그다음 미국에—전해졌다.

그리스

다른 많은 분야와 마찬가지로 의학에서도 고대 그리스인들은 여러 놀라운 최초의 것들을 내놓았다. 두드러지는—때로 최초의 현대적 의사로 일컬어지는—인물은 코스의 히포크라테스Hippocrates(기원전 460~기원전 370)로, 그는 질병을 비과학적인 주술에서 분리시키려고 노력했다. 그는 또한 생활습관의학('걷기가 최고의 치료법이다')이라는 개념과 의료 윤리(현대의 히포크라테스 선서는 일종의 헌사다)를 도입한 것으로도 유명하다.

동맥과 정맥을 구별한 헤로필로스Herophilos(기원전 335~기원전 280)는 최초의 해부학자로 알려져 있다. 그와 갈레노스Galenos(129~200)

는 뇌가 정신활동의 중심이자 신경계의 중추임을 처음으로 인식했다고 인정받는다. 헤로필로스는 해부의 선구자이기도 했다. 현대인의 시각에서 볼 때 살아 있는 범죄자를 생체 해부했다고 하는 설은 그에 대한 평판을 손상시키기는 하지만 말이다. 이라시스트라토스 Erasistratus(기원전 304~기원전 250)도 빼놓을 수 없다. 그 역시 알렉산드리아 해부 학교의 일원으로, 생체 해부를 했던 것으로 추정되며, 심장에 펌프 기능이 있다는 것을 알아차렸다.

이슬람 세계

고대 이집트와 고전 시대에 밝혀진 횃불은 중세에는 아랍의 학자들에게 이어져 계속 타올랐다. 그들은 중세 유럽과 아시아의 지식을 융합해서 놀랍도록 선견지명이 돋보이는 여러 문서를 남겼다. 페르시아의 박식가로 '소아과, 심리학, 정신 치료의 아버지'로 칭송되기도 하는 아부 바크르 무함마드 자카리야 알 라지Abū Bakr Muhammad ibn Zakariyyā al-Rāzī(854~925)는 최초로 홍역과 천연두를 구별해 냈다. 또한 고대에 시작되었을 것으로 보이는 백내장 제거 수술에 대해서도 기술했다.

　이븐 알 나피스Ibn al-Nafis(1213~1288)는 폐순환을 발견했는데, 이는 1628년에 더 체계적으로 설명한 영국의 윌리엄 하비(1578~1657)의 설명보다 수세기가 앞선 것이었다. 이라크 바스라에서 출생한 이븐 알 하이삼Ibn al-Haytham(965~1040)은 눈은 도구이고, 시각은 물체에서 방출된 빛이 눈을 통과해 들어와서 일어난다고 설명한 최초의 과학자였다.

과학적 의학

근대 의학은 다음 세 가지 사건을 기점으로 시작되었다.

1) 1543년 '근대 해부학의 아버지' 안드레아스 베살리우스Andreas Vesalius(1514~1564)가 『사람 몸의 구조De Humani Corporis Fabrica』를 출간했다. 그는 최초로 그림을 통해 인체의 골격을 이루는 뼈대와 근육의 위치와 역할을 설명했다.

2) 영국의 정치가 프랜시스 베이컨Francis Bacon(1561~1626)은 경험에 의거한 '과학적 방법론'으로 알려지게 된 연구 방법을 처음으로 명확하게 기술했다. 다시 말해 그는 지식과 이론은 기존의 진실이 아니라 명백히 입증할 수 있고 끊임없이 재검토되는 사실에 기반을 두어야 한다고 주장했다.

3) 네덜란드의 안톤 판 레이우엔훅Anton van Leeuwenhoek(1632~ 1723)은 자신이 직접 설계하고 만든 현미경을 사용해서 박테리아, 정자, 적혈구, 기타 미생물들의 숨겨진 세계를 드러냈다.

이 3개의 기둥이 이 장에서 앞으로 소개할 모든 처음의 토대가 된다고 해도 과언이 아니다.

약

통증과 싸우기

양귀비 씨와 알코올은 통증을 줄이기 위해 오랜 옛날부터 사용되어 왔지만, 진통을 목적으로 아편팅크(아편과 알코올의 혼합물-옮긴이)

형태의 아편제 복용을 처음으로 권고한 것은 1525년경 스위스의 의사 파라켈수스Paracelsus(1493~1541)였다.

모르핀은 독일의 약학자인 프리드리히 제르튀르너Friedrich Sertürner가 1804년경에 아편에서 분리해 냈고, 그로부터 3년 뒤에 판매되기 시작했다. 문헌상으로 대마초를 최초로 마취제로 사용한 사람은 중국의 의사 화타華陀(140~208)지만, 이집트인들이 그보다 전에 그 방법을 사용했던 것이 확실해 보인다(88쪽 참조).

비스테로이드성 항염증제의 시작은 샤를 제라르Charles Gerhardt가 살리실산(2,000년도 더 전에 히포크라테스가 추천한 버드나무 껍질의 유효 성분)을 추출해서 만든 아스피린이다(1852년, 프랑스). 1899년 독일 바이엘 사가 아스피린을 시판하기 시작했다. 아스피린에 중탄산나트륨과 구연산을 섞은 진통제인 알카셀처Alka-Seltzer는 1931년 미국에서 제조되었다. 이부프로펜ibuprofen(해열진통소염제―옮긴이)은 1960년대에 판매되기 시작했고, 나프록센naproxen(류머티즘성 관절염이나 편두통 따위에 사용하는 소염 진통제―옮긴이)은 그보다 10년 뒤에 나왔다. 1886년에 파라세타몰paracetamol(감기로 인한 발열 및 동통, 두통, 치통 따위에 널리 쓰는 해열진통제―옮긴이)이 안티페브린Antifebrin이라는 이름으로 출시되었지만 독성이 강했고, 그로부터 반세기가 넘게 지난 1950년에 비교적 해가 없는 약으로 판매되었다.

마취

'마취anaesthesia'라는 단어는 미국 작가 올리버 웬델 홈즈Oliver Wendell Holmes가 1846년에 만든 단어이다. 그러나 앞에 나온 내용에서 알 수 있듯, 아편, 알코올, 대마초, 독미나리 등의 약초는 (단독으로 또는 섞어서) 오랫동안 진통제나 진정제로 복용되어 왔는데, 많은 양을 복용하면 인체에 치명적일 수도 있었다. 기원전 3400년에는 수메르인들이 양귀비를 재배했다는 설도 있다.

전신마취에 관한 최초의 신빙성 있는 기록은 2세기 중국에서 나온 것이다. 전하는 바에 따르면 화타가 수술 전에 '마비산(아마도 약초, 술, 대마초를 섞은 것)'으로 알려진 신비한 묘약을 투여해서 환자의 의식을 잃게 만들었다고 한다. 다만 환자가 의식을 되찾았는지에 대한 기록은 남아 있지 않다. 일본 오사카의 하나오카 세이슈華岡青洲는 화타가 사용한 혼합물에 대한 연구를 서양의 과학 지식과 결합하여 '통선산通仙散'이라는 강력한 마취제를 만들었고, 1804년에 최초로 전신마취 수술(유방부분절제술)에 성공했다고 한다.

그러는 동안에 서양의 과학자들과 의사들은 흡입 마취제에 집중하고 있었다. 흡입 마취제로는 디에틸에테르(1275년에 발견된 것으로 추정되고, 1540년에 합성되었고, 1846년에 미국에서 흡입 마취제로 사용되었다), 아산화질소('웃음가스'. 1772년에 처음 발견되었고, 1844년 미국에서 발치 수술에 사용되었다), 클로로포름(1847년 영국에서 전신마취제로 사용되었다) 등이 있다.

최초의 정맥 마취제인 티오펜탈나트륨sodium thiopental은 1934년에 합성되었다. 독일의 화학자들은 1937년에 메타돈methadone이라는 최초의 합성 마약성 진통제를, 1939년에는 페티딘pethidine이라고도 하는 메페리딘meperidine(합성 마약성 진통제-옮긴이)을 제조했다.

+ 코카인

영국의 철학자 토머스 홉스Thomas Hobbes의 표현대로, 삶이 '불결하고, 야만적이고, 짧다'는 것을 일찌감치 깨달은 인류는 현실을 잊게 해 주는 물질을 복용함으로써 고통을 줄이는 방법을 찾기 시작했다. 남아메리카인들이 애용한 방법은 코카나무 잎을 씹는 것이었다. 이 습관은 수천 년은 되었다고 알려져 있지만, 코카 잎을 사용했다는 최초의 기록은 1400년대에 미라 처리된 잉카족 어린이의 시신에 관한 내용에서 찾을 수 있다. 신에게 제물로 바치기 전에 아이들을 마약에 취한 상태로 만들었다고 한다. 그다음 세기에 남아메리카를 침략한 스페인인들은 코카 잎을 즐기는 것에서 그치지 않고 세금을 부과해 돈을 벌었다. 그 후 의료용으로—구체적으로 말하면 썩은 상처를 아물게 하기 위해—코카 잎 성분을 사용할 수 있다는 주장이 제기되었다.

1855년 독일의 화학자 프리드리히 게드케Friedrich Gaedcke가 코카 잎에서 유효 알칼로이드(질소를 함유하는 염기성 유기화합물—옮긴이)를 추출했다. 또 다른 독일인 알베르트 니만Albert Niemann은 1860년, 박사 연구를 위해 코카 잎의 알칼로이드를 연구하는 과정에서 (코카나무 이름을 따서) '코카인'이라는 이름을 지었다. 오래지 않아 그 물질은 널리 쓰이게 되었다.

코카인이 담배에, 코카콜라의 원래 제조법에, 심지어 교황 레오 13세가 들고 다니는 병에 들어 있다는 의혹도 있었다. 강한 중독성 때문에 코카인은 1931년, 마약 제조 제한과 유통 규제를 위한 파리 협약에서 최초로 전 세계적인 금지 약물로 지정되었다.

주사기

주사기의 세계에서는 주사기를 어떻게 정의하느냐가 중요하다. 좁은 관 모양에 끝부분이 말랑말랑한, 액체를 내뿜는 기구에 대한 가장 오래된 언급은 로마의 저술가 아울루스 코넬리우스 켈수스Aulus Cornelius Celsus가 한 것이다(1세기). 근대에 들어와서는 몇몇 과학자들이 주사의 가능성을 고려했다. 그중 한 사람이 영국의 크리스토퍼 렌Christopher Wren(1632~1723)으로 그는 공기주머니와 거위의 깃을 이용해 개를 상대로 실험을 했다.

그러다가 속이 비어 있는 금속 바늘 주사기―요즘 사용되는 형태―가 제작된 것은 1844년에 아일랜드 의사 프랜시스 린드Francis Rynd가 한 여성에게 모르핀을 주입했을 때였다. 9년 후, 스코틀랜드의 의사 알렉산더 우드Alexander Wood는 (그리고 어쩌면 거의 같은 시기에 프랑스 의사 샤를 프라바즈Charles Pravaz도) 피부에 찔러 넣을 수 있을 만큼 가늘고 속이 빈 바늘이 달린 피하주사기를 개발했다.

1946년에는 소독이 용이한 유리 피하주사기가 영국에서 처음 나왔고, 1949년 오스트레일리아에서 일회용 플라스틱 주사기가, 1989년 스페인에서 사용 후 바늘을 분리할 수 있는 주사기(재사용과 교차 오염을 줄이는)가 등장했다.

세균전

불결함과 감염의 연관성을 발견하기까지는 놀랄 만큼 오랜 시간이 걸렸다. 고대와 중세의 몇몇 의학자들이 보이지 않는 '씨앗('나쁜 공기'가 아니라)'에 의해 질병에 걸린다는 의견을 내놓으면서 진실에 가까이 다가가긴 했지만, 주장을 뒷받침할 과학적 근거가 부족했다.

'세균설germ theory'로 알려지게 된 이론은 17세기 중반 독일 예수회 수사 아타나시우스 키르허Athanasius Kircher가 로마의 전염병 희생자들을 대상으로 수행한 연구에서 시작되었고, 안톤 판 레이우엔훅의 미생물 발견(91쪽 참조)으로 더욱 힘을 얻었다. 1813년, 이탈리아의 도시 로디 출신의 아고스티노 바시Agostino Bassi가 미생물이 질병을 일으킨다는 것을 증명하고 난 후, 헝가리의 산부인과 의사 이그나즈 제멜바이스Ignaz Semmelweis(1818~1865)는 시체실에서 나온 모든 산부인과 의사들은 분만실에 들어가기 전에 비누와 염소로 손을 씻어야 한다고 주장했다. 그는 세균설의 정확성과 그에 따라 실천해야 할 행동을 처음으로 몸소 보여 준 의사였지만, 생전에 그의 연구는 대부분 무시되었고, 정신병원에서 패혈증으로 사망했다. 그럼에도 이러한 발전은 프랑스의 생물학자 루이 파스퇴르Louis Pasteur(1822~1895)의 저온 살균법과, 1870년대에 무균 수술을 주장한 최초의 일반 외과의사로 '근대 외과의학의 아버지'라 불리는 스코틀랜드의 의사 조지프 리스터Joseph Lister의 업적으로 이어졌다.

당뇨병

지금까지 이 책을 훑어본 독자라면 당뇨병diabetes mellitus에 대한 가장 오래된 언급이 고대 이집트에서 있었다는 사실을 알게 되어도 그다지 놀라지는 않을 것이다. 기원전 1552년 의사 헤시라('상아를 가장 잘 깎는 사람'이라고도 불렸다. 최고의 치과의사였다는 말일까? 88쪽 참조)는 잦은 배뇨를 몸이 쇠약해지는 이상 질병의 징후라고 썼다. 아주 약간의 연관성은 'diabetes(당뇨병)'라는 단어가 기원전 250년경 사이펀syphon(사이펀은 압력 차이를 이용해 물을 옮기는 기구이다. 따라서 수

새 부리 가면을 쓰고 전염병과 사투 중인 의사

분이 빠져나간다는 뜻이 된다-옮긴이)을 뜻하는 고전 그리스어에서 유래했다는 사실에서 확인할 수 있다.

근대 초기에 당뇨병은 '오줌 누는 병pissing evil'이라고 불렸고, 당시 유럽에서는 단맛으로 당뇨병 환자의 소변을 식별할 수 있는 '물맛 감식가'에 의해 진단되었다. 이런 이유로 1675년에 'mellitus('꿀맛이 나는'이라는 뜻)'라는 단어가 덧붙어서 정식 명칭인 'diabetes mellitus'가 되었다.

당뇨병과 췌장의 관계는 1889년 독일의 과학자 요제프 폰 메링Joseph von Mering과 오스카 민코브스키Oskar Minkowski가 밝혔다. 제1차 세계대전 중 루마니아의 교수 니콜라에 C. 파울레스쿠Nicolae C. Paulescu는 훗날 '인슐린'이라고 불리게 되는 호르몬을 발견했다.

1922년 프레더릭 밴팅Frederick Banting, 찰스 베스트Charles Best, 제임스 콜립James Collip, 존 매클라우드John Macleod로 구성된 캐나다와 스코틀랜드 팀의 연구 결과, 14세의 캐나다 소년 레너드 톰슨Leonard Thompson은 인슐린 치료가 성공을 거둔 최초의 당뇨병 환자가 되었다. 합성 인슐린은 1978년에 미국에서 만들어졌고, 1982년에 판매에 들어갔다.

✚ 세인트 마틴의 위

네덜란드의 과학자 얀 밥티스타 판 헬몬트Jan Baptista van Helmont(1577~1644)는 최초로 소화를 화학적 과정으로 설명했다. 이 견해의 정확성은 미국의 군의관 윌리엄 보몬트William Beaumont가 캐나다의 모피상이던 알렉시스 세인트 마틴Alexis St.
Martin을 치료하기 시작한 1822년
이 되어서야 증명되었다. 세인트 마
틴은 총기 오발사고로 위에 구멍이
뚫린 채로 살아남은 환자였다. 보몬
트는 음식물 조각들을 실에 매달아
환자의 위에 집어넣고는 시간이 지
난 뒤 꺼내서 얼마나 소화되었는지
관찰했다. 세인트 마틴은 자신이 실
험 도구로 쓰이는 것에 화가 나 캐

알렉시스 세인트 마틴

나다로 도망쳤다. 보몬트는 그를 다시 데려와 연구를 계속했고, 세인트
마틴의 위에서 꺼낸 위산 한 컵이 몸 밖에서 어떻게 음식물을 소화할 수
있는지를 보여 주었다. '위 생리학의 아버지' 보몬트는 1838년에 자신
의 연구 결과를 발표했다. 세인트 마틴은 캐나다로 돌아갔고, 그곳에서
1880년에 78세의 나이로 사망했다.

배탈

입, 위, 장의 물리적 특성은 수천 년 전부터 알려져 있었지만, 화학작
용에 대한 이해는 거의 없다가 19세기가 되어서야 알려지기 시작했
다. 윌리엄 보몬트의 선구적인 연구가 결정적이었다. 그 이전에는 고
대 수메르인들이 최초의 제산제(우유, 박하, 탄산나트륨의 효과적인 조
합으로 구성됨)를 처방했었다(기원전 2300년경).

아일랜드의 의사 제임스 머레이James Murray는 1829년에 수산화마그네슘을 제산제로 처음 사용했다. 43년 후, 영국인 존 필립스John Phillips는 수산화마그네슘을 먹기 편한 형태로 만든 제산제인 마그네시아유Milk of Magnesia를 판매하여 큰 성공을 거두었다.

그다음 세기인 1977년, 영국의 과학자들은 위산으로 인한 통증이 느껴지기 전에 위산 분비를 억제하는 약인 시메티딘cimetidine을 개발했다. 이때까지 의학계는 위궤양의 원인이 (식습관이나 스트레스 등과 관련된) 위산 과다라고 여기고 있었다. 1982년이 되어서야 오스트레일리아의 내과의사인 로빈 워런Robin Warren과 배리 마셜Barry Marshall은 위궤양을 일으키는 세균을 찾아냈지만, 의학계가 그들의 연구 결과를 받아들이기까지 오랜 시간이 걸렸다.

장과 관련된 다음의 두 최초 사례들도 주목할 만하다. 1735년 망명 중이던 프랑스 신교도 클라우디우스 에이미앤드Claudius Amyand가 런던 세인트조지병원에서 근무하던 중에 충수 절제술에 성공했다. 1890년대에는 영국의 어니스트 스탈링Ernest Starling('호르몬'이라는 단어를 만들기도 했다)과 그의 처남인 윌리엄 베일리스William Bayliss가 연동운동을 발견했다.

항생제, '기적의 약'

영국의 알렉산더 플레밍Alexander Fleming이 1928년에 페니실린을 우연히 발견한 이야기는 설명이 필요 없을 정도로 잘 알려져 있다. 그러나 그보다 2,000년이나 전에 중국, 이집트, 세르비아 등지에서 번영한 고대 문명에서 곰팡이가 핀(즉 원시적인 형태의 항생제를 함유한) 빵의 치유력이 우연히 발견되었다는 사실은 별로 알려져 있지 않다. 플레밍이 '최초'인지도 의심할 여지가 있다.

1870년 영국의 존 스콧 버튼 샌더슨 경Sir John Scott Burdon-Sanderson 은 곰팡이가 어떻게 박테리아의 성장을 억제하는지에 주목했고, 1890년대에 독일의 과학자 루돌프 엠머리히Rudolph Emmerich와 오스 카 뢰프Oscar Löw는 최초의 항생물질인 피오시아나제Pyocyanase를 개 발했다. 1939년이 되어서야 영국 옥스퍼드대학의 과학자 하워드 플 로리Howard Florey와 언스트 체인Ernst Chain이 곰팡이에서 유효 물질인 페니실린을 분리하는 데 성공했다. 페니실린은 1941년 영국에서 환 자에게 처음 사용되었다.

최초의 광범위 항생제인 오레오마이신Aureomycin은 미국에서 1945년에 발견되었다. 1954년에는 항생제 내성이 있는 '슈퍼버그 superbug'에 대한 경고가 처음 나왔고, 2018년이 되어서야 슈퍼버그를 상대할 수 있다고 알려진 항생제가 개발되었다.

우울증 치료제

오랜 기간에 걸친 우울증 치료에 대한 내용은 안타까움을 자아낸다. 악령에게 '사로잡혀서' 정신 질환이 생긴다는 최초의 언급은 바빌론 과 중국의 고대 문헌에서 발견된다. 그리스인들이 처음으로 정신 건 강을 육체적 건강과 연결시켰지만, 대부분은 우울증이 몸 안의 '체 액'의 불균형에서 비롯된다는, 갈레노스(89쪽 참조)에 의해 전파된 생 각을 고수했다.

로버트 버턴Robert Burton은 일찍이 『우울의 해부Anatomy of Melan-choly(1621년)』에서 우울증의 사회적 원인을 규명하고자 했다. 우울증 이 처음으로 조현병과 구별된 것은 1895년 오스트리아의 지그문트

프로이트Sigmund Freud가 정신분석학을 개척하면서부터였다.

1924년 독일의 루이스 레빈Louis Lewin은 향정신성 약물과 식물을 분류했고, 1930년대에는 약물뿐 아니라 전기경련요법까지 사용하는 경련요법이 시작되었다. 현대적인 약물 치료는 1949년에 리튬을 사용한 것에서 시작했고, 1986년부터는 플루옥세틴(프로작)이 널리 처방되었다.

+ 헤일스의 말

케임브리지대학 출신의 목사 스티븐 헤일스Stephen Hales(1677~1761)는 영국 미들섹스주 테딩턴 교구에서 수많은 과학 실험을 실시했다. 가장 중요한 실험 중 하나는 안락사가 예정되어 있던 말의 동맥에 놋쇠 파이프를 삽입한 실험이다.

그는 놋쇠 파이프에 약 3미터 길이의 유리관을 연결하고 수직으로 고정했다. 동맥을 막고 있던 클립을 빼자, 유리관으로 피가 솟구쳐 올랐고 2.4미터보다 높은 위치에서 약간의 변동을 보였다. 이것이 바로 최초의 혈압 측정이었다. 피 기둥의 높이는 말의 심장이 뛸 때마다 5~10센티미터 정도 오르락내리락 했다(덧붙여 말하면, 지금의 측정치를 적용하면 말의 수축기 혈압은 185였다. 이는 말과 사람 모두에게 높은 수치이다).

혈압

이른바 '고압 맥박 질병(즉 맥박에서 감지할 수 있는 고혈압)'에 대한 언급은 기원전 제3천년기 중반 중국 고대 전설상의 제왕 '황제黃帝'까지 거슬러 올라간다. 히포크라테스(89쪽 참조) 등이 지지한 초기 치료법은 간단했다. 정맥 절개 또는 거머리를 이용해 환자의 피를 일부 빼내는 것이었다. 이것은 대충 감으로 하는 치료였고, 1733년 전까지는 혈압이 정확하게 측정되지도 않았다.

18세기 말 영국의 의사 윌리엄 위더링William Withering(1741~1799)은 심장이나 순환기계 질환에 디기탈리스(현삼과의 여러해살이풀로 잎은 응달에 말려 심장병의 약재로 쓴다−옮긴이)가 효험이 있다는 것을 발견했다. 그다음에 나온 중요한 첫 발견은 프레더릭 아크바르 마호메드Frederick Akbar Mahomed가 새로운 맥파 기록기(최초의 비혈관식 맥박·혈압 측정 장치로 1854년에 독일에서 발명됨)를 이용하여 고혈압이 반드시 신장병과 관련이 있는 것은 아니라는 점에 주목한 것이었다.

이탈리아의 의사 쉬피오네 리바 로치Scipione Riva-Rocci는 1896년 압박대(커프)를 팔에 감는 방식의 현대적인 혈압 측정 장치인 혈압계를 고안했다.

1957년, 경구 이뇨제 클로로티아지드chlorothiazide가 영국과 미국에서 등장했고, 1964년 영국에서 제임스 블랙James Black이 베타 차단제beta blocker(교감신경의 베타수용체를 차단하여 심근 수축력과 심장 박동수를 감소시키는 약물로 협심증·고혈압 등의 치료제로 쓰인다−옮긴이)인 프로프라놀롤propranolol과 프로네탈롤pronethalol을 합성해 냈다. 1959년에는 히드로클로로티아지드hydrochlorothiazide(고혈압 치료에 사용되는 이뇨제) 복용이 가능해졌고, 1990년에는 암로디핀 베실레이트amlodipine besylate를 주성분으로 하는 노바스크Norvasc(동맥혈관을 확장시켜서 혈압을 떨어뜨리는 약)가 판매에 들어갔다.

항염증제

약효가 있는 다른 많은 물질들도 그렇듯이 항염증 물질—도금양(남유럽산의 방향성 상록 관목-옮긴이)과 버드나무 껍질, 둘 다 살리실산(92쪽 참조) 함유—은 고대에서 처음 사용되었고, 가장 오래된 관련 문헌은 메소포타미아 수메르에서 나왔다(기원전 2500년경). 현대에 들어서는 1950년대에 다른 비스테로이드성 항염증제들(92쪽 참조)이 등장하기 전까지 아스피린이 최고의 자리를 지키고 있었다. 1965년에는 인도메타신Indomethacin이 등장했고, 1969년에는 더 안전한 아스피린 대용품으로 개발된 이부프로펜이, 1976년에는 나프록센이 출시되었다.

스테로이드

사실이든 아니든 깜짝 놀랄 만한 이야기를 하자면 고대 그리스의 운동선수들은 경기력을 향상시키기 위해 테스토스테론이 풍부한 숫양이나 황소 고환을 먹었다고 한다. 생으로 씹어 먹었다는 설도 있다. 그런 이야기는 다 신화—고대 세계의 가짜뉴스—이다.

　신체 기관들 사이의 화학적 교신을 처음으로 신빙성 있게 보여준 사람은 1849년 독일의 과학자 아르놀트 아돌프 베르톨트Arnold Adolph Berthold였다. 1902년 영국의 어니스트 스탈링과 윌리엄 베일리스는 이자액의 배출을 유도해 소화를 돕는 화학물질인 세크레틴(소장 내에 생기는 일종의 호르몬-옮긴이)을 최초로 발견했고, 3년 뒤에 '호르몬'이라는 단어를 만들었다. 스테로이드 호르몬은 1920년대와 1930년대에 발견되고 추출되었다. 남성의 대표적인 성호르몬인 테스토스테론은 1935년 한 해 동안에 발견과 합성이 이루어졌다(최초의 단백 동화 스테로이드 '아나볼릭 스테로이드anabolic steroid').

1937년에는 치료 목적으로(처음에는 우울증 치료제로) 인간에게 아나볼릭 스테로이드를 주입하는 실험이 시작되었다. 운동선수가 사용했다는 최초 기록은 1954년 러시아 역도 선수의 사례였다. 1974년에는 아나볼릭 스테로이드 복용 여부를 알 수 있는 신뢰성 있는 테스트가 가능해졌고, 1976년 국제올림픽위원회는 아나볼릭 스테로이드를 금지 약물로 지정했다.

약국과 처방

바빌로니아(이라크)의 함무라비 왕(재위 기원전 1792~기원전 1750) 때 약을 파는 상인들이 시파르의 한 거리에 모여들었다고 한다. 이는 약국에 대한 가장 오래된 언급이다. 최초의 처방전은 그보다 더 오래되어서, 기원전 2100년경 제작된 메소포타미아 점토판에 남아 있다. 기원전 1400년경의 이집트 고분 벽화에는 약방 그림이 남아 있다. 그리스의 희극 작가 아리스토파네스Aristophanes(기원전 446~기원전 386)가 활동한 시기에는 파르마코폴로스pharmakopôlos라는 약제사에 대한 구체적인 언급을 찾을 수 있다.

약방에 대한 국가 규제는 9세기 바그다드에서 시작되었다. 1240년 신성 로마 제국 황제 프리드리히 2세는 의사와 약사의 직무분담을 규정하는 칙령을 반포했다. 중세의 베네치아는 조제약의 성분을 공개하라고 요구한 최초의 국가였다. 영국의 약사 존 부트John Boot는 1849년에 자신의 약국을 열었는데, 시작은 보잘것없었지만 최초의 약국 체인으로 성장했다.

옛날 약방(1651년)

담배

멕시코에서는 3,400년 전부터 담배를 재배하고 있었지만, 그보다 훨씬 전에 담뱃잎을 씹거나 연기를 들이마셨을 것이 분명하다. 5,000년 이상 된, 가장 오래된 담뱃대는 미국 미시시피강 유역에서 발굴되었다. 가장 오래된 '봉bongs(대마초나 아편을 피우는 데 썼을 것으로 추정되는 물 담뱃대)'은 러시아에서 발견되었다. 담배는 1528년에 처음으로 스페인 배를 타고 미국을 떠났다. 얼마 지나지 않아 바르톨로메 데 라스카사스Bartolomé de Las Casas(1474~1566)는 이 제품의 유해한 중독성을 설명했다. 프랑스의 장 니코Jean Nicot(그의 이름을 따 '니코틴nicotine'이라는 말이 생겼다)는 1559년 프랑스에 그 '신성한 약초'를 소개했고, 사람들은 담배의 약효와 이완 작용을 극찬했다. 영국 국왕 제임스 1세(혹은 스코틀랜드의 제임스 6세)는 담배를 싫어했고, 그의 유명한 「담배 배격론Counterblaste to Tobacco(1604년)」은 흡연의 위험성을 경고한 최초의 글이다.

아메리카 원주민들은 말린 담뱃잎을 말아서 최초의 여송연cigars을 만들었고, 갈대나 식물의 잎으로 연초를 말아서 최초의 궐련cigarettes을 만들었다. 유럽인들은 17세기 말까지 담배를 직접 말아서 피웠다. 1848년 멕시코의 후안 네포무세노 아도르노Juan Nepomuceno Adorno가 궐련제조기를 발명하면서 전 세계적인 흡연 열풍이 본격적으로 시작되었다. 연기가 이끄는 곳에 이익이 재빠르게 따라왔다. 1823년 한 독일인이 최초로 라이터를 만들었다. 1828년에는 영국인이 최초의 마찰성냥을 만들었으며, 이 성냥을 개선하여 16년 후에는 한 스웨덴 사람이 안전성냥(발화연소제를 갑의 마찰면에 마찰시켜야 발화되는 성냥-옮긴이)을 발명했다. 1881년 미국에서 하루에 수천 개씩

담배를 생산할 수 있는 기계가 나오자, 담배 제품은 갑 단위로 판매되기 시작했다. 담뱃갑은 거의 같은 시기에 유행하게 되었지만, '재떨이'라는 단어가 등장한 것은 최초의 필터담배 판매가 시작되고 1년이 지난 1926년이 되어서였다.

미국의 아이작 애들러Isaac Adler 박사는 1912년에 이미 폐암과 흡연의 연관성에 대한 선구적인 연구를 실시했는데, 나치 독일의 의사들만이 이례적으로 애들러의 결론을 지지했다. 그의 연구는 대체로 무시되었다가, 1948년 영국의 생리학자 리처드 돌Richard Doll이 흡연과 질병의 연관성에 관한 연구를 발표하고 나서야 비로소 의학계가 이 문제를 심각하게 받아들이기 시작했다.

기록상 최초의 흡연 금지령을 내린 나라는 러시아이고(1634년), 나치 독일은 공공장소에서의 흡연을 최초로 금지했다. 나머지 국가들도 느리지만 그 뒤를 따랐다. 1965년에 영국은 텔레비전 담배 광고를 금지했고, 미국은 담뱃갑에 건강 경고문 표기를 의무화했다. 미국 아스펜은 식당에서의 흡연을 금지한 최초의 도시이고(1985년), 아일랜드는 모든 작업장에서의 전면적인 금연을 도입한 최초의 국가이다(2004년). 2010년, 부탄은 담배를 완전히 금지한 최초의 국가가 되었다.

흡연의 위해성이 분명해지자, 과학자들은 흡연자들이 담배를 끊을 수 있게 도와주는 제품을 개발하기 시작했다. 그들의 연구는 중독성 있는 니코틴을 공급하는 대안적인 방법을 찾는 것, 담배를 빨때의 기분 좋은 느낌을 갖게 해 주는 것, 이 두 가지에 초점을 맞추었다. 가장 먼저 등장한 것은 니코틴 껌이었다. 1971년 스웨덴에서 출시되었고, 1978년 스위스, 1980년 영국, 1984년 미국에서 판매가 시작되었다. 이 제품은 니코틴에 대한 욕구를 충족시켜 주면서 입이 심심한 느낌도 어느 정도 없애 주었다. 스웨덴에서 줄줄이 출시된 니코틴 패치(1991년), 비강 스프레이(1994년), 흡입기(1996년), 로젠지(빨아먹는 마름모꼴 사탕-옮긴이. 1999년)도 모두 첫 번째 기준을 충족했다. 1963년 미국의 허버트 A. 길버트Herbert A. Gilbert는 전자담배를 발명했다. 그의 장치는 무언가를 빨고 싶어 하는 사람들의 욕구는 충족시켰지만, 맛을 첨가한 증기 '연기'는 니코틴의 대안이 될 정도는 아니라서 실패했다. 40년 뒤 중국의 한리韓力가 그러한 단점을 보완하여 니코틴을 공급하는 전자담배, 즉 '베이프vape'를 개발했고, 곧 여러 가지 형태로 세계 곳곳에서 판매되었다.

정신 건강

광기

8,500년 전부터 행해진 두개골에 구멍을 뚫는 우리 조상들의 관행은 그때나 지금이나 정신 질환이 인간의 특징 중 하나임을 시사한다. 두개골에 구멍을 내는 것(천두술trepanning)—지금까지 알려진 최초의 정신 질환 치료법—은 환자의 뇌를 어지럽히는 악령을 내보내기 위해 행한 것으로 여겨진다. 정신 질환과 관련된 가장 오래된 문헌은 기원전 2700년경의 중국에서 나왔는데, 여기에서는 신체 및 정신의 질환은 음양의 조화가 깨진 것에서 비롯된다고 설명한다.

'광기'니 '악령'이니 하는 말이 넘쳐 나는 가운데 고대 그리스의 두 사상가가 눈에 띈다. 히포크라테스(89쪽 참조)는 최초로 편집증이나 우울증 등의 정신 질환을 과학적으로 분류했다. 아스클레피아데스Asclepiades(기원전 124~기원전 40)는 정신이상자들을 차분한 대화와 안마를 통해 인간적으로 대해야 한다고 주장했다. 아레타우스Aretaeus(1세기)는 환자의 신체적 변화와 정신적 변화를 연결시킴으로써 심신 의학으로 가는 길을 제시했다.

그 뒤 깨달음의 횃불은 중동으로 넘어갔다. 아흐마드 이븐 툴룬Ahmad ibn Tulun은 세계 최초의 정신병원이라고 볼 수 있을 시설을 세웠다(872년, 카이로). 페르시아의 의사인 아부 바크르 무함마드 자카리야 알 라지(90쪽 참조)는 처음으로 뇌를 정신 질환이 생기는 곳이라고 본 사람 중 하나였으며, 심리치료 분야도 개척했다. 또 다른 페르시아인 아부 자이드 알 발키Abu Zayd al-Balkhi(850~934)는 초기 형태의 인지 치료를 실시했다.

깨우쳐 가기

정신병자들을 시설에 가두는 관행은 중세에 시작된 것으로 보인다. 파리의 오텔 디외 병원(651년에 설립)의 특별실이 최초의 시설 중 하나이다. 영국은 1774년 정신병원 법령이 제정되기 전까지는 어떤 형태의 규제도 받지 않았다.

정신병자들에 대한 인식의 변화—정신 질환을 앓고 있는 사람들을 치유될 수 있는 환자로 보는 것—는 1790년을 전후해 시작되었는데, 특히 '근대 정신 의학의 아버지'라 불리는 프랑스의 정신과 의사 필리프 피넬Philippe Pinel(1745~1826)의 활동과 조현병에 대한 최초의 기술(1809년)이 주목할 만하다. 그 뒤 편집광(1810년), 음주광(1829년), 병적 도벽(1830년) 등의 다른 범주들도 언급되었다.

천두술. 마음의 병을 치료하는 투박하고 고통스러운 방법

성의 심리학은 독일의 리하르트 폰 크라프트에빙Richard von Krafft-Ebing의 저서『프시코파티아 섹수알리스*Psychopathia sexualis*(1886년)』에서 처음으로 완전히 분석되었다. 가학 성애자, 피학 성애자, 동성애(당시에는 질병으로 간주됨), 시간증(시체에 대하여 성욕을 느끼는 이상 성욕의 한 증상-옮긴이), 애니링구스anilingus(성적 흥분을 위해 항문을 입으로 자극하기-옮긴이)와 같은 용어들이 이 책에서 나왔다. 지그문트 프로이트(102쪽 참조)는 정신분석(이 단어는 1896년에 처음으로 인쇄물에 등장했다)이라는 개념을 도입했다.

정신병(심각한 장애)과 신경증(비교적 경증인 상태)을 최초로 구별한 글은 1913년에 나왔다. 널리 인정받는 미국정신의학회의『정신장애 진단 및 통계 편람*Diagnostic and Statistical Manual of Mental Disorders, DSM*』은 1952년 처음 발간됐고, 1975년에 동성애가 정신 질환 목록에서 삭제되었다. 1980년부터는 '조울증' 대신 '양극성 장애'라는 용어를 주로 쓰게 되었다.

헝가리계 미국인 학자 토머스 사즈Thomas Szasz는 우리가 '정신 질환'이라고 부르는 것이 실제로는 임상적 질환이 아니라, 인간이 살아가면서 겪는 문제들을 약칭한 것이라고 처음으로 주장한 사람이다(『정신병의 신화*The Myth of Mental Illness*(1961년)』).

＋충격요법

다른 치료가 번번이 실패하거나 일시적인 효과만 내자, 1920년대에 의사들은 환자의 의식을 단절시킴으로써 반복되는 정신적인 고통에서 벗어나게 하기 위한 충격치료를 실험적으로 실시했다. 1919년, 제3기 매독으로 인한 마비를 치료하기 위해 의도적으로 말라리아에 걸리게 하는 발열요법이 처음 시도되었다.

인슐린쇼크요법은 1927년에 오스트리아계 미국인 정신과 의사 맨프레드 사켈Manfred Sakel이 시작한 치료법으로, 환자에게 엄청난 양의 인슐린을 투여해서 혼수상태에 빠지게 하는 방법이었다.

더욱 극적인 것은 환자의 뇌에 최대 460볼트의 전류가 흐르게 하는 전기경련요법(1938년)과 로보토미lobotomy(대뇌의 전두엽백질을 잘라서 시상과의 연락을 단절시키는 수술 방법-옮긴이)였다. 로보토미는 1935년에 처음 실시되었고, 14년 후 이 수술을 고안한 포르투갈의 외과의사 에가스 모니스Egas Moniz는 노벨생리의학상을 받았다. 이 방법은 더 이상 쓰이지 않으며, 모니스의 노벨상을 철회하라는 요구도 있다.

수술

마취약이 있기 전

인류는 문명이 시작되기 전부터 서로를 베고 신체의 일부를 잘라내고 있었다. 가장 오래된 수술로 알려진 할례는 1만 5,000년도 넘게 행해져 왔으며, 처음에는 전쟁에서 패배한 편의 낮은 지위를 표시하기 위해 시행했을 것으로 여겨진다. 할례의 역사적 기록은 기원전 2400년경 어느 고대 이집트인의 이미지에서 찾을 수 있지만, 이집트 신화 속 태양신Ra이 그보다 훨씬 전에 스스로 할례를 시행했다고 전해진다.

프랑스 동굴에서 나온 7,000년 된 해골은 천두술(109쪽 참조)과 신체 절단이 석기 시대에 처음으로 행해졌음을 보여 준다. 함무라비 법전(기원전 1754년)에는 종양 수술이 언급되어 있고, 200년에 들어 그리스-로마 세계에서는 유방 절제술과 유방 종양 절제가 행해지고 있었다.

제왕 절개 수술에 대한 최초의 기록은 하나는 중국, 또 하나는 페르시아의 것인데, 기원전 1000년경에 있었던 일이다. 더 신뢰할 만한 설명은 기원전 320년경 인도 황제 빈두사라의 탄생에 관한 이야기이다. 학자들은 이 시술에 제왕 절개 수술caesarean section이라는 이름을 준 사람인 로마의 율리우스 카이사르Julius Caesar(기원전 100~기원전 44)가 정말로 산모의 배를 가르고 태아를 꺼내는 수술로 태어났는지에 대해서는 확신하지 못하고 있다.

쇄석술(방광이나 신장 등의 기관에 생긴 결석을 제거하는 수술)에 대한 최초의 기록은 그리스의 의사 히포크라테스(89쪽 참조)의 저술에서 찾을 수 있다. 또 다른 그리스의 선구자인 갈레노스(89쪽 참조)는 당시의 원시적인 의사들이 남긴 상처를 봉합하기 위해 창자 실 봉합(양 소장의 점막하 조직으로 만든 봉합사를 사용한 봉합-옮긴이)을 행할 것을 주장했다. 충수 절제술에 성공했다는 가장 오래된 기록은 1735년 영국 런던 세인트조지병원에서 프랑스의 외과의사 클라우디우스 에이미앤드(100쪽 참조)가 실시한 수술에 대한 것이다.

수술 중 안전

19세기 중엽에 들어 무통 수술이 가능해지고, 그다음에는 무균 수술이 처음 등장하면서, 외과의들은 그들의 전임자들은 다루기 힘들었던 부위를 마침내 치료할 수 있게 되었다.

1879년에는 최초의 뇌종양 제거(영국), 1880년에는 최초의 갑상선 절제(독일), 1883년에는 최초의 난관 절제(나팔관 제거. 영국)가 성공적으로 이루어졌다. 성공적인 심장 수술은 1895년 독일에서, 심장 절개 수술은 30년 후에 영국에서 시행되었다. 편도선 절제술에 대한 기록은 기원전 1세기까지 거슬러 올라가고(무엇보다 야뇨증 치료법으로 권장되었다), 수술을 위한 수많은 외과용 의료기기가 발명되어 왔지만, 1909년이 되어서야 비로소 미국에서 처음으로 수술을 안전한 과정으로 인식하게 되었다. 1955년에는 미국에서 처음으로 머리가 서로 붙어 있는 쌍둥이의 분리 수술이 성공했고, 1967년에는 역시 미국에서 획기적인 관상동맥우회술이 시행되었다.

1961년 5월 러시아의 남극 탐험가 레오니트 로고조프Leonid Rogozov는 최초로 자가 충수 절제술(자신의 맹장을 직접 제거하는 수술)에 성공했다. 당연히 힘이 빠지고 메스꺼움을 느꼈음에도 불구하고 그는 썩은 충수를 빼내고 절개 부위를 단 두 시간 만에 꿰맸다.

'내 성性을 없애줘'

맥베스 부인Lady Macbeth(셰익스피어의 희곡 「맥베스」의 주요 등장인물로, 남편 맥베스를 부추겨 던컨 왕을 살해하게 만든다—옮긴이)이 살인을 더 쉽게 할 수 있도록 '인간의 생각을 돌보는 영혼'에게 자신의 여성성을 없애 달라고 부탁하기 훨씬 전부터 사람들은 성교와 수태를 막기 위해 조잡하고 대개는 잔인한 시술을 해 왔다. 인간을 대상으로 한 거세는 고대 중동과 중국(이곳에서는 고환뿐 아니라 음경까지 제거했다)에서 적어도 기원전 제1천년기에 시작되었고, 가장 오래된 언급은 기원전 21세기의 수메르에서 찾을 수 있다.

거세에 대한 최초의 의학적 설명은 7세기에 비잔틴(터키) 의사 파울루스 에지네타Paulus Aegineta가 쓴 것이다. 여성 할례는 파라오 시대의 북동 아프리카에서 시작했을 것으로 추정된다.

1881년에 미국에서 처음으로 보고된 난관결찰술을 통한 여성의 불임 수술은 1930년에 도입된 수술법으로 인해 비교적 안전하고 효과적인 수술로 인식되었다.

교체와 이식

중국인들이 기원전 300년경에 심장 이식에 대한 기록을 남긴 것으로 보이지만, 나무로 된 의족과 갈고리 팔을 제외한 현대적인 이식 수술은 20세기 후반에 시작되었다. 그 이전에 있었던 주목할 만한 발전으로는 1508년 독일의 용병 괴츠 폰 베를리힝겐Gotz von Berlichingen이 철로 만들어 착용한 최초의 움직일 수 있는 의수와 1536년경 프랑스 육군 외과의 앙브루아즈 파레Ambroise Paré가 만든 최초의 관절로 연결된 의족이 있다.

1890년에 독일의 외과의사인 테미스토클레스 글뤽Themistocles Glück은 상아와 니켈을 사용하여 만든 최초의 인공 무릎을 이식했고, 그다음 해에는 최초의 인공 고관절을 이식했다. 그로부터 2년 뒤, 프랑스의 외과의사 쥘 에밀 페앙Jules-Émile Péan은 최초의 인공 어깨 관절을 끼워 넣는 데 성공했다. 그 후로 더 강하고 거의 마찰이 없는 소재를 사용할 수 있게 되면서 많은 개선과 발전이 이루어졌다.

성공적인 장기 이식 수술은 1954년 미국에서 일란성 쌍둥이 간

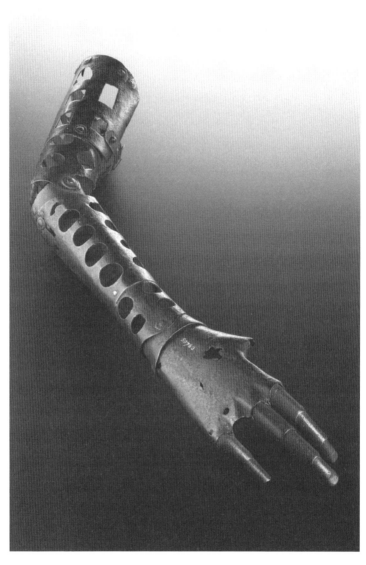

관절로 연결된 오른쪽 의수(1501~1550년)

의 신장 이식으로 시작되었다. 13년 후, 역시 미국에서는 이식된 조직에 대한 거부반응을 극복하는 기술 덕분에 최초의 간 이식 수술도 가능해졌다. 많은 사람들의 이목을 집중시킨 수술은 1967년 남아프리카 공화국의 외과의사 크리스티안 바너드Christiaan Barnard가 시행한 첫 심장 이식 수술이었다. 25세 여성의 심장을 이식받은 그의 환자는 2주가 조금 넘게 생존했다. 최초의 심폐 이식 수술은 그다음 해에 미국에서 이루어졌다. 21세기에 이르러 이런 수술들은 일상화되었고 외과의들은 더욱 복잡한 수술에 도전하고 있다. 아래는 최근 이루어진 주목할 만한 수술들이다.

2010년: 최초의 안면 이식 수술(스페인)
2011년: 최초의 성공적인 양다리 이식 수술(스페인), 최초의 성공적인 자궁 이식 수술(터키), 최초의 손 이식 수술(영국), 최초의 양 팔 이식 수술(미국)
2014년: 최초의 성기 이식 수술(남아프리카 공화국)
2015년: 최초의 두개골·두피 이식 수술(미국)

+ 셔츠 때문에 들통나다

근대 이후 최초의 여성 외과의사는 아마도 스위스의 엔리퀘타 파베즈 Enriqueta Favez일 것이다. 그녀는 1791년경 스위스에서 출생 신고 없이 태어났다. 15세가 되자 삼촌은 그녀를 결혼시켰는데, 결혼한 지 3년 만에 남편을 여읜다. 그 뒤 파베즈는 남자처럼 옷을 입고 파리 소르본대학에서 의사 자격을 얻었고, 프랑스 육군 군의관으로 복무하다가 나폴레옹 전쟁에서 영국군에게 포로로 잡혔다. 풀려나자마자 그녀는 쿠바로 가서 그곳에서 (여전히 남자인 채로) 한 여성과 결혼하여 외과의사로 일했다.

참견하기 좋아하는 한 하인이 우연히 파베즈가 셔츠의 단추를 잠그지 않은 채 술에 취해 쓰러져 있는 것을 보았고, 주인의 정체를 폭로했다. 구금과 두 번의 자살 시도가 있었으나, 워낙 기지가 넘치고 회복력이 뛰어난 그녀는 뉴올리언스로 도망쳤고, 그곳에서 한 수녀원에 들어갔다. 1865년에 사망할 당시 파베즈는 수녀원장으로 봉사하고 있었다.

의학계에 진출한 여성들

고대 이집트 여성들의 선구적인 활동(88쪽 참조)을 제외하고 19세기 이전까지는 여성이 체계적이고 과학적인 의학 교육을 받는 일이 사실상 어느 나라에서나 불가능했다. 예외적인 사례로는 의학 논문을 쓴 최초의 여성인 그리스의 의사 메트로도라Metrodora(200~400), 최초의 여성 이슬람교도 간호사인 7세기 의료 종사자 루파이다 알 아슬라미아Rufaida Al-Aslamia, 대학에서 의학을 가르친 최초의 여성인 이탈리아 볼로냐대학교의 도로테아 부카Dorotea Bucca(1360~1436)가 있다.

1848년에는 미국 보스턴에 세계 최초의 여자 의과대학인 뉴잉글랜드 여자의과대학이 설립되었다. 그 이듬해, 영국 태생의 엘리자베스 블랙웰Elizabeth Blackwell은 근대 이후 의과대학을 졸업한 최초의 여성이 되었다. 영국의 유명한 간호사 플로렌스 나이팅게일Florence

Nightingale은 1860년에 최초의 현대적인 간호학교를 세웠다. 1862년 경 메리 에드워즈 워커Mary Edwards Walker는 미국 남북 전쟁 당시 북부 군에서 외과의사로 근무했는데, 여성이 그런 자리를 공개적으로 차 지한 최초의 사례였을 것이다. 러시아 최초의 여성 군의관인 여공女公 베라 게드로이츠Vera Gedroits(1870~1932)는 세계 최초의 여성 외과교 수가 되었다.

다른 주목할 만한 첫 사례로는, 1864년 최초의 아프리카계 미 국인 여성 의사인 리베카 리 크럼플러Rebecca Lee Crumpler의 졸업, 인도 에서 의학 학위를 받은 최초의 여성(카담비니 갠굴리Kadambini Ganguly, 1886년), 중국 최초의 여자의과대학 개교(광저우의 해킷 여자의과대학, 1902년), 터키 최초의 여성 의사 사피예 알리Safiye Ali(1922년에 개업), 1929년에 에든버러대학을 졸업하고 서아프리카 여성으로는 처음으 로 의사 자격을 얻은 아그네스 새비지Agnes Savage 등이 있다.

미용 의학의 시작

대략 3,000년 정도 된 힌두교 경전에는 절도나 간통에 대한 벌로 신 체가 훼손된 사람들의 외모를 회복하기 위해 시행한 피부 이식에 대 한 내용이 기술되어 있다. 순수한 미용성형 수술(코 성형과 귓불 성형) 에 대한 최초의 기술은 인도의 현인 수슈루타Sushruta의 저서『수슈루 타 상히타Sushruta Samhita(기원전 600년경)』에 나온다. 2,000년 후, 이탈 리아의 가스페레 타그리아코치Gaspare Tagliacozzi(1546~1599)는 전쟁이 나 결투, 매독 등으로 망가진 얼굴을 고치고자 하는 이발외과의사 (외과의사를 겸한 옛날의 이발사)를 위해 최초의 성형수술 교재『조직 이식을 통한 훼손 부위 수술De Curtorum Chirurgia per Insitionem』을 썼다.

코 성형술에 관한 최초의 논문은 1845년에 발표되었고, 1880년 대에 미국의 존 로John Roe는 흉터가 남지 않는 코 성형을 개척했다. 페놀용액을 사용한 최초의 화학박피술은 1871년에 기록되었다.

제1차 세계대전은 여러 혁신적인 발전으로 이어졌다. 1917년 뉴질랜드의 해럴드 길리스Harold Gillies가 현대 성형수술의 길을 닦았다. 미국의 예술가 안나 래드Anna Ladd는 악안면 보철기술을 개발했는데, 아연 도금된 아주 얇은 구리를 이용한 정교한 제작 과정을 거쳐 얼굴이 심각하게 훼손된 퇴역 군인들에게 새로운 얼굴을 만들어 주었다.

새롭게 더 나아진 당신

19세기 말 이후 사진 촬영과 경제적 번영은 미용 의학의 급증으로 이어졌다. 1893년에는 자가 지방이 충전물로 처음 사용되었고, 얼마 지나지 않아 파라핀 왁스가 사용되었다. 1898년경에 독일의 외과의사 빈센츠 체르니Vincenz Czerny가 (환자의 암 치료 후에) 유방확대 수술을 시행했다는 기록이 있고, 14년 후에는 주름살 제거 수술에 대한 언급도 나온다.

제2차 세계대전 이후 미적 개선에 대한 요구가 점점 더 커져 갔고, 그러한 수요에 맞춰 시술의 종류도 다양해졌다. 모발 이식(1952년), 실리콘 유방 주입술(1961~1962년), 피부 레이저 시술(1965년), 지방 흡입(1977년), 위 밴드(1977년), 승인 받은 안면 필러(1981년), 유방 축소 수술(1980년대 초), 보톡스(1992년경), 레이저 제모(1996년), 항문 미백(2000년경) 등 새로운 시술들이 등장했다.

의료 장비

투박한, 그리고 고통스러운 시작

최초의 의료 기구는 의심할 여지없이 칼 같은 일상적인 도구였다. 알렉산더 대왕(기원전 356~기원전 323) 때부터 검을 사용해 수술한 의사에 대한 이야기가 있다. 특별히 의료 목적으로 만들어졌을 가능성이 높은 최초의 도구 세 가지는 핀셋과 절개구를 벌리기 위한 당김기(둘 다 기원전 3000년경, 이집트), 그리고 흑요석으로 만든 메스(기원전 2100년경, 터키)이다. 최초의 일회용 메스는 1915년까지 기다려야 했고, 레이저 메스는 1964년이 되어서야 나왔다.

튜브 모양의 나무 막대나 식물 줄기는 카테터(장기 속에 넣어 상태를 진단하거나 영양제, 약품 등을 주입할 때 쓰는 관 모양의 기구-옮긴이)로 사용되었다. 기원전 500~기원전 400년경에 접어들어 다양한 금속 갈고리, 못, 송곳, 집게, 그리고 최초의 남성용과 여성용 카테터(S자형과 직선형)가 등장했다.

정밀 검사는 볼록렌즈를 이용한 확대경의 도움을 받아 이루어졌다. 이 확대경은 1250년 영국의 로저 베이컨Roger Bacon이 처음 만들었다. 최초의 구급차는 900년경 앵글로·색슨족의 해먹 카트로 볼 수도 있겠지만, 1793년 이후 프랑스 혁명군이 사용한 특수 설계된 차량으로 보는 것이 더 타당할 것이다. 분만 집게는 영국에 살았던 프랑스 위그노 교도 망명자인 피터 챔벌렌Peter Chamberlen(1560~1631)이 고안한 것으로 추정된다. 1752년 벤저민 프랭클린Benjamin Franklin은 방광결석으로 고생하는 동생을 위해 최초의 유연한 카테터를 만들었다.

현대 이전에 나온 마지막 중요 기구는 1816년경 프랑스인 르네 라에네크René Laennec가 발명한 청진기이다. 그는 이 기구를 이용해 가슴에 귀를 대었을 때 심장 박동이 감지되지 않았던 어느 비만 환자를 진찰할 수 있었다.

기술의 부상

네덜란드의 외과의사 안토니우스 마테이선Antonius Mathijsen은 1851년에 석고붕대법을 고안했고, 대체 소재인 유리 섬유는 1970년대부터 도입되었다. 1895년에는 독일에서 빌헬름 뢴트겐Wilhelm Röntgen의 X선 발견이라는 깜짝 놀랄 사건이 있었고, 그 이듬해 손을 찍은 최초의 엑스레이 사진이 공개되었다. 이 방법은 곧 의료용으로 사용되었다. 이후 많은 발명품들이 잇따라 나왔다.

1903년에는 심전도(네덜란드), 1908년에는 외과용 스테이플러(헝가리), 1910년에는 최초의 인간 복강경 검사(스웨덴)가 등장했다. 독일의 정신과 의사 한스 베르거Hans Berger는 1924년에 최초로 인간의 뇌파도를 기록했다. 오스트레일리아의 마취 전문 의사인 마크 리드웰Mark Lidwell은 1926년 심박 조율기를 발명했고, 이 기기를 사용해 시드니에 있는 어느 병원 신생아의 생명을 구했다. 휴대용 심박 조율기는 1959년 미국에서 만들어졌다.

제2차 세계대전 당시 독일이 네덜란드를 점령했을 때(1943년), 네덜란드 의사인 빌럼 콜프Willem Kolff는 깡통과 세탁기 부속품으로 세계 최초의 신장 투석기를 만들었다. 이 시제품은 그다지 잘 작동되지 않았고, 전쟁이 끝난 후에야 믿을 만한 기계가 나왔다.

스캔과 로봇

세동 제거(심방 또는 심실 근육의 세동, 즉 잔떨림을 제거하여 정상 율동을 회복하는 치료–옮긴이)에 성공한 첫 사례—14세 소년의 심장을 다시 뛰게 한—는 1947년 미국 오하이오주에서 있었다. 5년 후에는 데이터를 자동으로 분류해 주는 천공카드(정보의 검색·분류·집계 따위를 위하여 일정한 자리에 몇 개의 구멍을 내어 그 짝 맞춤으로 숫자·글자·기호를 나타내는 카드–옮긴이)를 사용해 진단이 더 용이해졌고, 미국의 제너럴모터스 사가 최초의 인공 심장을 만들었다.

1957년 크리스마스에는 의사들이 광섬유 내시경으로 환자의 몸 속을 자세히 들여다볼 수 있게 되었다. 그다음 해에는 태아 초음파 검사가 가능해졌다. 그다음에는 심장 및 순환기 의학에서 새로운 발명과 시술이 나왔는데, 기계적 심장판막 치환술과 혈전 제거를 위한 색전 제거용 풍선 카테터(둘 다 1961년), 장기 기증자에서 나온 판막을 이용한 판막 치환술(1962년), 1963년에 환자에게 이식된 좌심실보조인공심장 등을 들 수 있다. 1971년에는 첫 상용 CT 스캐너가 등장했고, 1977년에는 MRI 스캐너가 등장했다. 1980년대에는 로봇보조수술(1983년)이 등장했고, 1990년대에는 줄기세포 치료(1998년)의 시작을 알렸으며, 새 천년의 첫 해에는 로봇 장치를 이용한 원격수술이 가능한 것으로 판명되었다. 당뇨병 환자를 위한 인공췌장 시스템은 2017년에 출시되었다.

혈액

현미경의 발명 덕분에 네덜란드의 생물학자 얀 스바메르담Jan Swammerdam은 최초로 적혈구를 발견할 수 있었다(1658년). 거의 2세기 후인 1841년, 영국의 의사 조지 걸리버George Gulliver는 복합 현미경을 통해 혈액 응고에 관여하는 무색의 세포 혈소판을 볼 수 있게 되었다(혈소판을 공식적으로 발견한 것은 1842년 프랑스의 알프레드 도네Alfred Donné로 봐야 한다는 자료도 있다). 혈소판이라는 용어는 1910년이 되어서야 사용되었다. 1843년, 프랑스에서는 가브리엘 안드랄Gabriel Andral 교수, 영국에서는 윌리엄 애디슨William Addison이 처음으로 백혈구를 관찰했고(두 사람이 같은 시기에 관찰한 것으로 보인다), 이 발견은 혈액학의 확립으로 이어졌다. 독일 국적의 유대인 파울 에를리히Paul Ehrlich(1910년 매독 치료제를 개발하기도 함)는 1879년 중대한 진전을 이뤄 내는데, 조직 염색을 통해 서로 다른 종류의 혈구를 구분할 수 있게 된 것이다.

혈액형(ABO식)은 1900년 오스트리아의 과학자 카를 란트슈타이너Karl Landsteiner가 처음 발견하였다. 1902년, 그의 동료인 이탈리아의 아드리아노 스툴리Adriano Sturli와 알프레드 폰 데카스텔로Alfred von Decastello가 AB형을 발견했다. Rh식 혈액형은 1939년에 발견되었지만, 바로 이름이 붙여지지는 않았다. 그다음 해에는 Rh 양성과 Rh 음성이 구별되었고, 1967년에는 Rh 면역 글로불린을 접종해 산모가 Rh 음성, 태아가 Rh 양성인 경우에 발생할 수 있는 Rh 부적합증을 예방할 수 있게 되었다.

종교적인 이유나 기타 이유로, 피는 오랫동안 미신적인 경외심으로 바라보는 대상이었다. 그 결과 최초의 수혈은 근대 초가 되어서야 이루어졌다. 신뢰할 만한 기록이 남아 있는 최초의 수혈은 리처드 로어Richard Lower가 개의 피를 다른 개에게 옮긴 실험이었다(1665년, 영국). 그다음에 동물과 인간 사이의 수혈이 있었다(127쪽 참조). 기록에 남아 있는 사람과 사람 사이의 최초의 수혈은 1818년에 영국의 산부인과 의사 제임스 브룬델James Blundell이 실시한 것이지만, 그 이전인 1795년에 필립 싱 피직Philip Syng Physick이 미국 필라델피아에서 수혈을 시행한 것으로 알려져 있다. 최초의 전혈 수혈(혈액 성분 전체를 채취하는 헌혈의 하나-옮긴이)은 1840년에 영국에서 시행되었다. 그 후 혈액형이 발견되고, 항응고제(특히 구연산나트륨)가 개발되고(1914년), 구연산-포도당이 도입되어(1916년) 혈액을 체외에서 장기간 보관할 수 있게 되면서 수혈은 안정적인 치료법으로 자리 잡았다. 헌혈은 1921년에 시작되었고, 세계 최초의 수혈센터는 1926년에 영국 적십자에서 설치했다. 그로부터 5년 뒤에는 구소련이 최초의 혈액은행을 설립했다. 피를 담아 놓는 혈액팩은 1950년에 미국에서 처음 사용하기 시작했다.

오늘날 혈우병이라고 알려진 질환이 가장 처음 언급된 것은 2세기 유대인의 문서인데, 첫째, 둘째 아들이 할례를 받다가 출혈이 심해 죽으면 셋째 아들의 할례를 면제해 주었다는 내용이 나온다. 그 질환을 최초로 기록한 의사는 스페인 코르도바 출신의 아랍 의사인 알 자라위Al-Zahrawi(936~1013)이다. 혈우병의 유전성을 처음 분석한 것은 1803년 미국인 의사 존 오토John Otto였고, 혈우병haemophilia이라는 용어는 1828년부터 쓰기 시작했다. 항혈우병 글로불린은 1937년 미국에서 발견했고, 이 질환의 복잡성에 처음 주목한 사람은

1947년 혈우병 A와 혈우병 B를 구분한 아르헨티나의 한 의사였다. 미국 스탠퍼드대학교의 주디스 풀Judith Pool은 효과적이면서 저장 가능한 항혈우병 인자인 크리오프레시피테이트cryoprecipitate를 1964년에 발견했다.

+ 양의 피

프랑스의 태양왕 루이 14세의 주치의였던 장 바티스트 드니Jean-Baptiste Denys(1643~1704)는 피를 아주 좋아했다. 그는 아픈 사람에게 건강한 동물의 피를 수혈하면 나을 수 있을 것이라고 믿었다.

그가 실행한 처음 두 번의 실험은 결과가 그리 나쁘지 않았다. 소량의 양의 피를 소년과 남자에게 주입했는데, 둘 다 (기적적으로!) 생존했다. 그러나 3, 4차 시술은 성공하지 못했다. 세 번째로 피를 주입한 스웨덴 남작은 사망했고, 네 번째 실험에서(1667년 말) 드니에게 붙잡혀 양의 피를 여러 차례 수혈받은 가엾은 미치광이 앙투안 모루아Antoine Mauroy도 죽고 말았다.

앙투안의 정신이 멀쩡했던 시절에 그와 결혼한 페린 모루아Perrine Mauroy는 무모한 의사 드니를 살인죄로 고발했고, 그는 재판에 회부되었다. 드니는 무죄 판결을 받았지만 곧 의료행위를 중단했다. 2년 후, 프랑스 전역에서 수혈이 금지되었다.

백신 접종, HIV/에이즈, 에볼라 바이러스

백신 접종

천연두에 두 번 걸린 사람은 없다는 사실에 주목함으로써, 그리스의 역사가 투키디데스Tucydides(기원전 460~기원전 400)는 우리가 오늘날 백신 접종이라고 부르는 방법, 즉 감염원을 투입해 면역 체계를 활성화시킴으로써 더 악성인 병원체에 견디도록 하는 방법을 최초로 보고한 사람이다. 다소 의심스러운 자료에 따르면 인두접종(천연두 바이러스를 일부러 주입해서 천연두를 예방하는 방법)은 10세기 중국에서 처음 시도되었지만, 더 믿을 만한 증거는 1549년의 중국에서 찾을 수 있다. 이 관습은 18세기 말쯤에는 인도, 터키, 유럽, 아메리카에까지 전파되었다.

진정한 백신 접종이 시작된 것은 1797년 영국의 과학자 에드워드 제너Edward Jenner가 가벼운 질병인 우두에 일부러 감염시킴으로써 치명적인 천연두를 예방할 수 있다는 사실을 널리 알리고 나서였다. 그다음 세기에는 루이 파스퇴르(96쪽 참조)가 '백신 접종vaccination'이라는 용어를 만들었고(1891년), 탄저병 백신(1881년에 효능 입증)과 광견병 백신(1885년)을 개발했다. 그 이후 콜레라 백신(1892년), 장티푸스 백신(1896년), 결핵 백신(1921년), 뇌막염 백신(1978년), 그리고 MMRV 4종(홍역·유행성 이하선염·풍진·수두) 혼합백신(2005년) 등 많은 백신이 만들어졌다.

미생물학자이자 화학자인 루이 파스퇴르

HIV/에이즈와 에볼라 바이러스

인체 면역 결핍 바이러스Human Immunodeficiency Virus, HIV는 대략 1910년경에 원숭이로부터 인간에게 전해졌다고 여겨진다. 인간이 HIV에 감염되었다고 기록된 첫 사례는 1959년 콩고에서 발생했다. 에이즈 Acquired Immune Deficiency Syndrome, AIDS(후천성 면역 결핍증)라는 용어는 1982년에 처음 사용되었는데, 당시 이 병은 전염병(곧 유행병)으로 발표되었다. 이듬해 프랑스 과학자들이 원인이 되는 바이러스를 발견했고, 1986년 국제사회는 HIV라는 용어에 동의하였다.

효과가 있는 (그러나 비싼) 항레트로바이러스제를 사용하는 치료가 1997년에 미국에서 시작되었다. 1976년 아프리카에서 에볼라 바이러스병이 발견됐고, 아프리카 대륙 바깥에서 걸린 사례는 2014년 스페인에서 처음 보고되었다.

시각과 소리

안경

기원전 1500년경 고대 이집트의 에베르스 파피루스Ebers Papyrus는 눈의 질병에 대해 논한 최초의 문서로 알려져 있다. 그리스의 철학자이자 의사인 에페수스의 루푸스Rufus of Ephesus(1세기)와 갈레노스(89쪽 참조)는 눈의 구조를 꽤 정확하게 묘사했다.

독서용 안경(볼록 렌즈)은 13세기 이탈리아에서 처음 사용했다고 알려져 있으며, 1289년에 처음으로 구체적으로 언급되었다. 근시용 안경(오목 렌즈)의 도움을 최초로 받은 인물은 교황 레오 10세이다

(1517년). 귀에 걸치는 안경은 1727년에 등장했고, 경첩은 1752년에 처음 추가되었으며, 이중 초점 안경은 1785년 무렵 미국에서 나왔다. 그 외에도 프랑스에서 1959년에 가변 초점 렌즈와 1965년에는 광색성 렌즈를 사용한 안경 등이 개발되었다.

태양으로부터 눈을 보호하는 안경에 대한 가장 오래된 설명은 12세기 중국에서 찾을 수 있다. 자외선 차단 렌즈는 영국에서 1913년에 만들어졌고, 저렴한 셀룰로이드 선글라스는 1929년에, 편광 렌즈는 1936년에 등장했다(둘 다 미국).

치료와 콘택트렌즈

존 커닝엄 손더스John Cunningham Saunders는 1804년 영국 런던에 세계 최초의 안과병원(현재 무어필즈 안과병원)을 설립했다. 망막박리(망막이 그 밑의 색소 상피로부터 분리되는 상태–옮긴이)는 그다음 해에 진단되었다. 시력을 측정하는 검사표인 스넬렌 시력표는 1862년에 만들어졌고, '20/20 시력twenty-twenty vision(20피트(6미터) 거리에서 글자를 읽을 수 있을 만큼 좋은 시력)'이라는 영어 표현이 생겼다.

콘택트렌즈 이야기를 하자면, 독일 또는 스위스에서 1887년경에 만들어진 실용적인 렌즈로 시작되었고, 뒤를 이어 소프트 렌즈(1964년), 이중 초점 렌즈(1982년), 일회용 렌즈(1987년)가 등장했다.

1916년 독일은 시각장애인을 위한 안내견을 훈련시키는 최초의 국가가 되었다. 망막병증 치료를 위한 광응고술은 1949년에 기록되었고, 최초의 레이저 시력 교정 수술은 1987년에 실시되었다(미국). 2019년부터는 많은 과학자들이 뇌에 연결시켜 시각장애인이 앞을 볼 수 있게 해 주는 전자 장치인 '인공 망막' 시제품을 개발하고 있다.

청각

여러 분야에서 새로운 경지를 개척한 이집트의 에베르스 파피루스(130쪽 참조)는 아마도 청력 손실에 대해서도 처음으로 논한 기록일 것이다. 13세기에는 속이 빈 소뿔이 보청기 역할을 했고, 18세기에는 특별한 목적을 위해 보청기가 만들어지기도 했지만, 청각장애인을 돕기 위한 진정한 노력이 거의 없다시피 하다가 1898년에 이르러서야 미국에서 전자 보청기 아쿠폰Akouphone이 등장했다. 하지만 이는 너무 크고 비싸서 상용화될 수 없었다. 착용하기에 적합한 보청기가 나온 것은 1935년이 되어서였다(미국).

전화기 발명으로 유명한 알렉산더 그레이엄 벨Alexander Graham Bell은 1879년에 사람의 청력을 측정하는 최초의 청력계도 만들었지만, 실용적인 기계는 20년 뒤에야 등장했다. 보청기 기술의 혁신은 처음에는 트랜지스터(진공관 대신에 게르마늄을 이용한 소형 증폭기-옮긴이) 보청기(1952년)로, 그다음에는 디지털 보청기(1987년에 출시)로 이루어졌다. 귀 뒤에 붙이는 보청기는 1989년에, 귓속형은 2010년대에 판매되기 시작했다.

수화는 스페인 신부이자 교육자인 후안 파블로 보네Juan Pablo Bonet가 1620년에 고안했고, 미국의 교수 R. 오린 코넷R. Orin Cornett은 1966년에 구화와 수화를 조합한 현대적 대안인 큐드 스피치cued speech를 고안했다.

치의학

원시적 시작

석기 시대 우리 조상들도 일종의 치과 진료를 실시했다. '입을 크게 벌리세요. 어디 한번 봅시다'라는 말은 10만 년도 더 전에 손재주가 좋은 어느 네안데르탈인이 가장 먼저 내뱉었을지도 모르지만, 이탈리아에서 나온 투박하게 구멍이 파인 어금니(기원전 1만 2000년경)가 가장 오래되고 구체적인 증거이다.

인더스강 부근의 하라파 문명에서는 치과용 드릴이 돌고 있었고 (기원전 7000년경), 2,500년 뒤 슬로베니아 공화국에서는 최초의 충전재—밀랍으로 만든—가 있었다는 증거가 있다. 최초의 아말감 충전재('은색 반죽')는 중국 당나라(700년경)에서 사용되었다. 고대 이집트의 헤시라(88쪽 참조)는 아마도 최초의 이름난 치과의사였을 것이며, 농양을 빼내려는 시도를 보여 주는 가장 오래된 증거는 헤시라가 죽은 직후의 이집트에서 찾을 수 있다(기원전 2500년경). 거의 같은 시기에 수메르인들은 치아 문제와 치료법에 대한 최초의 문서를 기록하고 있었다. 독일에서 나온 『모든 치아 질환에 관한 소의학서Artzney Buchlein(1530년)』는 치의학만을 다룬 최초의 책(엄밀히 말하면 종합 의학서에 들어 있는 긴 부분)이었다.

기원전 3000년에 들어서는 많은 초기 문명들이 씹는 막대기로—끝부분이 헤어진 짧은 나무 조각—이를 닦았다. 돼지털을 사용한 최초의 칫솔은 1498년에 중국에서 등장했다. 기원전 5000년경 고대 이집트인들이 원시적인 형태의 치약을 발명했다고 전해지며, (인간과 동물의 치아를 이용한) 틀니와 부분 의치는 기원전 7세기 이탈

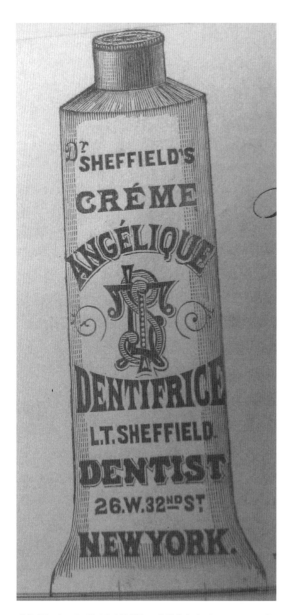

닥터 셰필드(Dr. Sheffield)의 첫 치약, 크렘 앙젤리크(Crème Angèlique)

리아 북부의 에트루리아인들이 만들기 시작했다.

현대적 발전

'근대 치의학의 아버지'라고 불리는 프랑스 의사 피에르 포샤르Pierre Fauchard(1678~1761)가 살아 있을 때까지, 치과 치료는 주로 썩은 이를 잡아 빼거나 때로는 믿기 어려울 정도로 불편한 의치로 교체하는 것이었다. 포샤르는 두 권짜리 저서인 『치과외과의Le Chirurgien Dentiste(1728년)』로 치의학에 혁신을 일으켰고, 여러 중대한 처음을 이뤄 냈다. 여기에는 치과의사에 의한 정기적인 치아 청소, 산 성분과 충치의 연관성(그리고 충치가 벌레로 인해 생긴다는 오래된 생각을 뒤집는 것!), 현대적인 치과용 드릴과 아말감, 치과 의자 조명 발명 등이 포함된다. 그는 또한 환자의 두려움을 경감시키는 현대적 기법(환자가 보지 못하게 머리 뒤에 서 있는 것 등)을 장려했다.

그 후 지속적인 발전이 이뤄지면서 오늘날의 심미적 치의학이 탄생했고, 환자들은 치과 의자에서 비교적 편안한 경험을 할 수 있게 되었다. 또한 최초의 현대식 칫솔(1780년), 치과대학(볼티모어 치과대학. 1840년), 튜브형 치약(1892년), 불소치약(1950년), 고속 드릴(1957년), 전동 칫솔(1954년에 출시) 등이 등장했다.

산아 제한과 월경

산아 제한

인공임신중절이나 질 내에 착용하는 페서리pessary(고무로 된 반구형의 피임기구-옮긴이)를 통한 산아 제한에 대한 가장 오래된 언급은 기원전 제3천년기에 기록된 메소포타미아와 고대 이집트의 문서에서 찾아볼 수 있다. 질외사정이 최초로 언급된 기록은 「창세기」 38장에 나오는 오난의 행동에 관한 부분이다(기원전 1400년경). 오난은 형의 대를 이어 주기를 꺼려 하다가 하느님에게 죽음의 벌을 당하는 것으로 그려진다. 낙태에 대한 처벌로 사형을 맨 처음 언급한 기록은 기원전 1075년경 아시리아의 법전이다.

19세기에 이르러, 여성들은 피임용 격막을 사용하기 시작했고 (1880년대), 1909년부터 자궁 내 피임장치를 구할 수 있게 되었다. 수년간의 연구와 실험 끝에 여성용 경구 피임약이 1960년에 개발되었고, 이어서 1983년에는 피하 이식형 피임제가, 1984년에는 사후 피임약이 나왔다(더 안전한 형태는 2000년에 나왔다).

기록에 남아 있는 최초의 정관 절제 수술은 1823년 개를 대상으로 행해졌고, 얼마 지나지 않아 인간 남성도 유사한 시술을 받았다 (둘 다 영국 런던). 1694년에는 남성의 발기 부전 치료용 진공압축기가 제안되었고 마침내 1913년에 특허를 받았다. 보다 효과적인 약물치료제인 비아그라Viagra는 1996년에 특허를 받았다. 미국의 찰스 놀턴Charles Knowlton이 쓴 『철학의 열매The Fruits of Philosophy(1832년)』는 널리 유포된 최초의 산아 제한 출판물이었으며, 1916년에는 미국에서 최초의 산아 제한 클리닉을 개소했다.

성, 출산, 아기

성과 무성

모든 문화권에서 허가하거나 받아들여지지는 않았지만, 동성애는 인류가 처음 진화했을 때부터 인간 사회의 한 특징이었다. 놀라운 사실일 수도 있겠지만, '동성애'라는 단어 자체는 1869년에 독일에서 등장했다. '무성無性의asexual'라는 단어는 1830년에, '양성兩性의 bisexual'란 단어는 1824년에, '성전환자transsexual'라는 단어는 1949년에 처음 사용되었다. '인터섹스intersex, 間性'라는 용어는 1917년에 만들어졌다. '게이gay'는 17세기에는 음탕하다는 뜻으로 쓰였고, 1920년대에 동성애자(특히 남성)를 뜻하게 되었다. '레즈비언lesbian'은 1890년에 공식적으로 여성 간의 동성애를 지칭하게 되었다.

최초의 성전환 수술은 1930년에 데인 에이나르 매그너스 안드레아스 베게너Dane Einar Magnus Andreas Wegener가 받았고, 수술 후 그는 릴리 엘베Lili Elbe로 다시 태어났다.

영국의 루이즈 조이 브라운Louise Joy Brown(1978년생)은 최초의 시험관아기(체외수정을 통한 임신)이며, 1997년에 탄생한 복제양 '돌리 Dolly'는 스코틀랜드 과학자들이 복제에 성공한 최초의 복제 포유동물이다.

출산

부인 과학, 산과학, 제왕 절개 수술의 가장 오래된 사례들은 앞에서 다루었다(114쪽 참조). 1742년에 분만을 쉽게 하려고 회음 절개를 했다는 기록이 있고, 1847년에는 출산의 고통을 줄이기 위해 약물 클로로포름chloroform(마취제의 일종-옮긴이)을 최초로 사용했다. 1921년 스페인에서는 경막외 마취제(척수의 경막 밖에 주사하여 마취하는 데 쓰이는 국소 마취제-옮긴이)를 사용했다. 아주 오래전 수중 분만이 고대 이집트와 남태평양에서 시행되어 왔다고 전해지지만, 문서에 기록된 최초 사례는 1805년 프랑스에서 있었다.

유아들

고대 이집트인들은 아마도 3,500년 전에 인간이 아닌 다른 동물에서 나온 유아용 우유와 젖병을 개척했을 것이다. 아기들을 위한 현대식 조제 우유는 1867년에 등장했고, 1915년에는 처음으로 분말 제품도 나왔다. 1901년 네덜란드에서는 맞춤형 이유식이 판매되기 시작했다.

분명히 아주 오랜 옛날부터 아기들의 입에 물건을 넣어 기분을 좋게 했을 테지만, 고무젖꼭지가 문헌에 처음 언급된 것은 1473년이 되어서였다(독일).

나무로 된 유아용 침대는 문명이 시작된 만큼이나 오래되었지만, 낙상 방지 난간이 있는 쇠로 된 아기 흔들침대는 1630년경 영국에서 처음 등장했다. 아기 놀이울(주로 여행할 때 사용하는 사방이 막힌 침대-옮긴이)은 1880년대에, 베이비 점퍼(아기의 수족 운동 용구-옮긴이)는 1910년 또는 그 이전에, 의자같이 생긴 아기그네 놀이의자는 1961년에 나왔다.

최초의 유모차는 영국에서 1733년에 데본셔 공작Duke of Devonshire을 위해 제작되었으며, 2세기 후에 알루미늄 접이식으로 만들어졌다(1965년, 미국). 최초의 일회용 기저귀는 앞에서 살펴보았고(83쪽 참조), 이제 베이비 그로Babygro(머리와 손만 제외하고 통으로 입힐 수 있게 만들어진 아기 옷-옮긴이. 1950년대 미국에서 처음 상표화)만 있으면 아기용품은 다 갖춘 셈이다.

흥미롭게도 성별에 따른 색상 구분은 비교적 최근에 생긴 것이다. 19세기 말까지는 남아와 여아 모두에게 흰색이 기본 색상이었다. 20세기 초에는 남아의 기본 색상이 분홍색, 여아의 기본 색상이 파란색이었으며, 현재 그 정반대로 뒤바뀐 것은 1940년대가 되어서였다.

4장

이동수단

말과 수레

말 사육

최초로 짐을 끌거나 나르는 동물인 황소는 1만 년 전부터 인간들을 위해 일하고 있었을 것이다. 비옥한 초승달 지대(고대 근동의 메소포타미아에서부터 시리아, 팔레스타인을 거쳐 이집트까지 이르는 방대하고 비옥한 지역-옮긴이)와 동유럽의 사람들이 기원전 3200년경 최초의 수레로 짐을 운반했고, 카자흐스탄 지역의 주민들은 식량 또는 교통 수단으로 이용하기 위해 말을 사육하고 있었다는 증거가 있다. 그로부터 1,000년이 지난 시기의 러시아 첼랴빈스크주 청동기 유적지에서는 말을 운송 수단으로 이용했다는 확실한 증거를 찾을 수 있다. 그곳에서는 최초의 말굴레(말을 부리기 위해 말의 머리에 얽어매는 줄-옮긴이)와 재갈도 발견되었다.

기원전 700년경 아시리아인들은 술 장식이 달린 천을 말 등에 깔고 앉기도 했다. 얼마 지나지 않아 그들과 그들의 이웃들은 안장의 편안함을 누릴 수 있게 되었다. 인도인들은 기원전 2세기에 등자를 발명했다. 더 현대적이고 안전한 등자는 300년경에 중국에서 만들어졌다.

바퀴와 수레

최초의 바퀴는 도자기를 만들 때 쓰는 물레였다(기원전 3500년경). 아마도 도공들의 바퀴가 도는 것을 300년은 지켜본 뒤에 메소포타미아나 동유럽의 어떤 천재가 바퀴 2개를 옆으로 세워 널빤지에 붙여서 수레를 만들 기발한 생각을 하게 되었을 것이다. 정확한 연대가

'우르의 깃발' 위에 그려져 있는 수메르의 전차(기원전 2500년경)

언제인지 확인할 수는 없지만, 현존하는 가장 오래된 운반용 바퀴가 무엇인지는 알 수 있다. 루블랴나(슬로베니아) 인근의 습지에서 발견된 물푸레-오크나무 구조물로서 대략 5,200년은 된 것으로 보인다. 폴란드에서 4륜 운송 수단으로 볼 수 있는 기구를 그린 더 오래된 스케치가 발견되었지만, 전투용 수레나 전차(뿐만 아니라 초기 투구의 모습도 확인할 수 있다)의 모습이 확실하게 담긴 최초의 작품은 '우르의 깃발'이라고 불리는 4,500년 된 수메르의 나무상자에서 볼 수 있다.

나무로 된 바퀴살이 있는 바퀴는 약 500년 후에 시베리아에서 처음 만들어졌다. 기원전 500년경에는 켈트족이 처음으로 쇠로 된 테를 바퀴에 부착했다. 그다음으로 로마의 기술자들이 발명했다고 전해 오는 중요한 부품 세 가지, 즉 금속 바퀴 베어링(회전 운동이나 직선 운동을 하는 굴대를 받치는 기구-옮긴이), 사슬이나 가죽을 사용한 현가장치(노면의 충격이 차체나 탑승자에게 전달되지 않게 충격을 흡수하는 장치-옮긴이), 앞 차축이 기원전 1세기 말에 등장했다. 로마인들은 또한 발로 작동되는 브레이크를 고안한 것으로도 인정받는다.

마차

동물이 끄는 수레는 19세기까지 거의 변화가 없었다. 그러나 가볍고 빠르면서 사람을 실어 나르는 마차(영어로 코치coach라고도 하는데, 이는 15세기 중반에 마차가 처음 만들어진 헝가리의 코치Koch라는 마을에서 유래한 이름이다)는 많은 변형을 거쳤다.

1~2인승 2륜 경마차는 17세기 말경 서유럽의 거리를 미끄러지 듯 달리고 있었다. 대략 30년이 지난 후, 차대가 낮은 호화로운 랜도

landau 마차(지붕을 덮은 포장이 앞뒤로 나뉘어 접히게 되어 있는 4륜마차-옮긴이)로 바뀌게 되는데, 동명의 독일 도시 란다우Landau에서 처음 제작되었다. 18세기 중반, 프랑스인들은 말 한 필이 끄는 카브리올레cabriolet(덮개 달린 2륜마차-옮긴이)를 만들었는데, 얼마 안 가 '캡cab'이라는 줄임말로 불렸고, 조지프 핸섬Joseph Hansom의 핸섬 캡hansom cab으로 유명해졌다(1834년, 영국). 이 캡은 '택시캡taxi cab(택시를 뜻하는 단어-옮긴이)'이라는 단어로 지금도 우리 곁에 남아 있다. 19세기 초에는 랜도 마차보다 작은 형태의 4인승 4륜 포장마차가 등장했다. 이때까지 약 150년 동안 강철 스프링이 사용되고 있었다.

최초의 역마차는 스코틀랜드의 에든버러와 리스를 오갔고(1610년), 최초의 우편 마차는 런던과 브리스틀 사이를 달그락거리며 달렸다(1782년). 말이 끄는 버스 운행은 1829년에 런던에서 시작되었다.

짐 운반용 동물

오랫동안 고생한 황소의 뒤를 이어 라마(안데스산맥의 티티카카호 부근, 볼리비아와 페루 사이에서)와 당나귀(고대 이집트에서)가 짐 운반용 동물의 역할을 맡게 되는데, 이 두 동물이 처음으로 물건을 싣고 기구를 끌게 된 것은 대략 6,000년 전이었다. 기원전 3000년경에 혹이 하나인 단봉낙타는 아라비아 남부의 건조한 지역을 가로 질러 짐을 날랐고, 약 500년 후에는 쌍봉낙타가 페르시아 지역에서 똑같은 일을 했다.

이즈음 이집트인들은 수탕나귀와 암말을 교배하여 짐을 운반하는 노새를 만들어 냈다. 인도 사람들은 기원전 2000년경에 코끼리를 길들였다. 19세기 유럽에서 등장한 개 수레는 개가 끄는 소형 수레나, 사냥꾼과 사냥개들이 타는 가벼운 마차를 지칭하는 것으로 보인다. 짐을 운반하는 사람들은 처음으로 쓰레기(기원전 4000년경, 고대 이집트)와 대여 가능한 상자 모양의 가마(16세기 말, 프랑스)를 날랐다. 초기 문명은 썰매로 무거운 짐을 옮겼을 것으로 짐작된다. 현존하는 가장 오래된 썰매는 노르웨이 오세베르그에서 발견된 8세기 말의 배 안에서 발견되었다.

자동차를 향한 머나먼 길

자체 추진

자주식 차량(또는 자동차)을 구상해서 그린 최초의 설계도는 이탈리아의 천재 레오나르도 다빈치Leonardo da Vinci가 1478년에 그린 것이다. 비록 그가 그린 스케치가 분명하지는 않지만, 지금의 학자들은 그의 차가 스프링의 힘으로 작동되었을 것이라고 믿는다. 그다음에 나온 것은 1672년경, 중국 황제 강희제를 위해 예수회 선교사가 설계한 증기 구동식 장난감 자동차이다. 1769년에는 프랑스인 니콜라스 조제프 퀴뇨Nicolas-Joseph Cugnot가 군용 3륜 증기 트랙터를 만들었고, 그다음 세기 초에 영국 콘월주 태생의 리처드 트레비식Richard Trevithick은 '퍼핑 데블Puffing Devil'이라는 이름의 기관차를 선보였다 (1801년).

1807년에 스위스에서 내연기관(수소 연료)으로 달리는 최초의 차량이 탄생했는데, 실용성은 떨어졌다. 또한 1830년대에 스코틀랜드의 로버트 앤더슨Robert Anderson이 고안한 개념으로 만들어진 초기 전기차도 마찬가지였다. 1863년 벨기에의 발명가 장 조제프 에티엔 르누아르Jean Joseph Étienne Lenoir의 말 없는 마차는 상업적으로 이용 가능한 최초의 내연기관을 자랑했고, 1870년 오스트리아 빈에서는 가솔린 구동형이 만들어졌다. 7년 후 독일의 기술자 니콜라우스 오토Nikolaus Otto는 최초로 4행정 내연기관을 개발했다. 이런 모든 노력은 최초의 현대적인 자동차로 널리 인정받는 카를 벤츠Karl Benz의 자동차 제작으로 이어졌다(1885년, 독일).

✦ 버블카bubble car

제2차 세계대전의 여파로 타격을 받은 독일의 항공기 산업은 기술자와 상상력은 충분했지만, 이를 뒷받침할 자본이 거의 없었다. 국내 시장도 현금이 궁하기는 마찬가지였다.

전쟁에서 얻은 노하우(특히 엔진과 조종실 캐노피에 대한)를 이용할 방법을 찾고 있던 항공기 제조업체 메서슈미트의 설계자들은 한 차량 제작업체와 머리를 맞대고 의논했고, 그렇게 해서 탄생한 것이 1953년 KR175 버블카(돔형 투명 덮개가 달린 소형 자동차-옮긴이)였다. 다른 업체들도 소형차 생산에 돌입했다. 성능을 향상시킨 차들은 성공을 누렸지만, 얼마 지나지 않아 1959년에 영국에서 탄생한 미니Mini에 밀려났다. 미니의 가로배치 엔진 탑재 개념은 1911년에 시작된 것이었다.

1998년에는 작은 것이 아름답다small-is-beautiful 정신을 이어받아 독일 다임러의 초소형 자동차 스마트Smart가 출시되었다(1998년).

사업 파트너인 막스 로제(Max Rose)를 옆에 태우고 운전하고 있는 카를 벤츠(1887년)

대량 생산

1885년에 나온 벤츠의 자동차는 3륜차였다. 최초의 현대식 4륜차는 1886년 독일에서 제작된 칸슈타트 다임러Cannstatt-Daimler였다. 1903년, 독일 메르세데스 벤츠Mercedes-Benz의 자동차는 60마력을 내며, 고속 주행이 가능한 투어링 카(장거리 주행을 편하게 할 수 있는 승용차-옮긴이)라고 내세워지기도 했지만, 일반적으로 최초의 스포츠카(참고로 이 단어는 실제로는 제1차 세계대전 이후까지도 사용되지 않았다)의 영예는 1910년 영국 복스홀Vauxhall의 3리터 프린스 헨리Prince Henry에게 돌아간다. 네덜란드의 스파이커 60 HPSpyker 60 HP는 1903년에 최초로 4륜구동을 적용했다.

미국 회사 포드Ford의 유명한 모델 TModel T는 이동식 조립 라인에서 만들어진 최초의 자동차였지만(1913년), 처음으로 대량 생산된 차는 미국 올즈모빌Oldsmobile 사가 만든 1901년형 자동차였다.

초기의 차량들은 모두 지붕이 없었다. 1920년대에 접어들어 미국에서는 뒷자석과 운전사(이들은 프랑스 리무쟁Limousin 지역 사람들이 입는 망토와 비슷한 외투를 입었다)의 자리가 분리되어 있는 리무진limousin과 확장형 리무진이 등장했다. 지붕이 있는 자동차는 컨버터블(지붕을 접었다 폈다 또는 뗐다 붙였다 할 수 있는 승용차-옮긴이. 1922년)과 자동개폐식 지붕(1934년)의 길을 열어 주었다.

이 무렵, 기존의 자동차에 여러 특이한 변형을 가한 제품들이 시장에 나왔는데, 2행정 사이클 엔진을 장착한 DKW Typ P(1928년, 독일), 3륜 접이식 자동차 자츠카Zaschka(1929년, 독일), 접이식이 아닌 3륜차인 독일의 골리앗 파이어니어Goliath Pioneer와 영국 라레이Raleigh(나중에는 릴라이언트Reliant)의 세이프티 세븐Safety Seven(둘 다 1931년경) 등이 그 예이다. 디젤 동차 생산은 프랑스의 1933 시트로엥 로잘리Citroën Rosalie로 시작되었고, 미 육군용 지프Jeep는 1940년 4X4(4륜구동의 4륜 자동차) 다목적 차량을 출시했다. 피스톤이 없는 로터리(또는 방켈 Wankel) 엔진은 1957년에 처음 독일에서 가동되었다.

1990년대에는 GM EV1, 혼다 EV 플러스, 토요타 RAV4 EV와 같은 전기자동차 시제품의 새로운 물결이 시작되었다. 이후, 실용성 있는 전기자동차 모델인 미국 테슬라Tesla의 로드스터Roadster를 만나기 위해 2008년까지 기다려야 했다. 그보다 11년 전에는 일본의 토요타에서 최초의 양산형 하이브리드 차량인 프리우스Prius를 출시했다. 1977년에는 일본의 한 실험실에서 무인자동차를 제작했다. 2017년 독일의 아우디는 신형 A8이 최초의 완전자율주행차일 것이라고 주장했지만, 속도는 시속 60킬로미터에 그쳤다.

+ 주행 허가

카를 벤츠가 만든 모터바겐Motorwagen의 소음과 매연으로 인해 (특히 1888년 8월에 그의 아내가 만하임에서 포르츠하임까지 100킬로미터를 질주한 후―최초의 장거리 자동차 주행) 불만이 많아지자, 지방 당국은 그가 공공도로에서 운전할 수 있는 허가증―세계 최초의 자동차 운전면허증―을 받아야 한다고 주장하게 되었다. 그 뒤에는 자동차 번호판이 생겼고 (1893, 프랑스), 운전면허시험 의무화가 시행되었다(1899년, 프랑스). 영국은 1903년에 모든 운전자의 면허 의무화를 도입했다.

풍성해진 부품들

프랑스에서는 1894년에 이미 핸들이 달린 자동차가 도로를 달리고 있었지만, 이후로도 여러 해 동안 틸러tiller(배에서 쓰는 방향 전환 손잡이처럼 길게 나온 막대기)를 쓰는 경우가 많았다. 불안정한 핸들링과 제동으로 효과적인 범퍼가 필요해졌고, 1901년에 처음 장착되었다(영국). 1910년 프랑스의 루이 르노Louis Renault는 독일의 기술자 고틀리프 다임러Gottlieb Daimler의 연구를 바탕으로 드럼 브레이크를 생산했고, 덕분에 운전이 조금 덜 위험해졌다.

독일 태생의 미국인 프레드 듀센버그Fred Duesenberg가 1914년에 만든 경주용 자동차는 최초의 유압 브레이크를 장착한 것이 특징이었다. 최초의 디스크 브레이크는 1902년에 장착되었는데(영국의 프레더릭 란체스터Frederick Lanchester), 그 뒤 한동안은 널리 쓰이지 않았다. 1929년에 프랑스에서 개발된 잠김 방지 브레이크 시스템Anti-lock Brake System, ABS이 1966년에 처음으로 젠슨 인터셉터Jensen Interceptor에 적용되었다(영국).

차동 장치는 초기 벤츠 차량에 사용되었다. 최초의 클러치(1893년, 미국)는 기어 박스(1894년, 프랑스)로 이어졌고, 1901년에는 미국에서 체인 대신 샤프트 드라이브를 사용하게 되었다. 미국의 캐딜락은 시동 전동기(1912년)와 동기물림식 기어박스(1928년)를 개발했다.

발전기로 켜지는 조명등은 1901년 영국에서 이미 자동차에 설치되었지만, 자동차의 비용을 두 배로 뛰게 하는 '가외의' 사치품이었고, 1922년에 들어서는 발전기가 자동차 라디오를 가동할 만큼 강력해졌다(미국의 쉐보레).

안전과 환경

차량으로 인한 최초의 도로 교통 사망사고는 1869년 아일랜드에서 발생했다. 불행히도 메리 워드Mary Ward라는 사람이 증기차에 치여 사망했다. 자동차가 본격적으로 등장하자 교통사고 사망자 수는 급속히 늘어났다.

홈(그루브) 있는 타이어가 1908년에 나왔지만 안전에 미치는 영향은 미미했다. 안전유리(1909년)와 튜브를 사용하지 않은 타이어 (1946년)는 좌석과 계기판의 충전재와 날카로운 모서리 없애기(1937년 이후)와 마찬가지로 약간의 도움이 되었다.

스웨덴의 사브Saab는 1949년 안전케이지를 고안했고, 또 다른 스웨덴 제조업체 볼보Volvo는 3점식 안전벨트를 도입해 이듬해(1958년) 기본 장착품으로 지정했다. 독일의 메르세데스 벤츠는 1959년 크럼플 존crumple zone(사고 발생 시 탑승자를 보호하기 위해 먼저 찌그러지도록 설계된 부분-옮긴이) 개념을 처음 도입했고, 미국 올즈모빌의 토로나Toronado는 조수석 에어백을 장착한 최초의 일반 판매 차량이었다 (1973년).

차량 밖에 있는 사람들의 건강에도 서서히 관심을 갖기 시작하면서, 1966년 미국 캘리포니아주에서 처음으로 배출가스 기준이 정해졌다. 촉매변환기(탄화수소, 일산화탄소, 질소산화물 등의 유해 물질을 무해 물질로 변환하는 촉매 작용을 하는 장치-옮긴이)가 발명되었고, 1973년에 미국에서 생산되기 시작했다. 일본은 그 전해에 무연 가솔린을 판매하고 있었고, 1986년에는 유연 연료를 금지했다.

기타 차량들

택시와 버스

최초의 자가 추진 택시는 아마도 1897년 여름 영국 런던 거리를 휘젓고 다닌 전기 택시 '허밍버드Hummingbird'일 것이다. 독일의 발명품인 택시 미터기는 그보다 6년 전에 등장했다. 1897년 독일의 다임러 빅토리아Daimler Victoria는 처음으로 미터기를 장착한 최초의 가솔린 택시였다. 1980년대에 전자식 미터기가 보급되기 전까지는 기계식 미터기를 썼다.

1895년에는 다임러 빅토리아를 개조해서 만든 최초의 모터 버스가 탄생했고, 뒤를 이어 여러 버스가 출시되면서 말이 끄는 합승 마차(1823년 프랑스 파리에서 처음 등장함)나 증기 버스(1830년대 이후 영국 전역을 다님) 등 기존의 구식 승합차는 빠르게 사라져 갔다. 파리에는 처음으로 말이 끄는 이층버스(1853년)와 최초의 이층모터버스(1906년)가 등장했다. 1920년대 헝가리 부다페스트에서는 굴절버스(2개 이상의 차체 모듈이 결합된 버스-옮긴이) 시제품이 고안되었다. 샤러뱅charabanc—유람 버스로, '벤치가 있는 마차'라는 뜻의 프랑스어 char-à-bancs에서 유래한 단어—은 20세기 초 영국에서 당일치기 여행객을 처음으로 태웠다.

트럭, 트랙터, 무한궤도

자동차 개척자인 카를 벤츠는 1895년에 최초의 가솔린 화물자동차(또는 트럭)를 만들었다. 놀랍게도 디젤 트럭은 1923년이 되어서야 만들어졌다(이번에도 벤츠!). 연결식 차량은 1881년부터 존재해 왔다.

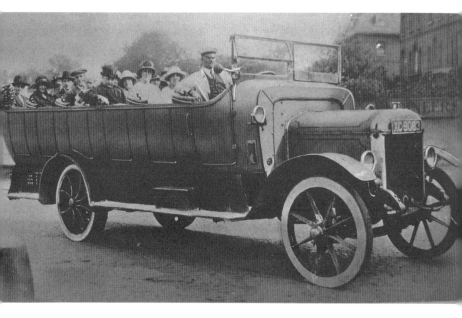

유람 버스 섀러뱅(1920년대)

18세기 말에 선박운송용으로 사용되던 컨테이너는 1830년대에는 철도에서도 쓰이게 되었고, 제2차 세계대전 중 미군에 의해 표준화되었다. 현대적인 표준 강철 컨테이너는 1956년에 미국에서 탄생하였다.

증기 구동식 견인 기관차는 1859년 영국의 토머스 에이블링Thomas Aveling이 구동축과 함께 정치 기관을 장착하면서 시작되었다. 미국의 존 프롤리히John Froelich는 1892년에 최초의 모터 트랙터를 만들었다.

무한궤도('범용 궤도' 또는 '끝없는 선로')에 대해서는 1830년대에 폴란드의 유제프 마리아 호에네브론스키Józef Maria Hoene-Wroński, 영국의 조지 케일리 경Sir George Cayley, 러시아의 드미트리 자그랴즈스키Dmitry Zagryazhsky 등이 연구했지만, 최초의 상용 무한궤도 트랙터(증기 구동식)인 롬바드 스팀 로그 홀러Lombard Steam Log Hauler는 1901년이 되어서야 미국에서 판매되기 시작했다. 모터 구동식 무한궤도 차량은 1908년에 영국에서 만들어졌고, 1912년 캐나다에서는 무한궤도(그리고 때로는 스키)가 장착된 모터 구동식 눈 자동차가 처음 만들어졌다. 자주식 크레인은 철도에서는 1886년부터, 도로에서는 1910년대부터 이용할 수 있었다.

자전거

발명의 영역에서 자전거만큼이나 논란이 많은 물건도 드물다. 그 모든 주장과 반론 가운데서, 필자가 보기에 어느 정도 정확한 내용은 다음과 같다.

1817년, 독일의 카를 폰 드라이스Karl von Drais 남작은 방향을 조절할 수 있는, 바퀴가 2개 장착된 '달리는 기계'—가장 오래된 자전거—를 발명했다. 이 기계는 '벨로시페드velocipede' 또는 '하비 호스hobby-horse'라고도 불렸다. 1860년대 말에는 금속 프레임을 사용한 최초의 페달식 자전거 '본셰이커boneshaker'가 프랑스에서 판매되기 시작했다. 1871년 영국의 기술자 제임스 스탈리James Starley는 높은 자전거 또는 '페니파딩penny-farthing'이라고 불리는 자전거를 발명했다. 1885년, 제임스 스탈리의 조카인 존 켐프 스탈리John Kemp Starley는 로버Rover 또는 '안전 자전거'—모든 현대 자전거의 원형—를 발명했다. 얼마 지나지 않아 다이아몬드형 프레임(1889년)과 기어(1900년대)가 등장했다.

그리고 모터바이크

1867년, 프랑스의 본셰이커 제작자 피에르 미쇼Pierre Michaux의 아들인 에르네스 미쇼Ernest Michaux는 아버지가 만든 기계에 작은 증기기관을 장착했는데, 이것을 최초의 모터바이크로 볼 수 있을 것이다. 수많은 설계자들이 자전거와 내연기관의 결합을 시도했고, 마침내 1894년 독일의 힐데브란트 & 볼프뮐러Hildebrand & Wolfmüller는 상업적으로 이용 가능한 모토라드motorrad, 즉 모터사이클motorcycle을 제작하여 제품과 이름 둘 다 출시하였다.

세계적으로 유명한 모터사이클 제조업체 할리데이비슨Harley-Davidson은 1903년에 미국에서 설립되었다. 영국의 발명품인 사이드카(모터사이클이나 자전거 등의 2륜차의 옆에 장착하는 차량–옮긴이)도 같은 해에 나왔다.

교통로

도로

가장 오래전에 건설된 거리는 아마도 고대 메소포타미아 도시의 거리일 것이다(기원전 4000년경). 영국 켈트족도 거의 같은 시기에 통나무 길을 만들고 있었다. 최초의 포장도로, 즉 고속도로는 그로부터 약 1,500년 후에 고대 이집트인들이 건설했다.

도로 표면을 평평하게 다지는 작업은 증기 롤러가 등장하면서 매우 용이해졌는데, 이 증기 롤러는 1860년 어느 프랑스인의 아이디어였고, 1867년 영국에서 생산되기 시작했다. 영국 회사 퍼킨스Perkins는 1904년에 모터 구동식 로드 롤러를 만들기 시작했다. 가장 선호되는 현대적인 도로포장재 타맥tarmac은 1902년에 역시 영국에서 우연히 발명되었다.

도로 통행료 부과의 시작은 아시리아의 실질적인 마지막 왕인 아슈르바니팔(재위 기원전 668~기원전 627)의 시대로 거슬러 올라간다. 그는 수사와 바빌론 사이를 오가는 여행객들에게 통행료를 부과했다. 전자 요금 징수는 미국에서 시작되었고, 1986년에 노르웨이 베르겐에서 처음으로 대규모 운영에 도입되었다.

표지판과 주차

최초의 도로 표지판은 기원전 312년, 고대 로마의 아피아 가도에 세워진 마일스톤milestone(거리를 표시하기 위해 세운 돌-옮긴이)이었을 것이다. 그 후 도로 표지판은 대부분 지역마다 제각각 달랐다.

1697년 영국 의회는 치안 판사들에게 방향 표지판을 배치할 권한을 부여했고, 1766년에는 유료 고속도로에 의무적으로 배치하도록 했다. 1686년 포르투갈의 페드루 2세는 자국의 수도에서 가장 좁은 거리에 우선순위 표지판을 설치하게 했다. 19세기 말경에는 거리 및 마을 이름 표지판과 함께 이정표가 널리 보급되었고, 용감무쌍한 자전거 이용자들이 세운 위험 경고 표지판도 널리 퍼졌다. 1895년에 이탈리아 투어링 클럽은 새롭게 통일된 자국을 위해 최초의 통합 도로 표지판 시스템을 도입했고, 국제 시스템은 프랑스 파리에서 열린 1908년 국제도로대회에서 정해졌다.

영국은 1918년에 처음으로 도로에 흰색 선을 그렸고, 1934년에 퍼시 쇼Percy Shaw가 특허를 받은 캐츠 아이cat's eyes(도로 반사판)를 최초로 설치했다. 지정 주차장은 1900년경 프랑스와 미국에 등장했고, 1905년 파리에는 최초의 다층 자동 주차장이 만들어졌다. 30년 후 미국 오클라호마시티에는 주차 요금 징수기가 설치되었다.

사고

카를 벤츠의 1885년형 모터바겐(150쪽 참조)이 시승 도중 벽에 부딪혔지만, 최초의 '진짜' 자동차 사고는 제임스 램버트James Lambert의 차가 나무뿌리에 부딪히고 말뚝과 충돌한 사고일 것이다(1891년, 미국 오하이오시티). 5년 후, 영국에서 보행자인 브리짓 드리스콜Bridget Driscoll이 런던 수정궁 옆에서 '무모한 속도(시속 6.4킬로미터)'로 주행하던 자동차에 치여 사망했다.

솟아오른 디딤돌 형태의 거리 건널목이 1세기 로마 폼페이에 존재했으며, 1868년 런던 거리에 최초로 횡단보도가 지정되었다. 1934년에는 횡단보도임을 나타내기 위해 벨리샤 교통 표지가 설치되었고, 1951년에는 흑백 줄무늬가 칠해졌다(둘 다 영국).

수세기 동안 수많은 나라들이 난폭 운전을 억제하기 위해 운전자에 대한 규제를 가해 왔기 때문에 속도제한을 최초로 도입한 곳이 어디인지는 확인하기 어렵다. 하지만 처음으로 제한속도를 어겨서 벌금을 낸 운전자는 알려져 있다. 1896년에 영국인 월터 아널드 Walter Arnold가 시속 12.8킬로미터로 주행해서 벌금으로 1실링(12펜스)을 내야 했다. 네덜란드에서 발명된 속도 감시 카메라는 1968년경에 처음 설치되었고, 속도 감지 레이더는 1971년 미국에 처음 설치되었다. 의무적으로 가입해야 하는 자동차 보험은 1930년에 영국에서 도입되었다.

횡단로

완목(가로대식) 신호기를 이용한 교통정리는 1868년 영국에서 시작되었고, 신호등은 미국에서 1914년부터 설치되기 시작했다. 영국의 도시 바스에 있는 고전적인 양식의 건축물 서커스(1768년)를 최초의 원형 교차로로 볼 수도 있겠지만, 교통정리를 위하여 특별히 설계된 로터리는 1907년 미국 캘리포니아주 새너제이에 처음 만들어졌다.

그리스 미케네 문명(기원전 16~기원전 12세기)은 아마도 가장 오래된 석조 도로교량을 만들었을 것이다. 최초의 철교는 1781년 영국에서 개통되었고, 최초의 도로 차량을 위한 현수교(양쪽 언덕에 줄이나 쇠사슬을 건너지르고, 거기에 의지해 매달아 놓은 다리-옮긴이)는 1801년 미국 펜실베이니아주 제이컵스 크릭 브리지Jacob's Creek Bridge였으며, 1860년대 들어 프랑스인들은 콘크리트 도로교량을 건설했다.

이탈리아 푸를로 패스에 있는 아펜니노산맥 아래의 비아 플라미니아Via Flaminia 터널은 최초의 도로 터널이다(77년). 런던의 템스 터널Thames Tunnel은 세계 최초의 수중 도로 터널(1843년)이고, 홀번 운교Holborn Viaduct는 최초의 고가 도로(1869년)였다(둘 다 영국). 고속도로 건설은 1907년 미국 롱아일랜드 모터 파크웨이Motor Parkway로 시작되었다.

선로 만들기

철도

고대 아테네 사람들은 바큇자국을 낸 돌길 위에 바퀴 달린 수레를 굴렸고(기원전 500년경), 오스트리아인들은 1515년 나무로 된 레일 위에서 손수레를 끌었으며, 영국에서는 1760년대에 철판을 덧댄 레일을 도입했다. 플랜지(바퀴 테두리의 돌출 부분-옮긴이) 바퀴는 프랑스 혁명(1789년)과 같은 해에 등장했고, 그 후 얼마 지나지 않아 연철 레일이 영국에서 등장했다.

그다음 단계는 말과 인간의 힘을 증기의 힘으로 대체하는 것이었다. 리처드 트레비식(146쪽 참조)은 1804년에 최초의 증기기관차를 제작했다. 뒤이어 증기력을 이용하는 톱니 궤도식 철도(1812년, 영국 리즈)와 금속 레일을 따라 지속적으로 부드럽게 달릴 수 있는 최초의 증기기관차인 퍼핑 빌리Puffing Billy가 등장했다. 1828년에는 영국 스톡턴과 달링턴 사이에 공영 부분 증기 철도가 개통되었고, 이듬해에는 역시 영국에 세계 최초로 증기력만으로 운행하는 노선인 리버풀-맨체스터 철도가 건설되었다.

도쿄역에서 거행된 도카이도 신칸센 고속열차 출발식(1964년)

기차와 트램

1837년 스코틀랜드의 로버트 데이비드슨Robert Davidson이 개발한 전지로 움직이는 최초의 전기기관차는 증기기관차와 경쟁이 되지 않았다. 그로부터 40여 년 후(1879년), 독일의 에른스트 베르너 폰 지멘스Ernst Werner von Siemens는 레일에서 동력을 얻어 전지가 필요 없는 전기기관차를 만들었고, 1895년에는 최초의 전기철도 본선이 미국에서 개통되었다.

트램은 1807년에 처음으로 영국 웨일스의 선로를 따라 달린 후 빠르게 퍼져 나갔고, 1880년 러시아가 전기 트램(시내 전차)을 처음 제작한 후부터는 말과 증기력은 신속히 전기로 대체되었다.

가솔린과 디젤 기관차에 대한 초기 실험(1888년과 1894년, 영국)은 별다른 성과를 남기지 못했고, 1912년이 되어서야 최초의 디젤 기관차가 스위스에서 운행을 시작했다. 2년 후 독일에서는 디젤 전기 궤도차가 운행되었고, 훨씬 더 크게 상업적인 성공을 거두었다.

1964년에 개통된 일본의 신칸센은 세계 최초의 정기 고속(시속 210킬로미터) 철도이다. 1863년에 운행을 시작한 런던의 지하철('튜브Tube')은 최초의 지하철이다. 그중 1890년에 개통된 시티 & 남런던 철도City & South London Railway는 최초로 전철화된 노선이었다. 가장 오래된 고가철도는 런던 & 그리니치 철도London & Greenwich Railway의 878개의 벽돌 아치를 따라 놓여 있었다(1838년, 영국). 역시 영국의 리버풀 오버헤드 철도Liverpool Overhead Railway는 전기를 유일한 동력으로 사용하는 최초의 철도였다. 러시아의 발명가 이반 엘마노프Ivan Elmanov는 1820년에 최초의 모노레일을 설계했다.

다양한 설계도, 시제품, 소규모 선로 등이 잇따라 나왔고, 마침내

와이드 빔wide beam 알베그ALWEG식 모노레일(1957년, 미국 시애틀)이 실용적이고 상용화가 가능한 개념으로 인정받게 되었다.

+ 선로 위의 죽음

기록에 남아 있는 최초의 철도 사고는 1650년 영국 더럼주의 소년 두 명이 석탄운반용 선로에서 열차에 치인 사고였다. 그 후 철도 사고에 대한 보고가 거의 없다가 1815년 7월에 다시 사고가 터졌다.

워털루 전투 직후였던 그 여름 아침, 더비셔의 공학자 윌리엄 브런튼William Brunton은 더럼주에 있는 필라델피아에 모여든 대규모 군중 앞에서 그가 만든 '증기 말steam horse('기계 여행자'라고도 불림)'을 시연하고 있었다. 군중들은 브런튼이 만든 특별한 말을 넋을 놓고 바라보았다. 증기 말은 증기력으로 움직이는 2개의 금속 다리를 이용해 시속 4.8킬로미터로 터벅터벅 걸어 다녔다. 그런데 어느 순간 보일러가 폭발했다. 이 최초의 대형 철도 참사로 16명이 사망했다.

27년이 지난 뒤 그 충격적인 사망자 수를 넘어서는 사고가 발생했다. 1842년 프랑스에서 승객들이 객차 안에 갇혀 있는 상태에서 열차가 충돌하고 불이 붙었다. 정확한 숫자는 확인할 수 없지만 사망자가 200명에 달했을 것으로 보인다.

승차권과 시간표

영국 웨일스에 있는 말이 끄는 오이스터머스 철도Oystermouth Railway의 마운트Mount는 최초의 철도역(또는 트램역)이고(1807년), 리버풀의 크라운스트리트역Crown Street Station은 최초의 종착역이다(1830년). 1830년대에는 수신호 대신 기계 신호기를 쓰게 되면서 중앙 신호소를 설치할 수 있었다(최초의 신호소는 1843년 영국의 런던 & 크로이던 철도London & Croydon Railway에 설치되었다).

수기로 작성하는 정기 승차권은 1834년 영국의 소규모 철도인 캔터베리 & 위트스터블 철도Canterbury & Whitstable Railway에서 발권하기 시작했다. 수기로 작성하던 초기의 승차권은 1839년부터 토머스 에드먼드슨Thomas Edmondson의 인쇄 승차권(반액 요금의 경우 반으로 잘랐다)으로 대체되었고, 그 해에 최초로 인쇄된 시간표가 등장했다(둘 다 영국).

최초의 기차 객차인 익스페리먼트Experiment는 1825년 영국에서 제작되었다. 침대차는 1839년부터, 식당차는 1866년 무렵부터는 이용할 수 있게 되었다(둘 다 미국). 최초의 국제철도(1842년)는 프랑스와 벨기에 사이를 운행했고, 그보다 9년 전에 최초의 열차 페리가 스코틀랜드에서 운행을 시작했다.

물 위에서

배, 로프, 항해

배가 탄생한 시기에 관해서는 1만 년 전부터 90만 년 전까지 다양한 의견이 존재한다. 나무틀에 동물 가죽을 씌워 만든 코러클 배coracle가 최초의 배라고 말하는 이들도 있고, 통나무배가 그보다 먼저라고 생각하는 사람들도 있다. 어느 것이 먼저든, 둘 다 어떤 형태의 노로 배의 방향을 잡고 앞으로 나아가게 했을 것이다.

네덜란드에서는 1만 년 된 통나무배 잔해가 발견되었고, 이집트에서 발견된 최초의 뗏목은 그로부터 2,000년 후에 만들어진 것으로 추정되며, 수메르인들은 기원전 6000년에 이미 돛단배를 타고 있었다. 그로부터 3,000년 후 고대 이집트인들은 널빤지를 붙여 만든 선체로 최초의 원양용 선박을 만들고 있었다.

톱니형 닻은 기원전 1000년경에 만들어진 것으로 보이며, 선미타(배의 방향을 조종하는 장치로 배의 후미에 설치되어 있다-옮긴이)는 1세기에 중국에서 발명되었다. 단순한 형태의 로프는 적어도 2만 8,000년 전에 만들어졌지만, 갈대와 다른 섬유로 튼튼한 여러 가닥의 로프를 만든 것은 기원전 4000년경 이집트인들이 처음이었다. 충각(뱃머리에 단 뾰족한 쇠붙이-옮긴이)이 부착된 배—아마 틀림없이 최초의 전함이었을 것이다—에 대한 기록은 기원전 535년 그리스의 것이다.

그 외 주목할 만한 최초의 선박에는 갤리선(기원전 700년경), 갈레온(스페인의 대형 범선-옮긴이. 16세기), 구명보트(1790년), 여객선(1840년), 유조선(1878년), 유람선(1900년), 드레드노트^{dreadnought} 전함(1906년), 항공모함(1922년), 컨테이너선(1955년) 등이 있다.

수로

고대 메소포타미아의 수메르인들은 기원전 3500년경에 처음으로 용수로를 만들었다. 선박이 운항할 수 있는 최초의 가항 수로는 기원전 510년경 페르시아의 다리우스 1세가 나일강과 홍해를 연결하기 위해 완공한 수로일지 모른다. 하지만 기원전 3세기에 시작된 중국 대운하에 대한 증거가 더 믿을 만하다. 중국의 기술자 차오웨이요는 최초의 현대식 수문을 설계하고 제작했다(984년). 1869년에 개통된 이집트의 수에즈 운하는 최초의 대형 선박용 운하이다.

철, 증기, 그리고 그 너머

1783년에 만들어진 프랑스의 증기선 피로스카프Pyroscaphe는 최초의 증기선이자 최초의 외륜선이다(하지만 외륜, 즉 바퀴가 회전하면서 물을 밀어내는 힘으로 움직이는 배의 기원은 로마 시대로 거슬러 올라간다). 1803년 영국 글래스고에서 첫 번째 항해를 한 샬럿 던다스Charlotte Dundas는 최초의 실용적인 증기선이었다. 1787년에 만들어진 한 바지선(운하·강 등에서 사람·화물을 싣고 다니는, 바닥이 납작한 배-옮긴이)은 선체가 금속으로 이뤄진 최초의 배였고, 뒤이어 1819년에는 철제 여객선이 등장했다(둘 다 영국). 1822년 영국 런던에서 건조된 아론 맨비Aaron Manby는 최초의 원양 항해용 철선이자 최초의 철제기선이었다. 1859년 프랑스에서 진수된 글루아르Gloire는 최초의 철갑전함이다.

1807년에는 세계 최초로 프랑스에서 보트에 내연기관이 장착되었으나, 현대식 가솔린 기관으로 추진되는 배가 등장한 것은 1886년 독일에서였다. 최초의 디젤 선박인 프랑스의 잠수함 에그레트Aigrette는 1905년 바다로 출항했다. 터빈 엔진(고압가스 따위로 회전 날개를 돌려 추력을 만들어 내는 엔진-옮긴이)은 1791년에 발명되었고(영국의 존 바버John Barber), 1894년에 영국에서 만들어진 고속 실험 선박 터비니아Turbinia는 터빈선의 길을 열어 주었다. 마지막으로 잠수함 USS 노틸러스USS Nautilus(1955년)와 소련의 쇄빙선 레닌Lenin(1959년)은 최초의 원자력 추진 선박이었다.

수상 스포츠

17세기 중반에 요트 타기가 많은 사람들의 취미로 정착하고, 인기가 높아지면서 1720년에 아일랜드 코크에서 최초의 요트클럽이 창립되었다. 로열 템스 요트 클럽Royal Thames Yacht Club은 자신들이 주최한 1775년 컴벌랜드 컵Cumberland Cup 경기가 최초의 정식 요트 경주라고 주장한다. 최초의 국제규격은 1906년 영국 런던에서 열린 '요트 크기에 관한 국제회의'에서 작성되었다. 딩기(상대적으로 저렴한 레저용 소형 요트)를 처음 만든 사람은 1887년 아일랜드 변호사 토머스 미들턴Thomas Middleton으로 알려져 있다.

현대의 서프보드는 1926년에 미국의 톰 블레이크Tom Blake가 개발했고, 윈드서핑은 1958년에, 카이트보딩은 1977년 또는 그 직전에 시작되었다(둘 다 미국).

카누와 카약은 최초로 만들어진 배들 중 하나였다. 밑바닥이 평평한 펀트배는 원래 중세 때 동앵글리아 소택지의 얕은 물에서 타기 위해 개발된 배로, 1860년대 영국의 템스강에서 레저용 배로 처음 사용되었다. 1844년 영국 해군 장교 피터 하켓Peter Halkett 중위는 공기 주입식 고무보트를 발명했고, 1907년에는 한 노르웨이 발명가가 고무보트에 동력을 공급하는 선외 모터를 고안해 냈다. 수상 모터바이크 또는 제트 스키는 1972년에 미국에서 처음 등장해 해변의 평화를 깨뜨리기 시작했다.

✚ 나사가 풀린 듯한 생각

프로펠러(정확하게는 스크루 프로펠러) 개념은 고대 그리스의 수학자 아르키메데스(기원전 287~기원전 212)의 연구에서 비롯되었다. 그는 나사 펌프(나선양수기)를 발명해 물을 끌어올리는 데 활용했는데, 그 과정을 역으로 바꾸는 아이디어—나사의 움직임을 이용하여 나사가 정지 상태의 물을 헤치며 나아가게 하는 것—는 현실화되기까지 상당히 오랜 시간이 걸렸다. 초기 잠수함 중 하나인, 데이비드 부시넬David Bushnell의 '터틀Turtle(1775년, 미국)'은 바람을 타고 나아갈 수도 없었고, 수상 선박처럼 노를 저어 움직이게 할 수도 없었다. 부시넬이 생각해 낸 해결책은 잠수함에 손이나 발로 작동시키는 프로펠러를 장착하는 것이었다. 63년 후 아르키메데스호SS Archimedes가 진수되었는데, 세계 최초의 스크루 프로펠러 추진 방식의 증기선이었다(영국). 인력이 아닌 기계식으로 추진하는 최초의 잠수함은 1863년 프랑스 해군 잠수함 플론저Plongeur이다.

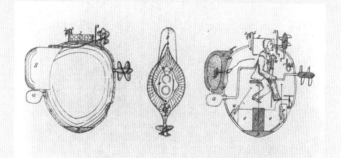

초기 잠수함 부시넬의 '터틀' 설계도(1880~1890년)

높이높이 더 높이

연과 기구

연은 중국의 발명품이다. 기원전 5세기에 처음 만들어졌을지도 모르지만, 550년에는 확실히 하늘 위를 날고 있었다. 559년 중국 북위의 황태자 원황두는 연을 타고 2.5킬로미터를 날았다고도 전해 오는데, 이는 연을 타고 난 사람에 대한 최초의 언급이다. 중국인들은 또한 제1천년기가 시작될 무렵에 무인 열기구를 처음 만들었다.

1709년 포르투갈 예수회 수사 바르톨로메우 데 구스망Bartolomeu de Gusmang이 일종의 열기구를 띄웠던 것 같지만, 일반적으로는 1783년 프랑스 발명가 몽골피에Montgolfier 형제의 10분 비행이 사람을 태운 최초의 열기구 비행으로 알려져 있다. 그보다 며칠 전에는 최초의 수소 열기구가 프랑스에서 하늘로 날아올랐고, 역시 같은 해 12월에는 사람을 태우기에 충분할 만큼 큰 수소 열기구가 파리에서 하늘로 떠올랐다. 이로써 1783년은 열기구 연감에서 진정 경이로운 해가 되었다. 1785년에는 아일랜드 털러모어에서 열기구가 추락해 100채의 가옥이 부서졌는데, 이는 최초의 항공 사고였다.

헬륨은 가연성이 매우 큰 수소나 석탄 가스를 대신해 제1차 세계대전 때 방공 기구에 처음 사용되었고(1917~1918년, 미국), 1921년에는 비행선에 사용되었다(미국).

비행기구나 비행선의 역사는 1784년 프랑스의 장 피에르 블랑샤르Jean-Pierre Blanchard가 자신이 만든 기구에 손으로 작동되는 프로펠러를 장착하면서 시작되었다. 또 다른 프랑스인 앙리 지파르Henri Giffard는 1852년 그의 비행선에 증기기관을 장착하면서 엔진으로 작동하는 비행선의 길을 터 주었다. 1872년 독일의 비행사 파울 하엔라인Paul Haenlein은 내연기관이 장착된 비행선을 하늘에 띄웠다. 가장 유명한 비행선 기종 중 최초로 등장한 기종인 독일의 체펠린Zeppelin은 1900년에 하늘로 올랐다.

공기보다 무거운

영국의 조지 케일리 경(155쪽 참조)은 공기보다 무거운 비행체를 개척한 사람이다. 그는 항공학의 원리를 가장 먼저 깨달았고, 글라이더를 제작했으며(1804년), 사람을 태운 글라이더를 하늘에 날렸다(1853년). 1890년 프랑스인 클레망 아데르Clément Ader의 증기기관 비행기는 50미터가량을 제어되지 않은 채 날았다.

공기보다 무거운 동력 비행기를 조종해 비행에 성공한 사람은 일반적으로 1903년의 오빌 라이트Orville Wright(미국)라고 여겨지지만, 독일 태생으로 미국으로 이주한 구스타프 화이트헤드Gustave Whitehead가 이보다 먼저(1901년) 성공했다는 주장도 충분히 타당성이 있다.

일단 사람들이 하늘을 날아오를 수 있게 되자 발전의 속도가 빨라졌다. 1906년 루마니아의 트라얀 부이아Trajan Vuia가 최초의 단엽비행기(날개가 양쪽에 하나씩 있는 비행기-옮긴이)를 만들었다. 2년 뒤, 프랑스의 테레즈 펠티에Thérèse Peltier는 단독비행을 한 최초의 여성이 되었고, 역시 프랑스인인 루이 블레리오Louis Blériot는 1909년 비행기를 타고 영국 해협 횡단에 성공했다. 1910년에는 수상 비행기(프랑스)와 선박 위 이착륙(미국)이라는 두 가지의 중대한 첫 사례가 있었다. 1913년에는 러시아의 조종사 표트르 네스테로프Pyotr Nesterov가

라이트 형제의 유명한 첫 비행(1903년, 미국 키티호크)

곡예비행을 하면서 비행술의 화려한 도약이 시작되었다.

더 크게, 더 빠르게

1914년 1월, 최초의 여객기이자 최초의 4발 엔진 비행기인 시코르스키 일리야 무로메츠(83쪽 참조)가 첫 비행을 했다. 이 거대한 러시아의 항공기는 제1차 세계대전 발발로 상업 비행은 하지 못했다. 그 결과 1914년, 미국의 세인트피터즈버그 템파 에어보트라인St. Petersburg Tampa Airboat Line이 세계 최초의 정기항공사가 되었다. 전쟁은 전금속제 비행기인 융커스 J 1Junkers J 1(1915년, 독일)을 포함해 항공기의 급속한 발전을 이끌었다.

교전이 끝난 직후인 1919년 프랑스와 벨기에 사이에 최초의 정기 국제여객수송이 시작되었다. 얼마 지나지 않아 기내식이 제공되었고(영국), 기내 영화 상영은 1921년에 처음 시작되었다(미국). 공중 급유(비행 중인 항공기에 공중급유기 등 다른 항공기가 연료를 보급하는 일-옮긴이)는 1923년에 미국에서 시작되었다. 1930년 영국의 프랭크 휘틀Frank Whittle이 제트엔진 특허를 획득했지만, 최초의 제트 항공기인 독일의 하인켈 He 178 V1Heinkel He 178 V1은 1939년이 되어서야 날아올랐다.

1947년에는 제트 동력을 이용해 수평비행에서 음속장벽 돌파에 성공했고(미국), 5년 뒤 최초의 제트여객기인 드 하빌랜드 코멧de Havilland Comet은 첫 상업 비행을 했으며, 1969년에는 영국과 프랑스가 공동 개발한 최초의 초음속 여객기 콩코드Concorde가 이륙했다. 1974년에는 태양열로 구동되는 선라이즈 1호Sunrise 1와 함께 완전히 새로운 형태의 추진력이 등장했다(미국).

색다른 항공기와 탈출법

항공 과학과 기술의 발달은 다양한 항공기를 탄생시켰다. 헬리콥터의 기원에 관한 이야기는 중국의 대나무 팽이(기원전 400년경)로 거슬러 올라가지만, 실제로 시작된 것은 19세기에 접어들어 증기, 전기, 가솔린 등의 동력을 이용하는 여러 무인기가 흔들리며 하늘 위로 떠오르면서부터였다. 드디어 1907년 11월 13일, 프랑스의 폴 코르누Paul Cornu는 30센티미터 높이로 날아올라서 공중에서 20초 동안 맴도는 조종 가능한 헬리콥터를 개발했다. 1923년 스페인에서는 오토자이로Autogyro(헬리콥터와 비슷한 비행기의 하나-옮긴이)가 첫 비행에 성공했고, 1944년에는 최초의 양산형 헬리콥터 시코르스키 R-4Sikorsky R-4가 미국에서 출시되었다.

수직이착륙 비행기에 대한 연구는 여러 단계를 거쳤다. 1957년 제트엔진을 장착한 쇼트 SC.1Short SC.1이 아일랜드의 벨파스트에서 비행에 성공했다. 2년 후에는 최초의 실용적인 호버크라프트hovercraft(아래로 분출하는 압축 공기를 이용하여 수면이나 지면 바로 위를 나는 탈것-옮긴이)인 SR.N1이 첫 주행에 성공했다(영국).

행글라이딩의 시작은 19세기 후반으로 거슬러 올라가지만, 현대적인 설계는 1961년에 시작되었다. 1970년대에는 초경량 항공기가 등장했고, 1935년 미국의 RP-1을 시작으로 현대식 드론(무인기)이 하늘로 날아올랐으며, 배터리로 작동하는 쿼드콥터(4개의 프로펠러를 이용하여 하늘을 나는 무선 조종 헬리콥터-옮긴이) 드론은 2010년 무렵에 상업적으로 이용할 수 있게 되었다.

1783년 프랑스에서는 낙하산을 이용해 탑에서 뛰어내리는 시범 낙하가 있었고, 1911년에는 최초로 항공기에서 낙하산을 타고 뛰어

내렸다(미국). 루마니아에서 발명된 사출 좌석(비행 중 비상사태 발생 시 항공기에서 튕겨 나가도록 고안된 군 항공기에 설치된 좌석-옮긴이)은 1929년에 성공적으로 시험을 마쳤다. 세계 최초의 이착륙장은 프랑스 비리샤티용 인근에 있었던 것으로 추정되고, 최초의 공항은 1919년 영국 런던 근처의 하운슬로 히스에서 개항했다.

달을 향하여… 그리고 그 너머

로켓 활용에 대한 최초의 보고는 1232년 중국에서 나왔다. 그 뒤 로켓은 간간이 전쟁 무기로 사용되는 것으로 언급되다가 1898년 '현대 우주학의 아버지' 콘스탄틴 치올콥스키Konstantin Tsiolkovsky가 액체 연료를 사용한 우주 탐험을 제안하면서 로켓 연구가 본격적으로 시작되었다. 그의 아이디어를 기반으로 만들어진 최초의 액체 연료 로켓이 1926년에 발사되었고, 1944년에는 독일의 V2 로켓이 우주에 도달했다. 13년 후, 러시아인들은 지구궤도를 도는 최초의 인공위성 스푸트니크 1호Sputnik 1로 세계를 놀라게 했다.

미국은 1948년에 원숭이 앨버트 1세를 V2 로켓에 태워 우주로 발사했고, 구소련은 1957년 개 라이카를 지구 궤도에 올려놓았다. 1961년 유리 가가린Yuri Gagarin은 우주에 간 최초의 인간이 되었고, 그 뒤를 이어 1963년에는 발렌티나 테레시코바Valentina Tereshkova가 우주에 간 최초의 여성이 되었다.

1965년에 한 러시아 사람이 처음으로 우주 유영(우주비행사가 위성선 또는 우주선 밖에서 행동하는 것-옮긴이)을 했고, 같은 해에 미국은 우주 랑데부·도킹(인공위성이나 우주선이 우주 공간에서 만나는 일-옮긴이)에 처음으로 성공했다. 1969년 7월 20일에는 미국 아폴로 11호의

1969년 7월 20일, 인류 최초로 달을 밟은 닐 암스트롱

지구 궤도를 돌고 있는 허블 우주 망원경(2009년)

우주비행사 닐 암스트롱Neil Armstrong과 버즈 올드린Buzz Aldrin이 달 표면에 발을 디뎠다. 그로부터 50년이 더 지난 후 중국은 달 뒷면에 우주선을 착륙시켰다(2019년).

1970년에는 금성 연착륙에 성공했고, 그다음 해에 화성 연착륙도 성공했다(둘 다 러시아). 러시아는 1971년에 최초의 우주정거장도 건설했다. 미국은 1981년에 재사용이 가능한 우주왕복선을 발사했다. 1990년 미국 항공우주국NASA의 허블 우주 망원경 발사로 우주를 훨씬 더 선명하게 관찰할 수 있게 되었다. 그다음 25년 동안 이루어진 놀라운 발전으로는 태양 궤도에 진입한 우주선(1992년, 미국과 유럽), 소행성 착륙(2001년, 미국), 심우주 및 성간우주 탐사(미국), 그리고 우주에서 재배하고 먹은 최초의 식량(상추. 2015년, 미국과 일본)이 있다.

길 찾기

지도

프랑스 라스코의 한 동굴 벽화에서 발견된 가장 오래된 지도는 밤하늘을 그린 지도이다(기원전 1만 4500년경). 지상의 특징을 그린 지도는 바빌로니아 점토판(학자들마다 의견이 분분하지만 기원전 7000년에서 기원전 2500년 사이)에서 발견할 수 있고, 바빌로니아인들은 최초의 세계지도(기원전 600년경)도 점토판에 새겼다.

그리스 고대 도시인 밀레투스의 아낙시만드로스Anaximandros(기원전 611~기원전 546)는 최초의 지도 제작자로 여겨진다. 지도를 만든 또 다른 그리스인 에라토스테네스Eratosthenes(기원전 275~기원전 195)는 '지리geography'라는 단어도 만들었고, 지구의 둘레를 놀랍도록 정확하게 계산하여 우리가 현재 사용하고 있는 5개의 기후대(한대 2개, 온대 2개, 열대 1개)로 나누었다. 이번에도 역시 그리스인인 클로디우스 프톨레미Claudius Ptolemy(100~170)는 원근 투영을 이용하여 구형의 지구를 혁신적으로 묘사했고, 위도선과 경도선을 제안했다(지도에 격자선을 긋는 아이디어는 기원전 120년경 중국에서도 등장했다). 메르카토르Mercator의 유명한 원통도법(지구본을 원통으로 둘러싸고 투영하여 이를 평면에 전개하는 도법-옮긴이)은 1569년에 고안되었다.

최초의 도로 지도는 기원전 1160년경에 이집트에서 만들어졌다고 하며, 미국의 랜드 맥널리Rand McNally는 1904년에 현대적인 도로 지도를 발행했다. 지구의는 오랜 옛날부터 만들어진 것으로 보이지만(기원전 150년경 그리스의 크라테스Crates of Mallus가 만든 지구의), 현존하는 최초의 지구의는 1492년 독일의 마르틴 베하임Martin Behaim이 만든 것이다. 지도책으로 볼 수 있는 최초의 책은 1570년에 네덜란드에서 인쇄되었다.

항해술—위도와 경도

메소포타미아, 페르시아, 그리스 사람들이 현재 우리가 사용하고 있는 방향 시스템인 1회전 360도 개념과 하루를 시간, 분, 초로 나눈 개념을 고안하고(기원전 3500~기원전 500년경), 별을 보며 방향을 읽을 수 있다는 것을 깨달은 이후로 여행자들은 자신의 위치와 나아갈 방향을 확인하는 새롭고 더 정확한 방법을 발견해 왔다.

지중해 해도가 만들어진 시기는 대략 최초의 등대가 고대 그리스인이 세운 도시 시게움(터키)에 건설되었을 때인 기원전 6세기로 거슬러 올라간다. 최초의 항해 장비에는 아스트롤라베(천체의 높이나 각거리를 재는 기구-옮긴이. 기원전 150년경, 그리스), 사분의(90도의 눈금이 새겨져 있는, 부채 모양의 천체 고도 측정기-옮긴이. 150년경, 그리스), 자기 나침반(1100년경, 중국) 등이 있다. 직각기(옛날 천문학이나 항법에서 천체의 고도를 측정하기 위한 도구-옮긴이)는 14세기에 발명되었다.

기원전 2세기에서 15세기에는 삼각법(삼각형의 변과 각의 관계를 기초로 하여 기하학적 도형의 양적 관계, 측량 따위의 응용을 목적으로 하는 수학-옮긴이)이 발달하여 포르투갈 사람들은 정오의 태양 각도로 위도를 알 수 있는 표를 만들었다(1480년경). 다양한 측정기가 등장하면서 배의 속도를 더 정확하게 계산할 수 있게 되었고(15~16세기), 마린 크로노미터(항해 때 쓰는 정밀 시계-옮긴이)의 발명으로 경도를 위도만큼 정확하게 계산할 수 있게 되었다.

항법—전자 기술

1757년 영국에서 육분의(각도와 거리를 정확하게 재는 데 쓰이는 광학 기계-옮긴이)가 발명되고, 본초자오선 설정(1851년, 영국)과 더불어 24개 표준시간대가 채택되면서(1884년, 미국 워싱턴 D.C.) 배나 비행기를 타고 항로나 궤도를 다니는 일이 더욱 편리해졌다. 특히 현대의 전자 기술은 항법에서 혁명을 일으켰다. 1907년 이탈리아의 과학자들이 무선방위측정기(안테나의 지향성을 이용하여 전파의 도래 방향을 측정하고, 다른 무선국이 발사하는 전파를 이용하여 그 무선국의 방향을 측정하는 장치-옮긴이) 시제품을 개발했고, 영국은 1921년에 보다 정교한 장치인 무선표지(전자기파를 이용하여 항공기나 선박의 위치, 방향 따위를 확인하는 장치-옮긴이)를 설치했다.

전파 탐지기는 1935년에 영국에서 발명되었고, 2년 후 미국에서 처음으로 배에 설치되었다. 그다음에 등장한 것은 1964년 미 해군이 쏘아 올린 위성항법장치(인공위성을 이용하여 비행기, 선박, 자동차 따위의 위치를 확인할 수 있도록 고안된 장치-옮긴이)이다. 1985년에 들어서는 미국에서 최초로 완전한 기능을 갖춘 군사용 GPS가 가동되었다. 일본은 내장형 GPS(1990년), 자동 주차(1999년), 차내 음성 안내(2017년) 등으로 민간차량 자동항법 분야를 주도했다. 2007년에는 구글 스트리트 뷰Google Street View가 미국의 몇몇 도시의 거리 사진을 제공하면서 서비스를 시작했다.

주목할 만한 육지 및 빙원 여행의 첫 사례로는 1792~1793년 영국인 알렉산더 매켄지Alexander Mackenzie의 북아메리카 횡단, 1860~1861년 버크Burke(아일랜드)와 윌스Wills(영국)의 오스트레일리아 횡단, 도보 세계 일주(1897~1904년 미국의 조지 매튜 실링George Matthew Schilling인지, 1970~1974년 미국의 데이브 쿤스트Dave Kunst인지 논란이 있음), 북극점 도달(이 역시 논란이 많은데, 그중에서도 1908년 미국의 프레더릭 쿡Frederick Cook이 두 명의 이누이트 아필락과 이투쿠수크와 함께한 원정과 1909년 미국인 로버트 피어리Robert Peary와 매튜 헨슨Matthew Henson이 우타, 시글루, 에깅웨이, 우쿠퀘아라는 이누이트 네 명과 함께한 원정이 주로 거론된다), 1911년 노르웨이의 로알 아문센Roald Amundsen이 이끄는 탐험대의 남극점 도달, 1953년 에드먼드 힐러리Edmund Hillary(뉴질랜드)와 텐징 노르게이Tenzing Norgay(네팔)의 에베레스트산 등정 등을 들 수 있다.

최초의 위대한 항해 다섯 사례도 언급할 만하다. 신빙성 있는 기록은 불충분하지만 페니키아 선원들이 아프리카를 일주했고(기원전 600년경), 명나라 제독 정화鄭和는 중국에서 중동을 거쳐 아프리카까지 이르는 놀라운 항해를 이끌었으며(1405~1407년), 바이킹 레이프 에릭손Leif Ericson은 아이슬란드와 그린란드를 거쳐 대서양을 횡단했고(1000년경), 이탈리아 출신의 선장 크리스토퍼 콜럼버스Christopher Columbus는 스페인의 후원을 받아 스페인에서 카리브해 지역까지 항해했으며(1492년), 포르투갈 태생의 선장 페르디난드 마젤란Ferdinand Magellan은 스페인의 후원으로 떠난 원정에서 태평양을 횡단하고 결국 세계 일주를 하게 된다(1519~1521년).

마지막으로, 최초의 유명한 비행도 있다. 영국의 존 올콕John Alcock과 아서 브라운Arthur Brown은 1919년에 무착륙 대서양 횡단 비행에 성공했고, 에이미 존슨Amy Johnson은 1930년에 영국에서 오스트레일리아까지 단독 비행을 해냈으며, 미국의 제임스 갤러거James Gallagher와 13명의 승무원은 1949년 보잉 슈퍼포트리스Boeing Superfortress를 타고 무착륙 세계 일주 비행에 성공했다.

5장

과학과 공학

도구와 고정 장치

도구를 사용하는 사람들

만약 호모 하빌리스가 가장 처음 나타난 사람이었다면—이 의견에는 이미 이의가 제기되었다—우리는 200만 년 이상 도구를 사용해 온 것이다. 물론 그 당시에 스크루드라이버를 쓰고 있었다는 것은 아니다. 최초의 도구는 그저 자르거나 긁을 수 있게 모서리가 날카로운 부싯돌 조각(손도끼라고 불리기도 함) 정도였다. 창의 기원은 더욱 불확실하다. 침팬지들이 수백만 년 동안 나무창을 만들어 온 것으로 보아 초기 인간들도 그렇게 했을 것으로 짐작할 수 있다. 그렇지만 기원전 45만 년 전까지는 인간이 창을 만들었다는 확실한 증거는 남아 있지 않다.

끝을 날카롭게 다듬은 돌은 아마도 20만 년 전에 부착되었을 것이다. 돌을 갈아서 날을 세운 도끼는 적어도 4만 4,000년 전부터 존재해 왔으며(오스트레일리아), 그 후 얼마 지나지 않아 자루가 달렸을 것이다. 자루가 처음으로 단단하게 고정된 시기는 기원전 약 6,000년 전이다(아시아). 이 무렵 독일에서는 활과 화살을 약 4,000년 동안 사용해 오고 있었다. 망치의 시작도 도끼와 상당히 비슷하지만, 도끼보다 1백만 년 더 일찍 시작되었을 것으로 보인다. 기원전 3만 년경에 자루 달린 망치가 있었다는 증거가 있다.

목공 도구

목공은 서아시아의 비옥한 초승달 지대와 인더스강 유역에서 처음 행해졌다. 고대 이집트인들은 우리에게 톱(기원전 3000년경), 손도끼

(기원전 2500년경), 청동 줄(기원전 1200년경), 그리고 바큇살 대패(시기는 알려져 있지 않음)를 남겼다. 그들은 또한 약 5,000년 전에 베니어판(얇게 켠 널빤지-옮긴이)을 만들었다. 송곳은 메르가르(파키스탄)에서(기원전 3500년경), 돌끌은 신석기 시대의 독일에서(기원전 3500년경) 사용되었다. 로마인들은 톱에 나무 손잡이를 달았고, 대패를 발명했을 가능성이 높다. 기원전 제1천년기 고대 그리스에서 썼던 금속 집게의 모습은 지금도 볼 수 있다.

고정 장치

최초의 고정 장치는 수만 년 전 덩굴 식물이나 가죽 또는 유연한 잔가지로 묶는 것이었다. 장부맞춤(한쪽은 구멍을 내고 다른 쪽 끝을 가늘고 길게 만들어 서로 결합하는 방식-옮긴이)은 기원전 5000년경 독일, 이집트, 중국의 목공예에 이용되었고, 기원전 2500년경 스톤헨지 구축에도 이 방식이 쓰였다.

고대 이집트인들은 기원전 3400년경에 금속제 못을 만들었고, 약 2,000년 후에는 동물성 접착제를 만들었다. 문을 잠그기 위한 빗장은 로마 시대로 거슬러 올라가며, 둥근 봉에 나사산을 내서 나사못을 만들고 스패너로 조이는 아이디어도 로마 시대에 시작된 것으로 보인다.

나사못은 15세기 유럽에서는 분명 흔히 볼 수 있었지만, 나사돌리개(드라이버)는 1744년이 되어서야 등장했다. 프랑스의 자크 베송 Jacques Besson(1540~1573)이 나사와 볼트 제작용 선반(갈이판)을 만들었으나, 제작 과정이 제대로 기계화된 것은 1770년 영국에서 제시 램즈던Jesse Ramsden의 선반과 1798년 미국에서 데이비드 윌킨슨David

1920년경 스톤헨지 복구 작업 모습(위 사진). 장부맞춤(아래 그림)은 스톤헨지 구축에도 사용되었다.

Wilkinson의 대량 생산 기술이 나오고 나서였다. 1908년에는 캐나다의 피터 로버트슨Peter Robertson이 사각머리 나사못(십자나사못)을 발명했지만, 흔히 십자나사못 하면 미국의 사업가 헨리 필립스Henry Phillips를 더 많이 떠올린다. 미국의 또 다른 사업가인 윌리엄 G. 앨런William G. Allen은 1909년 또는 1910년에 앨런 키(육각 렌치) 특허를 받았다.

기계류

가정용 기구

최초의 다리미—타고 있는 석탄을 가득 채운 금속 팬—는 첨단기술과는 거리가 멀었다(기원전 1세기, 중국). 17세기 이후 유럽에서 사용되었던 불에 달군 철판(인두)도 마찬가지였다. 19세기에 자기가열 다리미가 미국 등지에서 등장했는데, 등유, 천연 가스, 심지어 (위험하게도!) 가솔린이 연료였다. 전기다리미는 1882년에 미국에서 만들어졌고, 1926년경에 온도 조절 장치가 추가되었다. 전기 스팀다리미는 1926년에 판매되기 시작했으며, 1984년에는 무선 스팀다리미가 출시되었다(둘 다 미국).

손으로 돌리는 재봉틀에 대한 내용은 다음 쪽에 따로 상세히 나오고, 미국의 발명가 싱어Singer가 만든 전기 재봉틀은 1889년에 판매되기 시작했다. 1589년에는 영국의 성직자인 윌리엄 리William Lee가 편물기계(메리야스 편직기)를 발명했고, 1806년경 프랑스의 피에르 장도Pierre Jeandeau는 래치바늘(편직기에 쓰는 바늘의 하나로, 바늘이 움직이면서 뜨개를 뜰 때마다 바늘에 달린 혀가 여닫힌다-옮긴이)을 발명해 가정용 기구의 발전에 기여했다.

+ 재봉틀 다툼

누구나 이런저런 때에 옷을 입어야 하고, 옷은 바느질로 만들어지기 때문에 재봉틀을 발명하기만 하면 언제든 큰돈을 벌 수 있었다. 영국의 토머스 세인트Thomas Saint는 1790년에 재봉틀 특허를 받았지만 그의 아이디어는 성공하지 못했다. 40년 후, 프랑스의 재단사인 바르텔미 티모니에Barthélemy Thimonnier는 체인 스티치 기계를 고안했다.

영국의 존 피셔John Fisher가 1844년에 만든 기계는 한 단계 더 발전해 두 가닥의 실을 사용했다. 하지만 그는 특허 출원을 하면서 실수를 했고, 이듬해 그의 겹박음질 기술(1846년에 특허가 남)을 미국인 일라이어스 하우Elias Howe에게 빼앗겼다.

1851년에 이 기술을 또 다시 도용해 특허를 받은 사람이 있었는데, 이번에는 하우와 같은 미국인인 아이작 메릿 싱어Isaac Merritt Singer였다. 하우는 싱어를 고소해서 승소했고, 싱어의 이윤을 나눠 가지게 되었다. 결과적으로 싱어의 회사가 누구나 아는 이름으로 성장하게 되면서 회사 설립자인 싱어와 아이디어를 도용당한 하우, 두 사람 모두 백만장자가 되었다.

타자기

최초의 타자기를 확인하기는 쉽지 않다. 헨리 밀Henry Mill(1714년, 영국), 펠레그리노 투리Pellegrino Turri(1808년경, 이탈리아. 그는 1801년에 복사용 먹지도 발명했다), 윌리엄 오스틴 버트William Austin Burt(1829년, 미국), 프란시스코 주앙 드 아제베도Francisco João de Azevedo 신부(1861년, 브라질), 페터 미터호퍼Peter Mitterhofer(1864~1867년, 오스트리아) 이들 모두 최초라고 주장할 만한 근거가 있다.

최초를 명확히 밝히기는 어렵지만, 이후 많은 발전이 잇따랐다. 1872년에는 미국의 토머스 에디슨Thomas Edison이 전기 타자기를 발명했고, 1874년에는 쿼티QWERTY 키보드(영문자 키인 Q, W, E, R, T, Y가 왼쪽부터 오른쪽으로 순서대로 배열되어 있는 키보드-옮긴이)가 미국에서 등장했으며, 1961년에는 골프공 타자기(글자가 조각된 골프공 모양의 활자 구조체가 이동하면서 타이핑하는 방식의 타자기-옮긴이)가 출시되었다(미국의 IBM 셀렉트릭Selectric). 전자 타자기는 1970년대에 등장했는데(미국의 디아블로Diablo), 타닥타닥 소리로 가득 찬 타자기의 세계는 얼마 안 있어 컴퓨터와 프린터 혁명에 휩쓸려 사라지고 말았다.

전동 공구

둥근톱의 발명은 1813년 미국의 태비사 배빗Tabitha Babbitt의 기발한 생각에서 비롯되었다고 하지만, 현대적인 전동 공구의 시대가 진정으로 시작된 것은 그로부터 82년 뒤 전기 드릴(독일의 C. & E. 파인Fein)이 등장하고 나서이다. 무게가 7.5킬로그램이나 나가서 엄밀히 말해 DIY 키트라고 할 수는 없었다. 그다음에 일어난 중요한 사건은 1916년, 덩컨 블랙Duncan Black이 친구 알론조 데커Alonzo Decker와 합심하여 권총형 손잡이에 방아쇠 스위치가 달린 전기 드릴을 제작한 것이었다(미국의 블랙 & 데커Black & Decker). 그 뒤를 이어 동일 회사의 전기 스크루드라이버(1923년)와 무선 드릴(1961년)을 포함해 많은 기구와 부대용품이 미국에서 출시되었다. 1916년에는 회전력으로 구동되는 마루 샌딩기가 나왔고, 1936년에는 더 강력한 회전력을 갖춘 벌목용 체인톱이 출시되었다(둘 다 미국).

미국의 조지 맥길George McGill은 1866년에 스테이플러를 만들었고, 이를 바탕으로 훗날 스테이플 건도 나올 수 있었다(1934년). 1944년경, 미국의 모리스 파이누스Morris Pynoos는 더욱 강력한 (또한 더 치명적인) 네일 건(압축 공기를 사용하여 못을 박는 장비-옮긴이)을 고안했다. 증기압세척기는 1926년에 처음 사용되었고, 가정용 고압 세척기는 1950년에 판매되기 시작했다(둘 다 미국). 마지막으로, 공구 시장을 미국이 완전히 독점한 것은 아님을 분명히 하면서 스페인의 보아다Boada 형제가 1951년에 타일커터를 발명했다.

금속과 기계류

제련

금속을 이용하려면 먼저 금속을 손에 넣어야 했다. 처음 찾은 금속은 금이었는데, 금은—가끔은 구리와 함께—'천연' 상태로 모을 수 있었다. 다른 최초의 금속들(주석, 납, 은, 철, 수은)은 광석에 열을 가해서 얻었다. 이러한 제련 과정은 주석과 납에서 시작되었다(기원전 6500년경, 터키). 이어 구리와 철을 제련하기 시작했고(31쪽 참조), 강철 생산이 시작되었다(기원전 1800년경, 아나톨리아).

제철과 접합

철과 강철 제조는 용광로를 사용하면서 크게 개선되었고(기원전 5세기, 중국), 숯 대신 코크스를 쓰게 되면서 용광로는 더욱 발전했다 (1709년, 영국). 철을 교련하여 잘 늘어나는 연철을 만드는 것은 약 2,000년 전 중국에서 처음 행해졌지만, 제대로 된 교련로는 1784년에야 영국에서 등장했다.

그 외에 강철 제조와 관련한 중대한 발명과 시작으로는 도가니강(도가니에 녹인 강철-옮긴이) 생산(기원전 8세기, 인도와 중앙아시아), 헌츠먼Huntsman의 도가니제강법(1740년, 영국), 베세머 전로Bessemer converter(1858년, 영국), 염기성 산소 제강법(1948년, 오스트리아), 코렉스COREX 공법(1970년대, 오스트리아), 제철 과정에서 이용되는 현대식 압연기(1783년, 영국), 압출 가공(1797년, 영국) 등이 있었다.

1836년에는 프랑스에서 아연 도금이 시작되었고, 1913년 영국에서는 스테인리스 스틸이 발명되었으며, 납땜의 시작은 약 4,000년 전 주석이 발견된 시점으로 거슬러 올라가고, 전기 납땜 인두는 1921년에 독일에서 등장했다. 용접은 기원전 5세기에 고대 그리스에서 시작되었다고 여겨지고, 전기 아크 용접기는 1881년에서 1882년 사이에 한 러시아인과 폴란드인이 발명했으며, 산소-아세틸렌 용접기는 1903년에 프랑스에서 발명되었다. 레이저 클래딩laser cladding을 이용한 3D 금속 부품 재건은 1978년에 미국에서 처음 이루어졌다.

금속

많은 금속들이 오랫동안 화합물 형태로 알려져 있다가 발견되기 시작했다. 구체적으로 구별된 최초의 금속은 구리(기원전 8700년경)였고, 그 뒤를 이어 납(기원전 6500년경), 철(기원전 5000년경), 은(기원전 4000년경), 주석(기원전 3500년경), 금(기원전 2000년경), 수은(기원전 2000년경)이 발견되었다. 더 최근에는 크롬(1780년), 우라늄(1789년), 규소(1824년), 알루미늄(1824~1825년), 라듐(1898년)이 발견되었고, 자연적으로 생성되지 않는 최초의 원소인 아메리슘과 퀴륨(1944년)도 발견되었다.

제분소와 공장

제분기와 기계류

역사적으로 빵을 주식으로 삼아 온 사람들이 많았기에 빵을 만드는 과정에서 간단한 기계, 즉 소·당나귀·말 등으로 움직이는 회전식 제분기(기원전 4세기, 카르타고(튀니지))가 탄생했다는 사실은 놀라운 일이 아니다. 이로부터 얼마 지나지 않았거나 어쩌면 동시에 인도와 중동에서는 인간과 동물들이 관개용 수차를 돌리기 시작했다. 기원전 3세기 들어 서아시아 지역에서는 그 과정을 거꾸로 해서 상사식 수차를 만들었다. 톱니바퀴 장치에 관한 가장 오래된 기록은 기원전 4세기 중국에서 나온 것이다. 헬레니즘 시대(기원전 320년경 이후)에는 하사식 수차를 사용하기 시작했다.

대부분의 사람들은 풍차가 제1천년기에 페르시아에서 고안되었다고 여기지만, 바빌로니아의 함무라비 왕(105쪽 참조)이 관개용으로 풍차를 이용했을 가능성도 있다. 꼭대기 부분과 날개만 바람을 받아 회전하는 석조 풍차는 13세기 유럽에서 만들어졌다. 1887년

덴마크 빈데비(Vindeby)에 조성된 최초의 해상풍력단지

스코틀랜드에서는 풍력 발전용 터빈이 돌아가기 시작했다. 그다음 해에는 미국 오하이오주에 자동 풍력 발전용 터빈이 등장했다. 덴마크는 1991년에 해상풍력단지를 조성했다.

공장

공장을 어떻게 정의하는지에 따라 공장의 기원은 달라진다. 고대 로마에서처럼 함께 일하는 많은 노예들은 제외시키고 대량 생산, 조립 라인, 제조 부품만을 포함한다면, 최초의 공장은 1104년에 이탈리아에 건립된 조선소 아르세날레 디 베네치아Arsenale di Venezia라고 봐도 무방할 것이다. 그곳에서는 1만 6,000명의 노동자들이 하루에 거의 배 한 척을 만들었다.

더 현대적인 정의를 가져와서 한 건물 안에서 많은 노동자들이 기계를 이용해 대량 생산하는 곳을 공장으로 본다면, 최초의 공장은 토머스 롬브Thomas Lombe가 영국 더비셔에 지은 견직물 공장(1718~1721년)이거나 또는 역시 영국 더비셔에 있었던 면방적 공장인 리처드 아크라이트Richard Arkwright의 크롬포드 밀Cromford Mill(1771년)일 것이다. 영국 버밍엄의 소호 제조소Soho Manufactory는 처음으로 증기력으로 가동된 공장이었을 것이고(1782년), 벨기에에서 출생한 기술자 에티엔 르누아르(147쪽 참조)가 1860년에 개발한, 가스를 연료로 하는 내연기관은 산업용으로 널리 판매되었고, 전동기는 1889년에 공장 가동에 사용되었다는 기록이 있다.

조립 라인

영국 왕립해군의 포츠머스 도르래 공장Portsmouth Block Mills은 최초의 연속적인 선형 조립 공장을 가동했고(1795~1798년), 최초의 완전 자동화 제조 공정은 1916년 미국의 밀가루 공장에서 시작되었다. 한편, 1853년 영국의 증기기관 공장에서 태어난 조립 라인 개념은 대서양을 건너가 미국 시카고의 도축장에서 대량 해체를 하는 데 사용되었고(1867년), 미국의 통조림 공장에서 전기 컨베이어 벨트를 도입하면서 한 단계 더 진화했다(1885년). 랜섬 올즈Ransom Olds는 자동차 조립 라인을 만들었고(1901년, 미국), 12년 후 헨리 포드Henry Ford의 이동식 조립 라인은 '포드 모델 T'를, 검은색 차체 페인트가 마르는 데 걸리는 시간보다 더 빠르게 생산하고 있었다. 산업용 로봇은 1938년 미국에서 일찌감치 만들어졌지만, 대규모로 이용된 것은 제너럴모터스 사가 1961년에 배치한 로봇이 처음이었다.

공작 기계

최초이자 가장 간단한 공작 기계는 아마도 기원전 6000년경 메르가르에서 발견된 활꼴 드릴일 것이다. 그다음에 도자기 제작용 물레, 즉 돌림판(31쪽 참조)이 등장했고, 고대 이집트인들의 선반이 그 뒤를 이었다(기원전 1300년경). 페달로 작동되는 작대기선반은 9세기 유럽에서 발견되었다.

공작 기계의 큰 도약은 18세기 중반에 시작된 산업혁명과 함께 이루어졌다. 혁신적인 발명가 프랑스의 자크 드 보캉송Jacques de Vaucanson은 1760년경 로터리 파일rotary file(회전식 줄)과 전금속제 선반을 만들었다. 이어서 1775년에는 현대식 나사절삭선반이 영국에서 등장했고, 1772년에 만들어진 말의 힘으로 작동되는 대포 천공기를 응용해 금속가공선반이 나왔다(영국). 영국인 조지프 브라마

Joseph Bramah는 1795년에 수압기를 발명했고, 같은 해에 미국의 시계 제조공 엘리 테리Eli Terry는 현대식 밀링 머신(회전축에 고정한 커터로 공작물을 절삭하는 공작 기계-옮긴이)을 개발했다. 금속 대패는 19세기 초 영국에서 만들어졌고, 모든 형태의 엔진 개발에 필수적인 원통 연삭기는 1830년대에 미국에서 만들어졌다.

물류관리, 경영, 공급

최초의 물류관리logistics 전문가들은 군에 인력, 식량, 무기를 공급하는 책임을 맡은 고대의 장교들이었다. 로마인들은 그들을 'logistikas'라고 불렀다. 여기에서 나온 logistics라는 단어가 처음에는 프랑스어 logistique에 등장했다가(1830년 또는 그 이전), 그다음에는 영어에도 등장했다(1846년). 사람들은 1910년에는 공급망에 대해, 1982년에는 공급망 관리에 대해 이야기하기 시작했다. 계획적 진부화(기업이 기존 제품을 고의적으로 진부하게 만들어서 제품의 수명이 다하기 전에 소비자가 새 제품을 사도록 유도하는 전략-옮긴이)라는 용어는 그보다 50년 전에 생겼고, 자전거와 자동차 산업에서는 훨씬 더 오래전부터 사용되던 단어였다.

물류관리 과정이 점점 더 커지고 복잡해짐에 따라 다른 물류 개념도 등장했는데, 지연전략, 자재 소요량 계획과 채찍 효과(소비자의 수요가 상부 공급 단계로 전달되면서 단계마다 정보가 왜곡되어 수요의 변동성이 커지는 현상-옮긴이. 둘 다 1961년), 역물류(폐기물의 관리, 처리를 위한 기술 및 제반 활동에 관련된 물류-옮긴이. 1992년), 연속 상품 보충(1997년) 등이 이에 해당한다. 기업의 조직이나 관리 운영에 대한 전문성이 점점 요구되면서 1881년 미국에서 최초의 경영대학원이 설립되었고, 1900년에는 첫 대학원 자격증서(상업학 석사 학위)가 수여되었다. 그로부터 8년 후, 하버드대학교에 MBA(경영학 석사) 과정이 개설되었다.

프레더릭 윈즐로 테일러Frederick Winslow Taylor의 「과학적 관리법*The Principles of Scientific Management*(1911년)」은 현대 경영 이론에 관한 최초의 주요 연구였지만, 물류관리가 하나의 전문 직종으로 인정받은 것은 2000년이 되어서였다. 작업 현장으로 다시 돌아가서, 리프트 트럭(미국)은 1887년에, 자가 동력 리프트 트럭(미국)은 1906년에, 수평 및 수직 이동이 가능한 최초의 리프트 트럭(영국)은 1915년에 투입되었다. 1920년대 말에 들어서는 지게차와 팰릿pallet(화물을 쌓는 틀이나 대-옮긴이)이 흔히 사용되었다. 창고는 고대 도시에서 처음 사용되었고, 자동 창고 시스템은 2,000년 후인 1960년대에 설치되었다. 바코드(51쪽 참조)와 표준 컨테이너(155쪽 참조)가 나오면서 물류관리의 전체적인 그림이 완성되었다.

기관

양수와 운반

영어 단어 '기관engine'은 15세기에 어떤 종류의 기계적 장치를 뜻하는 말로 등장했다. 이 단어는 불특정한 다수의 장치를 아우르는데, 물을 푸는 방아두레박(기원전 3100년, 고대 이집트), 도르래(기원전 1500년경, 메소포타미아로 추정), 기중기(기원전 500년경, 고대 그리스), 권양기 또는 캡스턴capstan(수직으로 된 원뿔형의 몸체에 밧줄이나 쇠줄을 감아 그것을 회전시켜 무거운 물건을 끌어 올리거나 당기는 기계-옮긴이. 기원전 500년경, 고대 그리스 또는 아시리아), 복합 도르래(그리스의 천재 아르키메데스가 발명한 것으로 여겨짐), 모든 종류의 제분기(192쪽 참조), 나선 양수기 또는 흡인 펌프나 피스톤 펌프(기원전 275년경, 아마도 고대 그리스), 밟아 돌리는 바퀴(1세기, 로마), 양묘기(배의 닻을 감아 올리고 풀어 내리는 장치를 한 기계-옮긴이. 아르키메데스가 발명했다고 여겨지지만, 최초로 기록된 것은 1313년 중국이다), 톱니바퀴 장치(192쪽 참조) 등이 이에 속한다. 1654년에는 독일인 오토 폰 게리케Otto von Guericke가 진공 펌프를 발명했다. 격막 펌프(부식성·독성·방사성 액체 따위를 압송하는 데 적당한 왕복 펌프의 한 변형-옮긴이)는 1854년에 특허 등록이 되었고, 로터리 펌프(회전 운동으로 액체를 운반하는 펌프-옮긴이)는 20년 후에 특허를 받았다(둘 다 미국).

증기

1세기에 알렉산드리아의 헤론Heron of Alexandria이 만든 빙글빙글 돌아가는 기력구는 증기의 힘으로 움직이는 최초의 장치로 볼 수 있다. 이 장치는 1551년경 오스만 제국의 타키 앗딘이 쇠꼬챙이를 돌리기 위해 만든 원시적인 증기 터빈과는 달리, 아무런 쓸모가 없었다. 실제로 작동하는 증기 펌프는 1606년에 스페인의 제로니모 데 아옌츠 이 보몬트Jerónimo de Ayanz y Beaumont가 만들었다. 토머스 세이버리Thomas Savery는 수증기의 응축에 의한 진공을 이용해서 작동하는 최초의 실용적인 증기 펌프 '광부의 친구The Miner's Friend'를 만들었다. 프랑스의 드니 파팽Denis Papin(1647~1713)은 안전밸브를 고안했고, 1712년에 영국의 토머스 뉴커먼Thomas Newcomen이 만든 증기 펌프는

영국 카빌(Carville) 발전소의 증기 터빈(1907년)

최초로 상업적으로 성공을 거두었다.

　영국의 제임스 와트James Watt와 그의 사업 파트너 매튜 볼턴 Matthew Boulton은 기계의 동력원으로 사용할 수 있는 최초의 진정한 증기기관을 1776년부터 생산하고 있었다. 1774년에는 영국인 존 윌킨슨John Wilkinson이 개발한 천공기 덕분에 성능이 더 좋은 실린더(증기기관이나 내연기관 등에서 피스톤이 왕복 운동을 하는, 속이 빈 원통 모양의 장치-옮긴이)를 만들 수 있었다. 와트-볼턴 팀은 여기서 그치지 않고 피스톤의 상하운동을 회전운동으로 바꾸는 유성 기어 장치(1781년), 조속기(1788년), 그리고 리처드 트레비식(146쪽 참조)과 함께 복동식 피스톤을 개발했다. 트레비식은 고압증기 기관도 고안했고(1800년), 장 자크 마이어Jean-Jacques Meyer는 팽창 밸브(1841년, 프랑스)를, 찰스 파슨스 경Sir Charles Parsons은 전기를 발생시키고 선박에 동력을 공급할 수 있는 현대식 증기터빈(1883년, 영국)을 개발했다.

크랭크와 연소

네덜란드의 천재 크리스티안 하위헌스Christiaan Huygens(1629~1695)는 내연기관이라는 아이디어를 생각해 냈지만, 실제로 작동하는 장치를 처음으로 만든 이들은 니세포르 니엡스Nicéphore Niépce와 클로드 니엡스Claude Niépce 형제(1807년), 그리고 수소 내연기관을 개발해 차량에 장착한 스위스의 기술자 프랑수아 이자크 드 리바즈François Isaac de Rivaz였다(1807년).

　1823년 영국인 새뮤얼 브라운Samuel Brown의 가스 진공 기관은 최초로 산업에 사용된 기관이었다. 미국의 새뮤얼 모리Samuel Morey는 기화기(가솔린 기관에서 가솔린과 공기를 적당한 비율로 혼합하여 실린더에 보내는 장치–옮긴이)를 발명해 자신이 만든 기관에 장착했다(1826년). 영국의 윌리엄 바넷William Barnett은 1838년 실린더 내 압축이라는 아이디어를 떠올렸고, 1856년 이탈리아에서는 쌍기통 범용기관이 제작되었다. 기원전 202년부터 220년 사이에 중국 한나라에서 처음 등장한 크랭크(왕복 운동을 회전 운동으로 바꾸거나 그 반대의 일을 하는 기계 장치–옮긴이)는 3세기 터키에서 연접봉에 연결되었고, 1206년에는 크랭크축과 합쳐졌다.

✚ 피레올로포르

프랑스의 니엡스 형제는 대단히 창의적이었다. 1807년, 그들은 센강 위의 보트에 최초의 내연기관으로 불리는 피레올로포르Pyréolophore를 장착했다. 이 기관은 구리로 된 연소실 안에 들어 있는 이끼, 석탄가루, 나뭇진을 섞은 물질이 약 10초마다 한 번씩 작은 폭발을 일으키면서 작동되었다. 연소에 의해 발생한 동력은 강물을 배 앞부분으로 끌어당긴 후 배 뒷부분의 파이프를 통해 나가게 밀었고, 그러자 배가 따라 움직였다. 그들의 기관은 기발하기는 했지만 성공을 거두지는 못했다.

나폴레옹 1세가 부여한 특허가 만료되자 형 클로드는 런던으로 가서 조지 3세에게서 다시 특허를 받았고, 제정신이 아닌 채로 1828년에 죽을 때까지 자신의 발명품 피레올로포르를 계속 밀고 나갔다. 동생인 니세포르는 프랑스에 남아서 창의성을 사진에 쏟아부었다.

내연기관

에티엔 르누아르가 만든 기관(147쪽 참조)은 사실상 가스로 가동하는 증기기관이었다. 오스트리아의 지그프리드 마르쿠스Siegfried Marcus는 1870년에 이동식 가솔린 기관을 개발했고, 6년 후에는 4행정 기관을 만들었다. 1881년에는 실린더 내 압축 방식의 2행정 기관이 영국에서 특허를 받았고, 1884년경 영국의 엔지니어 에드워드 버틀러Edward Butler는 가솔린 내연기관, 점화 플러그, 점화용 자석발전기, 점화 코일, 스프레이 분사 기화기, 그리고 'petrol(가솔린과 동의어)'이라는 단어 등 여러 장치와 개념을 고안했다. 벤츠의 자동차는 고틀리프 다임러가 발명한 과급기(기관으로 흡입되는 공기를 미리 압축시키는 장치-옮긴이)와 같은 해에 등장했다(1885년, 독일). 독일의 루돌프 디젤Rudolf Diesel이 디젤 기관(1892년에 특허 취득)을 발명한 이후 한동안은 원래 개념을 개선하는 정도에 머물다가, 1954년에 펠릭스 방켈Felix Wankel이 로터리 기관(회전형 내연기관-옮긴이)을 고안했다.

원자력

영국의 어니스트 러더퍼드Ernest Rutherford는 리튬 원자가 분열될 때 방대한 양의 에너지가 방출된다는 것을 깨달은 최초의 과학자였다(1932년). 같은 해에 같은 실험실에서 중성자가 발견된 데 이어, 헝가리의 레오 실라르드Leó Szilárd는 연쇄반응의 가능성을 알아차렸다(1933년). 이러한 선구적인 연구를 바탕으로 최초의 원자로인 시카고 파일 1호Chicago Pile-1가 1942년 미국에서 가동되기 시작했고, 최초의 핵실험이 1945년 7월에 실시되었으며, 그다음 달에는 일본 히로시마에 핵무기가 사용되었다.

최초의 수소폭탄 실험은 1952년에 있었다(미국). 원자력 발전은 그 전해에 시작되었고, 원자력 추진 선박도 곧 그 뒤를 따랐다(166쪽 참조). 대규모 원자력 발전은 러시아에서 처음 시작되었고(1954년), 1956년 영국은 상업용 원자력 발전소를 가동하기 시작했다. 얼마 지나지 않아 사고가 일어났다. 첫 번째 대형 참사이자 가장 피해가 컸던 원전사고 중 하나는 1957년에 일어난 '키시팀Kyshtym 사고'였다. 구소련 당국은 이를 30년간 은폐했다.

전기

초기의 스파크

언어를 분석하면 번개—전기력을 가장 생생하게 보여 주는 자연현상—가 곧 전기라는 것을 사람들이 언제 처음 깨달았는지에 대한 단서를 찾을 수 있다. 중세 후기 아랍 세계에서는 바닷물고기인 전기가오리와 번개를 지칭하는 단어가 같았다. 1642년 '전기의electric'와 '전기electricity'라는 단어가 만들어진 후, 미국의 벤저민 프랭클린 Benjamin Franklin(1706~1790)은, 번개를 마찰하면 전기가 생기는 광물 호박琥珀(라틴어로 electrum)과 연관시키면서 번개의 성격에 대한 아랍인들의 생각이 사실임을 보여 주었고, 전기에는 양전기와 음전기가 있다고 설명했다.

1780년 이탈리아의 루이지 갈바니Luigi Galvani는 동물의 몸에 있는 전기의 존재를 발견했고, 또 다른 이탈리아인 알레산드로 볼타 Alessandro Volta는 1800년에 처음으로 전지를 만들었으며, 20년 후, 덴마크의 한스 크리스티안 외르스테드Hans Christian Ørsted와 프랑스의 앙드레 마리 앙페르André-Marie Ampère는 전자기장을 발견했다. 1827년, 독일의 게오르크 옴Georg Ohm은 전기회로를 전류와 저항의 측면에서 정의했고, 1831년 영국의 마이클 패러데이Michael Faraday는 전자기유도 법칙을 발견했다.

발전

프랑스의 이폴리트 픽시Hippolyte Pixii는 1832년 최초의 교류발전기와 정류자(전동기나 발전기 등에서 코일에 흐르는 전류의 방향을 유지시켜주는 장치-옮긴이)를 만들었고, 1844년에는 영국에서 산업용 발전기가 가동되기 시작했다. 이탈리아의 안토니오 파치노티Antonio Pacinotti는 1860년 환상 전기자를 발명하여 발전이 더 원활하게 이뤄지도록 했다. 헝가리의 아니오스 예들리크Ányos Jedlik의 자기여자 발전기에 대한 제안으로 실용적인 발전기 개발의 길이 열렸고, 이를 바탕으로 새뮤얼 발리Samuel Varley(영국), 찰스 휘트스톤 경Sir Charles Wheatstone(영국), 에른스트 베르너 폰 지멘스(독일)가 각각 발전기를 발명했다.

수력 발전은 1870년에 영국의 크랙사이드에서 처음 시작되었고, 1882년 영국 고덜밍에서는 일반 국민에게 전기를 공급하는 최초의 발전소가 가동되기 시작했으며, 같은 해에 석탄화력 발전소와 증기 발전소가 처음 문을 열었다(영국과 미국).

교류(시간에 따라 일정한 주기로 그 크기와 방향을 바꾸는 전류-옮긴이)는 1855년에 처음 실제로 사용되었고(프랑스), 교류 발전소는 1866년 영국에 지어졌다. 1953년에는 실험실의 실리콘 태양 전지가 전기를 생산했고, 1956년에는 상업적 태양광발전이 시작되었다. 조력을 이용한 수차(192쪽 참조)는 수세기 전부터 돌고 있었지만, 대규모 조력 발전소는 1966년에 이르러서야 프랑스 랑스강 어귀에 건설되었다. 이탈리아는 1904년 지열 발전을 개척했고, 1911년에 지열 발전소 가동을 시작했다.

전력

최초의 (매우 단순한) 전기 모터는 독일 바이에른에 살고 있던 스코틀랜드 수도사 앤드루 고든Andrew Gordon이 고안했다고 알려져 있다 (1745년경). 1820년 프랑스의 앙드레 마리 앙페르가 전류와 자기장의 상호작용에서 발생하는 기계적 힘의 원리를 설명했고, 이듬해 영국의 마이클 패러데이는 이를 증명해 냈다. 헝가리 물리학자 아니오스 예들리크는 1828년에 최초의 진정한 전기 모터를 만들었고, 1832년 영국인 윌리엄 스터전William Sturgeon은 기계를 돌릴 수 있는 모터를 처음으로 개발했다. 환상 전기자의 발명(1860년대, 이탈리아)으로 전기모터는 고정식 및 이동식 동력원으로 널리 사용되게 되었다. 원통 코일(솔레노이드solenoid)은 1820년대에 프랑스의 앙드레 마리 앙페르가 만들었고, 변압기는 1836년에 아일랜드에서 발명되었다. 마이클 패러데이(영국)는 1833년에 최초로 반도체 효과에 주목했고, 자그디시 찬드라 보스Jagdish Chandra Bose(인도)는 1901년에 처음으로 입체 회로 소자를 만들었다.

자재

나무, 돌, 점토

인간이 처음 사용한 자재는 가장 쉽게 구할 수 있는 재료인 나무와 돌이었다. 그다음으로 점토를 쓰게 되었는데, 도자기의 가장 오래된 예에는 기원전 2만 9,000년경 유럽의 후기 구석기 시대에 번영한 그라베트Gravettian 문화기에 만들어진 작은 여자 조각상들이 있다(프랑스). 그다음으로 기본적인 토기(31쪽 참조), 인더스 문명의 사기 그릇(기원전 2500년경), 자기(31쪽 참조)가 등장했다.

마른 진흙 벽돌은 기원전 7500년경 아나톨리아나 인더스강 유역에서 처음 등장했다. 가장 먼저 벽돌을 구운 것은 기원전 4400년경 중국인들이었다.

기원전 1400년경부터 메소아메리카에서는 천연 고무공을 가지고 공놀이를 하기 시작했고, 말레이시아 사람들은 고무나무에서 추출한 천연 고무의 일종인 구타페르카 라텍스(1840년대부터는 다른 나라에서도 사용됨)로 칼 손잡이 같은 물건들을 만들었다고 알려져 있다.

금속에 대해서는 190~192쪽을 참조하면 된다. 회반죽은 기원전 7500년경 요르단에서 사용되었고, 그 후 얼마 지나지 않아 치장 벽토도 사용되었다. 시멘트의 기원은 불분명하지만, 약 4,500년 전에 크레타에서 시멘트가 사용되었다는 증거가 있다. 콘크리트의 초기 역사도 마찬가지로 불명확하지만, 그리스인들이 기원전 1300년경에 콘크리트를 건축 재료로 썼다는 사실은 알려져 있다.

플라스틱 혁명

합성 섬유에 대해서는 이미 앞에서 다룬 바 있다(55쪽 참조). 이번에는 인간이 만들어 낸 다른 재료에 대해 알아보자. 고무를 단단하게 만드는 경화법은 1843년에 토머스 핸콕Thomas Hancock이 영국에서 특허를 받았고, 그로부터 몇 주 뒤 찰스 굿이어Charles Goodyear가 미국에서 같은 특허를 받았다. 1862년에는 영국의 알렉산더 파크스Alexander Parkes가 식물에서 추출한 셀룰로오스(고등식물 세포벽의 주성분-옮긴이)를 주원료로 최초의 새로운 고체 물질(파케신Parkesine. 후에 '셀룰로이드celluloid'로 불리게 됨)을 만들었고, 1872년에는 플라스틱 사출 성형기 특허가 미국에서 등록되었다.

최초로 완전히 인공적인 소재가 등장한 것은 1907년 벨기에 태생의 미국인 리오 베이클랜드Leo Baekeland가 화석 연료를 이용해 인공 합성 플라스틱을 만들어 '베이클라이트bakelite'라고 칭했을 때였다. 그 뒤를 이어 수많은 다른 소재들이 등장했는데, 그중에는 19세기에 발견되었지만 상업적으로는 활용되지 못한 소재도 많았다. PVC(폴리염화 비닐, 또는 그냥 '비닐'. 1872년에 독일에서 발견되어 1926년 미국에서 제조되었다), 폴리스티렌(1839년 독일에서 발견되어 1931년에 제조되었고, 1954년에는 확장형으로 미국에서 제조되었다), 폴리에틸렌(1951년 미국에서 발견되어 1957년 이탈리아에서 제조되었다), 멜라민(1835년경 독일에서 발명되어 1913년 미국에서 플라스틱 박판 제품인 '포마이카Formica'로 생산되었다)이 대표적인 플라스틱류 소재이다.

베이클라이트 전화기(1931년)

플라스틱 월드

플라스틱으로 인해 오늘날 우리에게 친숙한 제품들이 많이 만들어졌다. 스카치테이프(1930년, 미국), 섬유 유리(1942년 또는 그 이전, 미국과 독일), 초강력 접착제(1942년, 미국), 아크릴물감(1940년대, 독일), 팽창하는 폴리우레탄 발포 단열재(1940년대, 독일), 타파웨어Tupperware(식품 저장용 플라스틱 용기-옮긴이. 1946년, 미국), 폴리필라Pollyfilla(균열보수용 퍼티-옮긴이. 1959년, 영국), 실리콘 유방 보형물(1961~1962년, 미국), 비닐봉지(1965년, 스웨덴), 스와치Swatch 시계(1983년, 스위스) 등이 그 예이다.

더 최근에 소재 분야에서 이뤄진 발전으로는 1985년 최초의 합성 나노소재인 탄소 동소체 풀러렌fullerene의 발견과(영국과 미국), 흑연을 원자 1개 두께로 벗겨 낸 그래핀graphene의 생산(2004년, 영국 맨체스터의 러시아 과학자들)을 들 수 있다. 영국 회사 ICI는 1990년 상업화가 가능한 생분해성 플라스틱인 바이오폴Biopol을 출시했고, 15년 뒤 코카콜라는 식물성 원료로 만든 최초의 플라스틱 병을 출시했다.

빛

보는 것과 믿는 것

처음으로 빛을 객관적으로 연구한 사람들은 그리스인들과 중국인들이었다. 중국의 철학자 묵자墨子(기원전 470~기원전 371)는 기원전 400년경에 카메라 오브스쿠라camera obscura(어두운 방의 한쪽 벽에 바늘구멍을 뚫어 구멍을 통과한 바깥 경치가 반대쪽 벽에 거꾸로 비치게 만든 것-옮긴이)의 원리를 언급한 것으로 인정받는다. 이는 오늘날의 영사기 또는 핀홀 카메라의 원리와 유사하다. 다음 세기에 유클리드는 더 과학적으로 반사의 수학을 연구했고 빛이 직선으로 이동한다고 주장했다.

1,000년이 지난 후, 네덜란드의 크리스티안 하위헌스(200쪽 참조)는 빛이 파동이라는 이론(1800년경 영국의 토머스 영Thomas Young에 의해 증명됨)을 제시했고, 1672년경 아이작 뉴턴 경은 백색광이 여러 색깔의 빛들이 합쳐진 것임을 처음으로 증명했다. 프랑스의 라플라스 후작Marquis de Laplace(1749~1827)은 그 어떤 빛도 빠져 나갈 수 없는 어떤 것, 즉 현재의 블랙홀 개념을 가장 먼저 생각했고, 또 다른 프랑스의 과학자 레옹 푸코Léon Foucault는 처음으로 빛의 속도를 정확하게 측정했다(1850년). 1860년대에 영국의 물리학자 제임스 클러크 맥스웰James Clerk Maxwell은 처음으로 빛을 전자기와 연결시켰다.

1905년 독일 태생의 유대인 천재 알베르트 아인슈타인Albert Einstein은 빛이 광양자(입자)로, 또한 동시에—그의 특수 상대성 이론에 따르면—파동의 장으로 존재한다고 말하면서 이전 이론 대부분을 완전히 뒤집었다. 이때 대부분의 비과학자들은 머리를 쥐어짜며 고민할 수밖에 없었다.

양초와 기름
불은 분명히 최초의 인공조명이었을 것이다. 정확히 언제 어디서 불을 조작해서 투박한 램프—껍데기나 움푹한 돌에서 타는 기름진 이끼—를 만들었는지는 알 수 없지만, 대략 7만 년 전이었을 것으로 추정된다. 그로부터 6만 년 후, 최초의 석등(프랑스)이 등장하고, 기원전 4000년경에는 도자기등(유럽과 서아시아)이 나온다. 이집트인들은 약 5,000년 전에 밀랍으로 양초를 만들기 시작했고, 뒤를 이어 동물의 지방과 같은 재료로 만든 양초가 등장했다. 9세기에 페르시아 의사 알 라지(90쪽 참조)는 램프를 광물성 기름에 불이 붙은 것이라고 묘사했는데, 이 아이디어가 현실화된 것은 1846년 등유가 발견되고(캐나다), 7년 후 등유 램프가 판매되기 시작했을 때였다(폴란드와 미국).

그 외 중요한 첫 사례로는 광부의 안전등(1815년, 영국), 틸리Tilley 램프(공기압으로 연료를 주입하는 휴대용 석유램프—옮긴이. 1818년, 영국), 라임라이트limelight(석회 막대를 산수소 불꽃에 태웠을 때에 생기는 백색광. 19세기 후반 극장에서 무대용 조명으로 썼다—옮긴이. 1820년대, 영국), 가스맨틀(가스등의 점화구에 씌우는 그물 모양의 통—옮긴이. 1881년, 프랑스) 등이 있다.

스위치 켜기

가스등은 1792년에 처음 불을 밝혔고, 10년이 지나지 않아 아크등(아크 방전을 이용한 전등—옮긴이)과 합쳐졌다(둘 다 영국). 1879년 미국의 토머스 에디슨과 영국의 조지프 스완이 만든 오래 가는 백열전구는, 제임스 린지James Lindsay가 선보인, 글을 읽을 수 있을 만큼 밝은 전구(1835년경, 영국), 마르셀린 조바드Marcellin Jobard의 진공 전구(1838년, 벨기에), 알렉산더 로디긴Alexander Lodygin의 질소 전구(1872년, 러시아) 등 많은 개발품의 선례를 바탕으로 이뤄진 결과였다. 그 후 에디슨-스완 전구는 텅스텐 필라멘트(1904년, 독일과 크로아티아)와

19세기 에디슨-스완 전구

코일 필라멘트(1917년, 미국)가 개발되면서 성능이 향상되었다. 네덜란드의 필립스 사는 1981년에 에너지 절약형 전구를 제조했다.

한편, 다른 형태의 전등들도 속속 등장했는데, 초기 단계의 형광등(1867년, 프랑스), 가스 방전등(네온등과 플라스마 화면 개발을 위한 길이 열림. 1894년, 미국), 수은등(1901년, 미국), 나트륨등(1920년, 미국), 발광 다이오드LED(1927년, 러시아), 할로겐등(1953년, 미국), 레이저(1960년, 미국)가 그 예이다. 영국의 데이비드 미셸David Misell은 1899년에 배터리로 켜지는 손전등을 만들었다. 프랑스의 가스통 플랑테Gaston Plante는 1859년 충전이 가능한 납축전지를 발명했고, 현대적인 충전식 리튬이온전지는 1985년에 미국에서 만들어졌다.

멀리 그리고 바로 가까이에

네덜란드의 한스 리퍼르세이Hans Lippershey는 1608년에 최초의 망원경을 만들었고, 이탈리아의 갈릴레오 갈릴레이Galileo Galilei는 그다음 해에 최초의 천체 망원경을 만들었다. 영국의 아이작 뉴턴은 1668년에 반사 망원경을 제작했다. 1733년에는 영국에서 색지움 렌즈가 나오면서 색상 왜곡이 줄었고, 프랑스의 성직자 로랑 카세그레인Laurent Cassegrain(1629~1693)의 아이디어를 바탕으로 개발된 카세그레인식 망원경Cassegrain reflector 덕분에 더 멀리까지 볼 수 있게 되었다(1910년경, 미국과 프랑스). 전파망원경은 1932년 미국의 카를 잰스키Karl Jansky의 연구를 통해 탄생했다.

지금까지와는 반대로 가까이 있는 것을 보다 크게 볼 수 있는 기구의 세계로 가 보자. 확대렌즈는 고대 그리스인들이 알고 있는 도구였고(기원전 5세기), 아라비아의 박식가 이븐 알 하이삼이 1021년에 그것에 대해 기술하기도 했다. 1620년경에 네덜란드의 안경 제작자들이 처음으로 복합 현미경을 만들었지만, 그전부터 복합 현미경에 대한 구상은 많은 사람들이 했을 것으로 보인다. 1625년 이탈리아의 지오반니 파베르Giovanni Faber는 갈릴레오가 만든 초기 단계의 장치를 설명하기 위해 처음으로 '현미경microscope'이라는 단어를 사용했다. 1670년대에 정말로 실용적인 최초의 현미경(300배율)을 만든 사람은 네덜란드의 안톤 판 레이우엔훅(91쪽 참조)이다. 전자현미경은 1931년에 만들어졌고, 1935년에는 스캐닝 전자현미경도 제작되었다(둘 다 독일).

건물

초기 건축물

최초의 집은 약 1만 1,000년 전에 지어졌다. 가장 오래된 종교 건물—터키 괴베클리 테페에 있는 일종의 사원—도 거의 동시에 지었다고 추측된다. 그로부터 1,000년 후(기원전 8000년) 요르단강 서안에 있던 도시 예리코는 최초의 방어방벽으로 둘러싸여 있었다. 석성—개인이나 가족을 지키는 영구적인 방어진지—도 얼마 지나지 않아 지어졌을 것으로 보이지만, 지금까지 알려진 가장 오래된 석성은 알레포 성채Citadel of Aleppo이다(기원전 3000년경, 시리아). 이집트 테베에 있는 최초의 궁전은 그보다 한 세기 전에 지어졌다.

로마인들은 빌라villa로 알려진 저택을 지었고(기원전 2세기, 이탈리아), 이 시기 로마의 또 다른 발명품인 맨션mansion(mansion이라는 영어 단어는 14세기에 처음 등장한다)은 로마의 팔라티노 언덕에 자리 잡은 '궁전'으로 바뀌었다. 로마의 최대 라이벌 카르타고는 여러 층 높이의 아파트 건물을 지은 최초의 도시였을 것이다(기원전 300년경). 최초의 교회 건물은 요르단 리하브에 있는 성 조지St. George 교회이며 (230년경), 최초의 이슬람 사원은 알 사하바 모스크(613년경, 에리트레아) 또는 사우디아라비아의 쿠바 모스크(622년경)로 알려져 있다.

자재와 실어 나르는 장치

전통적인 건축 자재―목재, 석재, 벽돌, 회반죽, 시멘트, 콘크리트―는 앞에서 다루었다(206쪽 참조). 주철은 기원전 7세기부터 10세기 사이에 중국에서 탑을 쌓는 데 사용되었고, 영국의 디더링턴 리넨 공장Ditherington Flax Mill(1796년)은 세계 최초의 철골 건물이었으며, 버뮤다에 있는 영국 해군 조선소 판무관의 집(1820년대)은 최초의 철골 구조로 된 집이었다. 로마인들은 오래전부터 온상 밑에 채소를 키웠지만, 가장 오래되었으면서 제대로 된(즉 난방이 되는) 온실은 1450년대의 한국에서 찾을 수 있다.

1851년 제1회 런던 만국 박람회를 위해 지어진 수정궁은 금속골조 안에 판유리를 넓게 배치해서 지은 최초의 건물이었다. 해협 건너편에서는 1852년 프랑스의 프랑수아 코와네François Coignet가 최초의 철근콘크리트 구조물인 4층집을 세웠고, 최초의 마천루인 미국 시카고의 홈 인슈어런스 빌딩Home Insurance Building도 철골조로만 지탱하는 최초의 빌딩이었다(1885년 착공).

그리스의 과학자 아르키메데스(168쪽 참조)가 기원전 3세기에 리프트(또는 엘리베이터)를 만들었다는 보고는 무시하고, 또한 근대 초

THE CHICAGO BUILDING OF X THE HOME INSURANCE CO.

OF NEW YORK

미국 최초의 마천루인 시카고 홈 인슈어런스 빌딩(1885년)

기의 다양한 인양 장치를 제외한다면, 현대적인 모습에 가까운 최초의 리프트는 1823년 런던에서 제작된 증기력으로 움직이는 '올라가는 방ascending room'이거나 아니면 1835년에 만들어진, 균형추가 장착된 벨트 구동식 기계이다(둘 다 영국). 안전 엘리베이터는 이탈리아(1845년)와 미국(1852년)에서 고안되었고, 1880년 독일의 전기기술자 에른스트 베르너 폰 지멘스가 전기 엘리베이터를 만들었다. 13년 후 미국 시카고에는 무빙워크 또는 무빙워크웨이가 설치되었다.

교량과 터널

초기의 다리는 아마도 개울이나 작은 강을 가로질러 놓여 있는 통나무나 나무 몸통이었을 것이다. 현재까지 알려진 최초로 건설된 나무다리(징검돌이나 습지에 난 길이 아니라)는 취리히호를 가로지르는 다리이고(기원전 1523년, 스위스), 최초의 돌다리는 아마 기원전 1300년경에 그리스에 놓인 다리일 것이다. 그보다 더 이른 시기인 기원전 2000년경에는 고대 크레타섬 사람들이 송수로를 만들었다.

최초의 철교는 1779년에 영국 슈롭셔에 건설되었다. 고대 중국의 문헌에 따르면, 가장 오래된 밧줄 현수교는 히말라야산맥 서쪽의 강과 협곡을 가로지르는 다리였으며(1~2세기, 아프가니스탄, 인도, 파키스탄, 티베트), 최초의 쇠사슬 현수교는 1433년에 티베트에 놓였다. 미국은 케이블 현수교(1847년)와 강철 케이블 현수교(브루클린 브리지. 1883년, 뉴욕)가 처음 놓인 곳이다. 콘크리트 다리는 1850년대 프랑스의 발명품이다. 영국 스톡턴과 달링턴 노선의 가운레스교

Gaunless Bridge(1823년)는 최초의 철도교였을 가능성이 높고, 독일 마인강의 하스푸르트교Hassfurt Bridge(1867년)는 최초의 현대식 캔틸레버교(2개의 주 경간이 서로 뻗어 나가면서 그 사이에 있는 짧은 걸린 경간을 지지하는 다리-옮긴이)이다.

가동교에 대한 구상은 적어도 그 시작이 중세 유럽의 도개교(들어 올릴 수 있는 다리-옮긴이)까지 거슬러 올라간다. 시간이 흐르면서 균형추와 함께 설계에 많은 개선이 있었는데, 특히 1876년 영국의 타인강에 놓인 거대한 선개교(교각 위에서 다리의 바닥 일부가 수평으로 회전하여 열렸다 닫혔다 하여 선박을 통과시키게 되어 있는 가동교-옮긴이)는 완전히 새로운 것이었다.

프랑스의 위베르 고티에Hubert Gautier는 1716년에 교량 공학에 관한 최초의 책을 썼다. 최초의 운하 터널은 1679년 프랑스에서, 최초의 철도 터널은 1793년 영국에서 뚫렸다(도로 터널은 160쪽을 참조하라).

건축

일반적으로 세계 최초의 건축가는 고대 이집트의 계단식피라미드 설계자인 임호텝Imhotep(기원전 2667~기원전 2648)이나 로마의 기술자 겸 건축가인 비트루비우스 폴리오Vitruvius Pollio(기원전 80~기원전 15)로 본다. 건축가architect라는 단어가 처음 영어에 등장한 것은 1563년이었고, 건축을 특수한 기술로 보는 인식을 처음으로 확산시킨 사람은 1567년의 프랑스의 필리베르 들로름Philibert Delorme이었다. 그의 추진력으로 세계 최초의 건축학교인 에콜 데 보자르École des Beaux-Arts가 1671년 프랑스의 수도 파리에 세워졌다. 1834년에는 최초로 건축가들의 직능단체인 영국 왕립 건축가 협회Royal Institute of British

Architects, RIBA가 런던에 설립되었다. 선구적인 여성 건축가로는 프랑스의 카트린 브리송네Katherine Briçonnet(1494~1526)와 미국의 줄리아 모건Julia Morgan(1872~1957)을 꼽을 수 있으며, 특히 줄리아 모건은 에콜 데 보자르를 졸업한 최초의 여성이었다.

육지에서

재배 농작물

최초의 재배 식물—체계적으로 파종하여 수확한 식물(기원전 9500년경, 중동)—은 곡류 3종(보리와 밀 2종), 콩류 4종(렌즈콩, 완두콩, 병아리콩, 살갈퀴), 섬유 작물 1종(아마)이다. 감자는 남아메리카에서, 바나나는 뉴기니에서 무려 기원전 8000년경부터 재배되었을지도 모른다. 사탕수수는 뉴기니에서, 콩은 태국에서 약 1,000년 후부터 재배되기 시작했고, 그 뒤를 이어 옥수수는 기원전 6700년경 멕시코에서, 쌀은 기원전 6200년경 중국에서, 면은 기원전 3600년경에 페루에서 재배가 시작되었다.

강황, 카다멈, 후추, 겨자 등 향신료를 가장 먼저 재배한 곳은 인더스강 유역이었을 것으로 추측된다(기원전 3500년경). 아마도 틀림없이 중국인들이 감귤류—레몬과 비슷한 시트론과 만다린(기원전 2000년경)—를 처음으로 재배했을 것이고, 그들은 또한 만다린을 자몽과 비슷한 포멜로와 교배해 스위트오렌지(당귤)를 만들기도 했을 것이다(기원전 350년경). 양봉은 기원전 7000년경에 중동에서 시작되었다. 유전공학은 1972년에 처음으로 성공 사례가 나왔고, 최초의 유전자 변형 식품― 토마토―은 1994년에 등장했다(둘 다 미국).

농사법

농업이 정착된 이후(18쪽 참조), 돌려짓기가 기원전 6000년경 처음 시작되었고, 거의 동시에 관개도 시작되었다(둘 다 중동). 동물의 선발 육종은 개 사육이 시작된 이래로 계속되어 왔으나(34쪽 참조), 과학적으로 행해지게 된 것은 영국의 로버트 베이크웰Robert Bakewell(1725~1795)이 진행한 선구적 연구 이후부터였다.

최초의 살충제는 유황이었고(기원전 2500년경, 이라크), 최초의 현대적인 살충제는 DDT이다(1874년 독일에서 합성되었고, 1939년 스위스에서 살충효과가 발견됨). 가축분 퇴비를 비료로 사용하기 시작한 것은 약 8,000년 전 중동에서였다. 광물질비료 칠레 초석(질산나트륨)은 1820년대에 출하가 시작되었고(칠레와 영국), 1842년에는 존 베넷 로스 경Sir John Bennet Lawes이 최초의 인공비료를 만들었으며(영국), 1910년 암모니아 합성이 성공하고 3년이 지나지 않아 질소비료의 대량생산이 시작되었다(둘 다 독일).

농기구와 농기계

최초의 농기구는 일종의 흙을 파는 도구―뒤지개, 곡괭이, 괭이, 삽―와 추수할 때 쓰는 낫이었다(기원전 9500년경, 중동). 황소를 이용하게 되면서 기원전 4500년경 아드ard(나무로 된 얕이갈이 쟁기)가 등장했고(이라크와 파키스탄), 땅을 갈아엎기 위해 넓적한 쇠를 댄 철제 쟁기는 기원전 500년경 중국에서 발명되었다. 비슷한 시기에 큰 낫과 쇠스랑이 기원전 500년경 그리스에서 처음 나왔고, 써레도 중국에서 사용되기 시작했다. 권위를 상징하는 농기구 갈고리와 도리깨(갈고리와 도리깨는 고대 이집트인들이 숭배한 죽음과 부활의 신 오시리스의 상징이다-옮긴이)는 기원전 3500년경 고대 이집트에서 처음 등장했다.

기원전 100년경 중국에서 원시적인 파종기를 만들었다고 알려져 있지만, 진정한 농업 기계화가 이루어진 것은 제스로 툴Jethro Tull의 파종기(1701년경, 영국), 탈곡기(1794년, 영국), 수확기(1826년, 영국), 바인더(곡물을 베어서 단으로 묶는 기계-옮긴이. 1872년, 미국), 퇴비 살포기(1875년, 미국), 자주식 콤바인(1911년, 미국) 등이 등장하면서부터였다.

+ 캘러머주 카운티의 콤바인

수확의 기계화는 탈곡기와 수확기로 시작되었다. 1830년경 미시간주 캘러머주Kalamazoo 카운티에 있는 클라이맥스라는 작은 마을의 설립자 중 한 명인 히람 무어Hiram Moore(1817~1902)는 그 두 기계를 결합해 하나로 만들겠다는 기발한 생각을 했다. 곡식을 베고 타작하고 밭 건너편으로 겉겨를 날려 보내기까지 하는 신기한 기계를 구상한 것이다. 1835년, 드디어 무어의 기계가 세상에 나왔다. 놀랍게도 그것은 하루에 최대 약 8만 제곱미터까지 수확했고, 수확과 탈곡을 따로 하는 것보다 더 효율적으로 곡물을 생산해 냈다. 그렇다면 왜 모든 농부들이 서둘러 그 기계를 사지 않았을까?

개발자 무어에겐 콤바인을 제작하고 판매할 자본이 없기 때문이기도 했고, 기계가 너무 크고 다루기 힘들고 엄청나게 비싸기 때문이기도 했다. 밭에서 끌고 다니려면 튼튼한 말 스무 마리는 있어야 했다. 상업적으로 성공한 최초의 콤바인 선샤인 하비스터Sunshine harvester는 그로부터 50년 후에야 시중에 나왔다(오스트레일리아).

트랙터

최초의 이동식(자주식은 아님) 농업용 증기기관은 1839년에 제작되었고, 이어서 1859년에 트랙터용 기관이 제작되었다(둘 다 영국). 가솔린 기관 트랙터는 1892년에 만들어졌고, 궤도형 증기 트랙터는 1904년에, 궤도형 가솔린 트랙터는 1906년에 개발되었다(모두 미국). 최초의 진정한 양산형 트랙터는 포드슨Fordson이었다(1917년, 미국). 1930년에는 캐나다 회사 매시해리스Massey-Harris가 4륜구동 트랙터를 생산해 성공을 거뒀고, 1933년에는 아일랜드의 해리 퍼거슨Harry Ferguson이 유압 장치와 3점 연결 방식을 이용해 트랙터 뒷면에 작업기를 부착하는 효과적인 방법을 고안했다. 이 방법은 오늘날에도 사용되고 있다.

정원에서

최초의 잔디깎기 '모어mower'는 1830년에 만들어졌다. 증기 구동식은 1893년에 등장했고, 가솔린 기관형은 1902년에 나왔으며, 1919년경에는 착석 가능한 모델이 출시되었다(모두 영국). 전기 잔디깎기는 영국에서 1926년에 이미 만들어졌지만, 인기를 끈 것은 제2차 세계대전 이후부터였다. 로터리 모어rotary mower(고속회전칼날로 잔디나 잡초를 깎는 동력식 기계—옮긴이)는 1929년에 미국에서 처음 만들어졌으나, 1952년이 되어서야 상업적으로 성공을 거두었다(오스트레일리아). 1965년에는 영국에서 호버 모어hover mower 플라이모Flymo가 처음 생산되었고, 1995년에는 태양열로 움직이는 로봇 모어가 미국에서 등장했다. 1971년 미국의 조지 밸러스George Ballas는 세차장을 보면서 스트링 트리머(회전하는 모노필라멘트를 사용하여 잔디를 깎는 기계—옮긴이) 아이디어를 떠올렸다. 동력식 회전 제초기(로터베이터·회전식 경운기)는 1912년 오스트레일리아에서 고안되었다.

기계식 울타리용 전정기(울타리 다듬는 장비) 개념은 1854년으로 거슬러 올라가지만(미국), 손에 들고 쓰는 기계는 1922년이 되어서야 나왔고, 전기 전정기와 가솔린 전정기는 각각 1940년과 1955년에 출시되었다(모두 영국).

정원 일의 수고를 덜어 주는 다른 장치에는 분사식 제설기(1925년, 캐나다)와 낙엽 강풍청소기(1950년대, 미국)가 있다. 인공설 제조기 아이디어는 1950년에 미국에서 처음 고안되었다.

움직이는 걸 그다지 좋아하지 않는 사람이라면 덱 체어(1850년경, 영국과 미국)에 기대어 앉거나 의자 겸용 사냥 지팡이(19세기, 영국)에 앉아서 정원 가꾸기에 관한 최초의 영문 책인 토머스 힐Thomas Hill의 『수익성 있는 정원 가꾸기의 기술The Profitable Arte of Gardening(1563년)』을 뒤적이고 싶어 할지도 모르겠다.

통신

북, 새, 봉화

가장 오래된 장거리 통신 형태는 아마도 북치기였을 것이다. 통신에 사용된 도구들 중 남아 있는 가장 오래된 것은 남극 빙하에서 발견되었는데, 약 3만 년 전에 만들어진 것으로 추정된다. 신호기는 기원전 2500년경 초기 군대의 상징에서 발전했고(이라크), 봉화 역시 그 즈음에 처음 사용했다고 추정된다. 통신용 비둘기는 고대 올림픽 경기 결과를 전했을 것이 분명하고(기원전 776년 이후, 그리스), 연기 신호도 비슷한 시기에 중국에서 사용되었을 것이다(기원전 8~9세기). 기계식 전신 시스템은 1767년 아일랜드에서 구축되었고, 최초의 완목 신호기―기둥에 부착된 가로대(완목)를 올렸다 내렸다 함으로써 신호를 보내는 장치―는 1792년 프랑스에 설치되었다.

전기 신호

전기 신호 전달이 시작된 것은 1820년 덴마크의 물리학자 한스 크리스티안 외르스테드(204쪽 참조)가 전류가 어떻게 자침을 움직이게 할 수 있는지를 보여 주면서였다. 이는 1831년 미국의 조지프 헨리Joseph Henry와 영국의 찰스 휘트스톤 경(204쪽 참조)의 전신기 발명으로 이어졌고, 자신의 이름을 딴 모스 부호를 고안한 새뮤얼 모스Samuel Morse는 더 간단한 전신기를 개발했다(1836년, 미국). 다음으로 알렉산더 그레이엄 벨(132쪽 참조)의 실용적인 전화기 발명(1876년, 미국과 영국)이 마지막 장을 장식한다.

　전화기가 발명되면서 전화번호부(1878년, 미국), 공중전화박스

최초의 상업용 휴대전화, 다이나택 8000X

(1881년, 독일. 같은 해에 미국에서 캐나다로 건 최초의 국제 전화가 성공함), 동전으로 작동하는 공중전화(1889년, 미국), 자동 전화 교환기와 자동식 다이얼 전화기(1891년, 둘 다 미국), 자동응답기(1898년, 덴마크. 상업적으로 성공한 제품은 1949년에 미국에서 출시됨), 전화번호 안내 서비스(1906년, 미국), 비디오 폰(아이코노폰ikonophone으로 알려짐. 1927년, 미국), 전화 시각 안내(1933년, 프랑스) 등이 세상에 나올 수 있었다.

팩스와 팩스기의 시초는 스코틀랜드의 알렉산더 베인Alexander Bain이 1843년에 특허를 취득한 전기 인쇄 전신기이며, 1964년에는 미국 제록스 사에서 현대적인 상업용 팩스기를 출시했다. 1973년 미국의 모토로라 사는 처음으로 휴대전화를 선보였는데, 무게가 무려 1.1킬로그램에, 통화 시간은 30분, 충전하는 데는 10시간이 걸렸다. 이후 모토로라는 1983년에 세계 최초의 상용 휴대전화 다이나택 8000XDynaTAC 8000X를 출시했다.

라디오

1865년 영국의 제임스 맥스웰James Clerk Maxwell은 전파의 존재를 예측했고, 1888년에 독일의 하인리히 헤르츠Heinrich Hertz가 그 존재를 증명했다. 전파 송신은 1894년에 처음 영국에서 이뤄졌고, 이듬해 이탈리아의 굴리엘모 마르코니Guglielmo Marconi가 최초의 무선통신장치를 개발했다. 1900년에는 브라질의 성직자인 로베르토 랜델 데 모라Roberto Landell de Moura가 처음으로 음성 전송에 성공했다. 1901년에는 대서양 횡단 무선통신에 성공했고(미국과 영국), 뒤를 이어 1906년 크리스마스이브에 미국에서 최초의 라디오 방송이 시작되었다. 그 방송에서 최초의 방송 음악이 흘러나왔는데, 헨델의 작품과 함께 방송 송출자인 레지널드 페센든Reginald Fessenden이 직접 바이올린으로 연주한 곡이었다. 이후 뉴스 방송(1920년, 미국), 일기 예보(1921년, 미국), BBC의 상징적인 라디오 프로그램인 해상기상예보Shipping Forecast(1924년, 영국)가 시작되었다.

1924년에는 미국에서 휴대용 진공관 라디오가 만들어졌고, 1926년에는 역시 미국에서 버튼을 눌러 주파수를 조정하는 라디오가 출시되었다. 최초의 성공적인 트랜지스터라디오인 리전시 TR-1Regency TR-1은 1954년에 미국에서 판매가 시작되었고, 영국인 트레버 베일리스Trevor Baylis는 1991년 태엽식 라디오를 발명했다. 전송 기술은 1906년의 진폭 변조 방식AM(미국)에서 주파수 변조 방식 FM(1933년에 미국에서 특허를 받음)과 디지털(1995년, 노르웨이)로 발전해 갔다. 아마도 세계에서 가장 잘 알려진 라디오 방송국인 BBC는 1922년에 설립되었다.

텔레비전

'텔레비전TV'이라는 단어는 1900년 러시아의 과학자 콘스탄틴 페르스키Constantin Perskyi가 만들었고, 1925년에는 영국의 존 로지 베어드John Logie Baird가 기계식 TV를 처음으로 시연했다. 1928년에는 대서양 너머로 텔레비전 영상이 전송되었고(영국과 미국), 같은 해에 세계 최초의 TV 방송국 WGY 텔레비전이 미국에서 개국했다. 1931년 베어드는 첫 야외 TV 방송을 했다(영국).

다음 단계인 전자식 TV는 카를 페르디난트 브라운Karl Ferdinand Braun의 브라운관 발명 덕분에 가능했다(1897년, 독일). 전자식 TV 수상기는 1926년 일본에서 제작되었고, 전전자식 TV 시스템은 1934년

부시(Bush) 텔레비전(1952년경)

미국에서 공개되었다. 2년 후, 영국 런던에서 최초의 정규 전자식 TV 방송이 시작되었다. 1944년 러시아는 주사선이 625개인 TV의 개시를 알렸고, 1978년에는 미국에서 LED TV 스크린이 시연됐다.

베어드는 일찍이 1938년에 컬러 TV를 시연해 보였지만(영국), 제2차 세계대전으로 인해 더 이상 진척되지 못했고, 최초의 전국적인 컬러 TV 방송은 1954년까지 기다려야 했다(미국). 미국은 1994년에 디지털 TV 방송을 개척했으나, 스마트 TV는 2008년에 한국의 회사 삼성이 개발했다. 케이블 TV 방송은 1948년 미국 아칸소주, 오리건주, 펜실베이니아주에서 처음 시작되었고, 미국 항공우주국은 1962년 최초의 TV 통신위성 텔스타Telstar를 쏘아 올렸다.

방송 프로그램 면에서는, 하나의 장르를 만들어 낸 프로그램도 있었는데, 1940년 로웰 토머스Lowell Thomas가 진행한 정규 뉴스 방송(NBC, 미국), 연속극soap opera, 어린이 TV 프로그램인 영국 BBC의 1946년 작 〈어린이들의 시간Children's Hour〉이 그 예이다.

녹음

녹음은 1877년 미국의 토머스 에디슨이 만든 축음기가 주석박을 통해 〈메리에게 작은 양이 한 마리 있다네Mary Has A Little Lamb〉라는 노래를 재생하면서 시작되었다. 음반 녹음은 1887년에 독일과 미국에서 처음 이뤄졌는데, 음반에 쓰인 인기 소재는 셸락shellac(동물성 천연수지의 일종-옮긴이)이었고(1895년, 미국), 분당 회전수는 78rpm이었다(1925년에 전 세계적으로 표준화됨). 1925년에는 미국에서 어쿠스틱 녹음을 대신해 전기 녹음이 시작되었고, 미국 RCA빅터 사는 1931년에 비닐계 재질의 음반을 출시했고, 1948년 컬럼비아 사는 마이크로그루브microgroove라는 아주 가는 소릿골에 녹음한 직경 30센티미터의 LPLong Play 음반을 개발했다. 그러자 이듬해 RCA빅터 사는 직경 17센티미터의 45rpm 음반을 내놓았다.

디스크를 쌓아놓고 연속 재생할 수 있는 음반 자동 교체 장치는 1925년 오스트레일리아에서 고안되었다. 콤팩트디스크CD는 1982년에 전 세계에 상업적으로 발매되기 시작했다. 자기 테이프를 사용해 소리를 녹음하는 방법은 1928년 독일에서 고안되었다. 처음에는 커다란 오픈릴(녹음 또는 재생을 할 때에, 테이프를 감는 틀이 따로 떨어져 있어서 테이프를 자유로이 다룰 수 있는 형태의 틀–옮긴이) 방식의 테이프 레코더가 사용되었다. 이 방식은 이후 순환식 카트리지(1954년, 미국), 카세트테이프(1958년, 미국), 필립스 사의 콤팩트 카세트테이프(1962년, 네덜란드)가 나오면서 보완되었다. 스테레오는 영국의 공학자인 EMI 사의 앨런 블럼라인Alan Blumlein이 개발했다(1930~1931년). 비디오테이프는 1951년에 첫선을 보였고, 1969년에 일본의 회사 소니가 상업용 제품을 출시했다. 1990년대에는 이러한 녹음과 재생 방법은 대부분 디지털 기술로 대체되었다.

인터넷

인터넷 통신의 가능성은 1961년에 미국에서 착안하여 1965년 영국에서 명명된 패킷 교환packet switching(전송하는 자료를 일정한 단위 길이로 구분하여 전송하는 통신 방식–옮긴이) 개념에서 시작되었다. 1965년 미국 매사추세츠공과대학교MIT에서 패킷 교환을 통해 두 대의 컴퓨터가 통신하는 데 성공했다.

이메일은 1972년에 미국에서 시작되었고, 1973년에는 영국과 노르웨이가 국제통신을 개시했으며, 같은 해에 '인터넷internet'이라는 용어가 채택되었다. 통신 규약(프로토콜)은 1974~1978년에 국제적으로 합의되었고, '사이버 공간cyberspace'라는 용어는 1984년에 미국에서 만들어졌다.

이러한 기반 위에서, 최초의 ISP(인터넷 서비스 제공자)가 1974년 미국에서 생겼고, 1981년에 역시 미국에서 온라인 뱅킹이 시작되었으며, 1983년에는 도메인 네임이 전 세계적으로 추가되었다. 1987년 미국에서 최초의 상업용 라우터가 판매되었으며, 1989~1991년에 HTML(웹 문서를 만들기 위하여 사용하는 기본적인 프로그래밍 언어의 한 종류-옮긴이)이 고안되어 영국에서 월드와이드웹World Wide Web, WWW이 탄생했다. 1992년에는 온라인 오디오와 비디오를 이용할 수 있게 되었고, 스마트폰이 판매되기 시작했으며, '웹 서핑'이라는 문구가 만들어졌다. 이어서 1993년에는 웹캠이 나왔다(모두 미국).

그밖에 중요한 첫 등장으로는 윈도우운영체제(1985년), 마이크로소프트의 웹 브라우저(1994년), '소셜 미디어social media'라는 용어 (1994년)가 있는데, 모두 미국에서 만들어졌다. 그다음으로 아마존 Amazon 쇼핑과 이베이eBay 쇼핑(1995년), 넷플릭스Netflix의 첫 프로그램(1997년), 구글Google(1998년), 위키피디아Wikipedia 검색(2001년), 안드로이드 운영체제의 최초의 스카이프Skype 연결 및 사용(2003년)이 이어졌다. 2004년에는 페이스북Facebook이 개설되었고, 그다음으로 유튜브YouTube(2005년), 트위터Twitter(2006년), 아이폰iPhone(2007년), 인스타그램Instagram(2010년)이 등장했다. 아마존의 인공지능 플랫폼 알렉사Alexa는 2014년부터 우리의 질문에 답하기 시작했다.

사진과 영화

사진 찍기

최초의 사진 기법은 프랑스의 니세포르 니엡스(201쪽 참조)가 1824년에 고안한 헬리오그래피heliography(광선에 노출되면 굳어지는 물질인 비투멘을 사용한 초기 사진 기법-옮긴이)였다. 그의 동료 루이 다게르Louis Daguerre는 니엡스의 연구를 이어받아 1838년 은판사진법을 고안했고, 그다음에 영국의 윌리엄 폭스 탤벗William Fox Talbot은 1841년 네거포지법negative-positive process(음화로 촬영하고 이를 현상한 후 양화 필름으로 프린트하는 방식-옮긴이)을 개발했다. 그 이전인 1839년, 영국인 사라 앤 브라이트Sarah Anne Bright는 사진을 찍어서 남긴 최초의 여성이 되었다.

1887년에는 미국에서 다양한 화학 실험과 발견을 통해 셀룰로이드 필름이 개발되었다. 영국의 토머스 서턴Thomas Sutton은 1861년 일안 리플렉스 카메라SLR를 만들었고, 최초의 사용하기 쉬운 카메라인 코닥 박스 카메라는 1888년 미국에서 판매되기 시작했다. 1900년에는 가격이 1달러인 코닥 브라우니 카메라가 출시되었다. 폴라로이드 즉석카메라(미국)는 1948년에, 자동노출 카메라(독일의 아그파 사)는 1959년에, TTL 측광 카메라(일본의 니콘 사)는 1962년에 나왔다. 일본 회사 니콘은 이듬해 수중 35밀리미터 카메라를 생산했다.

필름도 발전했는데, 1848년 프랑스의 에드몽 베크렐Edmond Becquerel이 찍은 최초의 컬러 사진에서 시작해서 120 포맷(1901년, 미국의 코닥 사), 카트리지형 35밀리미터 포맷(1934년, 미국), 컬러프린트(1942년, 미국의 코닥 사)로 변모해 갔다. 그러나 오랫동안 전통적인 사진술의 선두주자였던 미국의 코닥은 1986년에 개발한 메가픽셀 센서와 1992년에 내놓은 포토 CD와 함께 놀라울 정도로 빠르게 몰락해 갔다. 대중적인 디지털 카메라는 1995년에 미국에서 처음 판매되기 시작했고, 3년 후 카메라 내장 휴대폰이 미국에서 처음으로 특허를 받았다. 일본 회사 샤프가 만든 J-SH04는 사진을 찍고 공유할 수 있는 최초의 휴대전화로 알려져 있다.

+ 최초의 영화

'최초의 영화'는 논란을 일으킬 수 있는 주제이다. 1878년 영국의 에드워드 마이브리지Edward Muybridge가 한 줄로 늘어놓은 여러 대의 카메라를 올가미 철사로 작동하여 초당 25컷의 속도로 달리는 말을 찍은 연속사진일까, 아니면 1834년 영국에서 발명된 회전하는 원통 조이트로프zoetrope(운동체가 일정 시간마다 변하는 상태를 그린 종이를 회전통 안에 붙이고 회전시키면서 들여다보면 그림이 움직이는 것처럼 보인다−옮긴이)일까?

혹은 1888년에 프랑스의 루이 르 프랭스Louis Le Prince가 만든 2.1초짜리 영상 〈라운드헤이 가든 신Roundhay Garden Scene〉일까? 아니면 1891년에 윌리엄 딕슨William Dickson이 발명한 활동사진영사기 '키네토스코프kinetoscope'가 보여 주는 깜박거리는 사진들일까(영국과 미국)?

또는 관객들이 다가오는 기관차를 피하려고 비명을 지르면서 도망갔다는 일화를 남긴, 1895년에 프랑스 뤼미에르 형제Auguste & Louis Lumière가 만든 50초짜리 영상 〈열차의 도착L'Arrivée d'un Train en Gare de la Ciotat〉일까? 그것도 아니면 역시 1895년에 뤼미에르 형제가 만든 유명한 영화 〈리옹의 뤼미에르 공장을 나서는 노동자들Sortie des Usines Lumière à Lyon〉일까? 이 중 최초의 영화가 무엇이든, 1906년 오스트레일리아에서 제작된 〈켈리 갱 이야기The Story of the Kelly Gang〉가 최초의 장편 멀티릴 영화인 것은 분명하다.

영화 제작과 상영

에디슨 주식회사Edison Corporation는 1894년에 최초의 영화제작소를 세웠고, 할리우드에서는 1910년에 첫 영화를 찍었다. 미국의 에드윈 포터Edwin S. Porter는 1903년 영화에 편집을 최초로 도입했고, 최초의 서부영화도 만들었다. 독일의 베를린, 미국의 피츠버그 두 도시는 저마다가 최초의 영화관이 세워진 곳이라고 주장한다(각각 1895년, 1905년). 일반인들이 홈 무비home movie를 제작하게 된 것은 1912년 미국에서부터였다.

최초의 컬러 장편 영화 〈더 월드, 더 플레시 앤드 더 데빌The World, the Flesh, and the Devil〉은 1914년에 제작되었다. 진정한 성공을 거둔 최초의 컬러 영화인 〈베키 샤프Becky Sharp〉는 1935년에 상영되었다(미국의 테크니컬러 사). 1908년에는 최초의 애니메이션 〈팡타스마고리Fantasmagorie〉가 탄생했다(프랑스). 미국의 월트 디즈니 사는 1924년에 시장에 진출했고, 1937년 최초의 장편 애니메이션 〈백설공주와

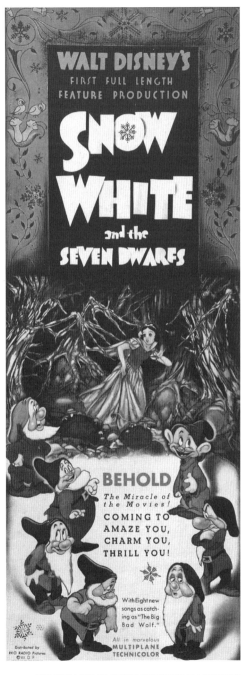

월트 디즈니 사의 〈백설공주와 일곱 난쟁이〉 포스터(1937년)

일곱 난쟁이Snow White and the Seven Dwarfs〉를 만들었다. 그보다 10년 전인 1927년에 미국에서 최초의 장편 유성 영화 〈재즈 싱어The Jazz Singer〉가 상영되었는데, 토머스 에디슨이 키네토폰kinetophone을 발명하면서, 1910년 이후부터는 이미 유성 영화 제작이 가능한 상황이었다.

3D 영화는 1922년에 상영되었고, 와이드 스크린 방식인 시네마스코프는 1953년에 도입되었다. 1973년에 2D CGI(컴퓨터로 생성된 이미지)가 도입된 데 이어 1976년에는 3D CGI가 도입되었고, 1996년에는 100퍼센트 CGI로 이뤄진 최초의 장편 애니메이션 〈토이스토리Toy Story〉가 탄생했다(모두 미국).

미국 대중들의 영화 관람을 위한 도덕 지침은 1922년의 검열지침Motion Picture Production Code에서 시작되었고, 이 지침은 1968년에 영화 등급제로 바뀌었다. 영국영화검열위원회British Board of Film Censors(1912년)는 1984년에 영국영화등급분류위원회British Board of Film Classification로 개칭되었다. 캐나다의 플로렌스 로렌스Florence Lawrence(1886~1938)는 최초의 이름난 영화배우로 자주 일컬어진다. 미국의 아카데미 시상식은 1929년에 시작되었고, 프랑스의 칸 영화제는 1946년에 개막되었으며, 칸 영화제 최고상인 황금종려상은 1955년에 처음 시상되었다.

측정, 장치, 시계

숫자

얼마나 많이 있는지 기록하려는 최초의 시도, 즉 셈은 남아프리카에서 발견된 4만 4,000년 된 개코원숭이 뼈에 새겨진 29개 눈금이거나, 기원전 2만 8000년경에 살았던 체코슬로바키아 늑대의 뼈에 남아 있는 55개의 긁힌 자국일지 모른다. 위치 값(작은 숫자를 순서에 맞게 배열해서 큰 숫자를 만들 수 있다. 예를 들어 1 다음에 2를 붙이면 12가 된다)은 기원전 3400년경 메소포타미아에서 시작되었고, 이집트인들은 기원전 3100년경에 최초로 십진법을 사용했다. 그들은 또한 기원전 1800년에 들어서는 분수를 사용했고, 기원전 1770년경에는 수를 표기할 때 비게 되는 자리를 채우기 위해 0('아름답다'는 뜻의 기호로 표시했음)을 사용했다. 인도의 수학자 브라마굽타Brahmagupta는 628년에 최초로 0을 숫자로 받아들였다.

무한대는 기원전 1100년경에 나온 인도의 문헌에 기록되어 있고, 중국인들은 기원전 1세기에 음수(0보다 작은 숫자)의 존재를 인식하고 있었다. 바빌로니아 사람들은 기원전 1700년경 제곱근을 고안했고, 고대 그리스인들은 우리에게 백분율과 소수, 그 외에도 다른 많은 수학적 개념과 정리를 남겨 주었다. 우리가 현재 사용하고 있는 숫자 체계(1, 2, 3 등)는 200년경 인도에서 탄생했다. 문헌상으로 바빌로니아인들과 이집트인들이 원주율 파이π를 최초로 사용했고, 그리스의 천재 아르키메데스(168쪽 참조)는 처음으로 원주율을 상당히 정확하게 계산했다. 영국의 윌리엄 존스William Jones는 π 기호를 처음 사용한 사람이었다(1706년).

길이의 단위

기록에 남아 있는 초기의 길이 단위는 성인의 신체—손가락, 손, 팔—와 관련된 것이다. 예를 들어 기원전 3000년경 이집트인들과 고대 인도인들, 메소포타미아인들은 팔꿈치에서 가운뎃손가락 끝까지의 대략적인 거리인 큐빗cubit(완척)을 사용하고 있었다.

기원전 1세기 고대 로마, 그리스, 인더스강 유역에 있던 도시에서 선호한 단위는 피트feet였다. 기원전 제1천년기 고대 로마군의 천 걸음에서 마일mile이라는 단위가 생겼고, 리그league(약 4,000미터에 해당하는 거리의 단위-옮긴이)—한 시간 동안 걸을 수 있는 거리—도 비슷한 시기에 등장했다. 영국의 성직자 에드먼드 건터Edmund Gunter(1581~1626)는 위도 1분(60도분의 1)을 1해리(바닷길의 거리 단위로 1해리는 1,852미터에 해당한다-옮긴이)로 정하자고 제안했다. 중국인들은 자신들의 거리 단위인 리里가 기원전 2600년경 정착된 것으로 보고 있다.

패덤fathom(깊이의 단위로 1.8미터에 해당)의 기원은 고대 그리스의 측정 단위인 오르귀아orguia로 거슬러 올라간다. 미터meter는 영국의 성직자인 존 윌킨스John Wilkins가 1668년에 처음 제안했고, 1791년 프랑스에서 십진법의 국제적 도량형 단위로 지정되었다(아마도 북극과 적도 사이 거리의 1000만분의 1을 1미터로 정한 것으로 보인다).

부피의 단위

부피의 단위는 때와 장소에 따라 크게 차이가 나서 '처음'을 명확히 확인할 수 없다. 기원전 2500년경에 사용된 수메르의 측정 단위인 볼bowl, 베슬vessel, 부셸bushel(고대 프랑스어에서 유래한 영어 단어 '부셸bushel'은 11세기 말, 또는 12세기 초에 처음 사용되었다. 부셸은 주로 곡물이나 과일 등의 무게를 잴 때 쓰는 단위로, 1부셸은 대략 27~28킬로그램에 해당한다)이 가장 오래된 것으로 보이며, 이들은 부피의 단위일 뿐 아니라 무게의 단위이기도 했다.

처음에는 한 사발 분량을 뜻했던 갤런gallon과 파인트pint(8분의 1 갤런. 8로 나누는 것은 로마에서 시작된 것으로 보인다)는 둘 다 중세 초기 유럽에서 비롯되었다. 혹스헤드hogshead는 15세기에 약 50갤런으로 정의되었고(영국), 약 250갤런의 큰 통을 의미하는 턴tun의 시작은 적어도 12세기까지 거슬러 올라간다(영국과 프랑스). 프랑스 혁명 정부는 1795년에 리터liter(1세제곱데시미터로, 원래 '카딜cadil'이라 불림)를 부피의 기본 단위로 정함으로써 도량형으로 인한 혼란을 해결하려고 시도했다.

무게의 단위

프랑스 혁명 정부는 1795년에 그램gram(1세제곱센티미터의 물의 무게)을 무게의 기본 단위로 정하면서 제멋대로인 무게 단위를 표준화하려고 했다. 그전에는 돌이나 씨앗 같은 흔한 물건부터 시작해서 온갖 방법으로 무게를 기록했었다. 예를 들어 보석의 무게 단위인 캐럿carat은 보석의 무게를 잴 때 캐럽나무 열매를 사용한 데서 유래한다. 파운드pound는 라틴어 리브라 폰도libra pondo에서 유래했기 때문에 약칭이 lb이고, 톤ton은 큰 통(턴)의 무게였다. 영국은 1824년에 야드·파운드법을 제정했다. 미국 재무부도 1832년에 도량형 통일을 위한 첫걸음을 내디뎠지만, 미국 관용단위계는 1893년에야 공식적으로 표준화되었다. 미터법을 기준으로 하는 도량형 체계에 대한 국제적인 합의는 1948년에 이루어졌다.

측정

지금까지 알려진 최초의 자―직선을 그리고 길이를 측정하기 위한 도구―는 아시리아에서 발견된 4,650년 된 구리 도구이다. 독일의 상인 안톤 울리히Anton Ullrich는 1851년에 접이식 자를 발명했고, 미국인 프랭크 헌트Frank Hunt는 1902년에 구부러지는 자를 고안했다. 줄자는 기원전 제3천년기 고대 이집트에서 처음 쓰였다. 해마다 범람하는 나일강물이 빠지고 나면 강 주변 농지의 경계를 다시 정하는 일을 맡았던 '로프 스트레처rope stretcher(로프를 당겨 경계를 설정하는 측량기사-옮긴이)'의 도구에서 시작되었다. 케이스 안으로 말려드는 줄자는 미국에서 1868년에 특허를 받았다.

무게를 재는 저울은 기원전 2000년경 인더스강 유역에서 유래한 것으로 보인다. 이전의 것보다 정확한 로베르발 저울Roberval balance(천평칭 저울과 똑같은 원리로 움직이는 저울-옮긴이)은 1669년에 프랑스에서 만들어졌고, 용수철저울은 1770년경에 영국에서 처음 나왔다. 1959년에 나온 수정진동자저울은 더욱 정밀한 저울이었고, 일반용이지만 비교적 정확한 저울인 디지털 저울은 1980년경에 등장했다(둘 다 미국).

계산과 컴퓨터

최초의 계산기인 주판은 기원전 2500년경 메소포타미아에서 만들어졌고, 1901년 해저에서 발굴된 그리스의 안티키테라메커니즘Antikythera mechanism은 최초의 아날로그 컴퓨터로 불렸다(기원전 100년경). 로그logarithm의 발명(1614년, 영국)에 이어, 영국의 윌리엄 오트레드William Oughtred(1574~1660)가 계산자(그리고 곱셈 기호 X)를 고안했다. 독일

Z3 컴퓨터(1941년)

의 빌헬름 시카르트Wilhelm Schickard는 1621년에 최초의 계산기를 만들었다. 그러나 1820년 프랑스에서 아리스모미터Arithmometer가 개발되기 전까지는 사칙 연산을 모두 수행할 수 있는 기계가 없었다. 1834년에 고안된 찰스 배비지Charles Babbage의 '해석 기관Analytical Engine'은 시대를 앞선 발명품으로, 프로그래밍이 가능한 최초의 컴퓨터였다. 버튼식 계산기는 1902년에 등장했고, 방정식을 풀 수 있는 기계는 1921년에 등장했다(둘 다 미국).

그 후 전자혁명이 일어났다. 많은 사람들은 이 혁명이 1937년 영국의 앨런 튜링Alan Turing이 이론적 계산 기계에 대해 구상하면서 시작되었다고 말한다. 뒤를 이어 콘라트 추제Konrad Zuse가 발명한 프로그래밍이 가능한 최초의 컴퓨터 Z3(1941년, 독일), 최초의 집적회로(실리콘 칩. 1958년, 미국), 컴퓨터 게임 '스페이스워Spacewar(1962년, 미국)', 워드프로세서(1964년, 미국의 IBM 사), 램RAM과 마이크로프로세서(1970년, 미국의 인텔 사), 최초의 개인용 컴퓨터PC '알테어Altair(1975년, 미국)'가 등장했다.

시간의 단위

대다수의 측정치를 십진법으로 표현하는 시대에, 여전히 하루는 24시간이고 1년은 12개월이라는 것이 의아스럽지 않은가? 하루가 24시간인 것은 기원전 제3천년기 고대 이집트 사람들이 처음으로 하루를 24로 나눈 데서 유래한다. 육십진법 수 체계를 사용한 바빌로니아 사람들은 기원전 3500년경 시간을 60분으로, 분을 60초로 나누었다(우리는 또한 원을 360도로 나누는 그들의 방법은 그대로 사용하고 있지만, 하루를 60시간으로 나누는 방법은 사용하고 있지 않다). 1년이 12개

월인 것은 달에서 연유하는데, 아마도 기원전 4000년경 비옥한 초승
달 지대에서 시작된 것으로 보인다. 태양력은 기원전 45년경 로마의
율리우스 카이사르가 도입했고, 현재 우리가 사용하고 있는 그레고
리력은 1582년에 탄생했다.

그림자와 모래

시간을 아는 가장 확실한 방법─바로 태양을 보는 것─에서 최초의
시계인 바빌론과 이집트의 해시계가 탄생했다(기원전 1500년경). 거의
같은 시기에 이 문명들은 물시계도 발명했지만, 일부에서는 중국인
들이 그보다 훨씬 전에 물시계를 고안했다고 주장하기도 한다. 모래
시계는 아마도 350년경에 로마에서 고안된 것으로 보인다. 520년경
중국에서 처음으로 양초를 시계로 사용했다고 하며, 725년경에는
최초의 유압 기계식 시계도 만들었다고 전해진다.

정확한 시간

특유의 째깍거리는 소리를 내는 완전 기계식 시계를 탄생시킨 탈진
기(진자 따위를 이용하여 속도를 조절, 일정한 시간 간격으로 톱니바퀴를 한
이씩 회전시키는 장치-옮긴이)의 발명에 대해서는 의견이 분분하다. 프
랑스 건축가 빌라르 드 온느쿠르Villard de Honnecourt가 1237년경 발명
했다고 주장하는 이들도 있지만, 영국의 던스터블 수도원 시계(1283
년)나 이탈리아 밀라노 비스콘티 궁전의 시계(1335년)를 만든 사람
에게 영광이 돌아가야 한다고 말하는 사람들도 있다. 그다음으로는
15세기 유럽에서 태엽으로 작동하는 시계가 만들어졌고, 이어서 회
중시계(16세기, 유럽)와 시계 분침(1577년, 유럽)이 발명되었다. 1571년

영국의 엘리자베스 1세가 시계를 선물 받으면서 손목시계가 최초로 언급되었다. 1776년에는 프랑스에서 스톱워치가 고안되었고, 스위스의 한 시계 제조업자가 자동으로 태엽이 감기는 시계를 만들었다.

1735년에서 1761년 사이, 영국의 존 해리슨John Harrison은 고된 연구 끝에 최초의 실용적인 항해용 시계인 마린 크로노미터를 만들었고, 그로 인해 선원들은 더욱 정밀하게 경도를 확인할 수 있게 되었다. 최초의 전기시계는 1840년에 영국에서 제작되었고, 1926년에 나온 스위스의 롤렉스 오이스터Rolex Oyster는 최초의 방수 손목시계였으며, 1972년 또 다른 스위스 시계 브랜드인 해밀턴이 전자시계를 제작했다. 1927년에 캐나다에서 첫 쿼츠시계(태엽이 아닌 수정 진동자를 이용하여 전지로 작동하는 시계-옮긴이)를 만들었지만, 최초의 쿼츠 손목시계는 일본 회사 세이코가 1969년에 생산했다. 오늘날 가장 정확한 시계로 신뢰할 수 있는 원자시계는 1955년 영국의 국립 물리학 연구소에서 만들어졌다.

마지막으로, 이 모든 시계를 조율하기 위해 1884년에 열린 국제 자오선회의에서 영국 그리니치 천문대를 지나는 자오선을 기준으로 하는 그리니치 표준시Greenwich Mean Time, GMT를 세계 시간의 기준점으로 삼는 데 합의하였다(1972년에 협정세계시Coordinated Universal Time, UTC로 대체됨).

이론

과목

동서양의 가장 오래된 교육 기관에서 철학은 최초이자 가장 중요한 과목이었다(기원전 500년경). 수학도 오래전부터 있었고, 음악은 신체와 정신에 도움이 된다고 여겨졌다. 로마인들은 공학을 선호했다.

기독교-이슬람교 중심의 중세에는 신학이 필수 과목이었고, 유럽의 대학들은 수학을 산수와 기하학으로 나누고, 천문학, 음악이론, 문법, 논리학, 수사학을 추가해 고대의 과목들을 보충했다. 보다 선진적인 기관들은 의학을 포함하기도 했다. 라틴어와 그리스어에 대한 지식은 필수였다. 또한 유럽에서는 중세 시대에 법학을 학과로 채택했고, 16세기 이탈리아에서는 음악 학교를 포함한 음악 기관이 등장했다. 수학은 17세기 말까지 물리학을 아울렀고, 프랑스에서는 1761년부터 수의학을 가르쳤다.

현대적인 역사학은 튀니지 학자인 이븐 할둔Ibn Khaldūn(1332~1406)이 정립한 것으로 알려져 있으나, 19세기에 이르러서야 역사, 생물학, 화학, 지리, 경제학, 회계학, 현대 언어학, 문학 등의 학문들이 하나의 과목으로 자리 잡게 되었다. 항공공학에서부터 청소년학에 이르기까지 오늘날 배울 수 있는 다른 모든 과목들은 20세기나 21세기에 등장했다.

특허권, 저작권, 상

최근의 '처음'은 대부분 발명가가 특허를 출원했거나 취득한 시기를 기준으로 날짜를 정한다. 특허권 개념—창작자에게 독점적인 권리를 부여하는 것―은 기원전 500년, 사치와 향락으로 유명했던 그리스 식민 도시 시바리스에서 새로운 사치품을 창안한 사람을 보호하기 위해 실시한 규제에 기원을 두고 있다. 그보다 최근에는 영국의 에드워드 3세가 신 산업을 지원하기 위해 전매 '특허장'을 발행했다 (1331년). 이러한 아이디어는 인기를 끌었고, 1555년 프랑스의 앙리 2세는 최초로 새로운 개발품에 대한 설명서를 요구했다. 1970년에는 국제적인 특허 법률 조약인 특허협력조약Patent Cooperation Treaty, PCT이 체결되었다.

상표권은 1세기 무렵 로마 제국의 칼 만드는 도공들의 활동으로 생겨났을 것으로 보이지만, 1266년이 되어서야 법률적인 지원을 받을 수 있었다(영국). 프랑스는 1857년에 최초로 포괄적인 상표법을 제정했다. 최초의 저작권법은 1710년에 영국에서 제정되었고, 이는 1886년에 체결된 베른조약Berne Convention을 통해 전 세계로 확장되었다.

노벨상은 주로 이공계(구체적으로 말하면 화학, 물리학, 생리학 및 의학이고, 문학도 포함된다)에 종사하는 사람들에게 수여되는 가장 권위 있는 상으로, 스웨덴의 알프레드 노벨Alfred Nobel은 1895년에 작성한 유언에 따라 제정되었다. 기타 주요 국제과학상으로는 이론 물리학 분야의 아인슈타인상(1951년), 세계 문화 위원회World Cultural Council에서 수여하는 아인슈타인 세계 과학상(1984년), 과학 대중화를 위한 유네스코UNESCO의 칼링가상(1952년) 등이 있다.

길드와 조합

뭉쳐야 산다

숙련된 장인과 상인들이 모여 있는 도시라면 어디에서든, 그들은 자신들의 이익을 보호하기 위해 조합(길드)을 결성했다. 최초의 길드는 기원전 1000년경 중국에 있었던 것으로 보이고, 유럽에 생긴 최초의 길드는 기원전 200년경 로마의 콜레기아collegia였다. 로마 멸망 이후에는 다양한 유형의 길드가 생겨났다. 조합원들은 금gold을 안전하게 보관하기 위해 한곳에 모아 두었고(그래서 '길드guild'라는 이름이 붙었다), 어떠한 경우라도 서로를 지지하고 공통의 적을 찾아내겠다고 서약했다.

더 잘 알려진 상인·수공업 길드(포목상, 은세공 기술자 등)는 12세기 들어 활발하게 활동했다. 그 길드 중 일부는 초기 노동조합, 즉 영국과 아일랜드의 모자 직공단체Journeymen Hatters of Great Britain and Ireland(1667년)나 엑세터의 직물 직공 단체Exeter's Company of Weavers, Fullers and Shearmen(18세기 초, 영국) 같은 숙련된 노동자 조직으로 발전했다. 그러나 현대적 의미에서의 최초의 노동조합—공동의 이익을 증진시키기 위해 함께 활동하는 고용된 노동자들의 연합단체—은 산업 시대에 등장했다. 이 초기의 노동조합들은 규모가 작고 흩어져 있어 힘이 약했던 탓에 관련된 기록이 거의 남아 있지 않다. 다만 그 단체들이 존재했다는 것을 알 수 있는 이유는 1799년에 영국 정부가 제정한 단결 금지법에 의해 불법단체로 규정되었기 때문이다. 1818년, 영국의 일반노동조합General Union of Trades(박애주의 조합Philanthropic Society이라고도 불림)은 서로 다른 직업의 노동자들을 한

데 모으려는 첫 시도였다. 1830년 설립된 영국의 전국노동자보호협회National Association for the Protection of Labour는 전국적인 일반노동조합의 원형이다.

파업과 법률

최초의 파업으로 볼 수 있는 사건은 기원전 1152년 데이르 엘 메디나Deir el-Medina(고대 이집트 주거지−옮긴이)에서 왕의 무덤을 만드는 일꾼들이 람세스 3세에 맞서 들고일어난 일이다. 그 이후의 노동 중단 사례는 너무 많고 제대로 된 기록이 남지 않아서 명확한 최초 사례를 확인할 수가 없다. 기원전 494년 고대 로마의 평민 계층plebs이 일제히 하던 일을 중지하고 도시를 떠난 사건은 최초의 총파업으로 간주할 수 있을 것이다.

근대에 일어난 최초의 광범위한 파업은 1842년 영국에서 벌어진 파업으로 거의 50만 명의 노동자가 참여했다. 광범한 정치 개혁에 대한 청원을 의회가 거부하자 이른바 플러그 폭동Plug Riots이 일어났고, 탄광과 면직공장 노동자들의 불만이 터지면서 더욱 확산되었다. 언제 처음으로 파업을 금지하려 했는지는 알 수 없다. 왜냐하면 유사 이래 지방과 중앙 할 것 없이 거의 모든 정부들이 파업 행위와 그러한 행위를 지원하는 조직을 제한하거나 저지하기 위한 조치를 취해 왔기 때문이다.

환경

초기 경고

지구상의 인류가 처한 위기에 대해 처음으로 중대한 경고를 한 사람은 영국의 토머스 맬서스Thomas Malthus로, 그는 『인구론An Essay on the Principle of Population(1798년)』에서 인구 증가 속도가 식량 증산 속도보다 빠를 수밖에 없다고 예측했다. 또한 낭만주의 운동(18세기 말부터 19세기 초에 걸쳐 유럽 각국에서 일어난 문예 운동-옮긴이)은 자연계에 대한 더 큰 존중을 촉구하고 있었다.

1852년 영국의 로버트 스미스Robert Smith는 최초로 산성비의 원인과 결과를 분석했다. 1866년에 독일에서 '생태학ecology'이라는 말이 만들어졌고, 1896년 스웨덴의 한 화학자가 대기 중 오염물질로 인한 온실효과 개념을 소개했다. 석면병(석면 가루가 호흡기를 통해 들어가서 폐에 생기는 병-옮긴이)으로 인한 첫 사망 사례가 영국에서 1924년에 확인되었다. 1952년에는 '기후 변화', 1957년에는 '지구 온난화'에 관한 글이 발표되기 시작했다(둘 다 미국). 미국의 생물학자 레이철 카슨Rachel Carson이 쓴 『침묵의 봄Silent Spring(1962년)』은 환경 문제의 심각성을 일깨워 준 최초의 대중서였다. 이 책이 출판되고 5년 후, 토리캐니언호Torry Canyon가 영국 콘월해안에서 좌초되면서 최초의 대형 유조선 참사가 발생했다.

1985년에는 오존층에 큰 구멍이 뚫렸다는 사실이 확인되었고, 그로부터 2년 후에는 지구 온난화의 여파로 멕시코 만류가 차단돼 유럽이 새로운 빙하기를 맞게 될 수도 있다는 경고가 대두되었다. 1992년 기후 변화에 관한 정부간 패널Intergovernmental Panel on Climate

Change, IPCC은 인간의 활동으로 지구 온도가 10년에 0.3도씩 상승할 수 있다는 내용이 담긴 첫 보고서를 발간했다. 1985년, 그린피스Greenpeace의 환경 감시선 레인보 워리어호Rainbow Warrior가 프랑스 정보기관 요원에 의해 침몰된 사건은 환경보호단체에 대한 최초의 중대한 무력사용이었다.

활동, 단체, 협약

악화되고 있는 환경 위기를 완화시키거나 뒤집으려는 인간의 노력은 다음에서 소개하는 것처럼 몇 가지 형태를 취한다.

오염

최초의 산업 국가이면서 도시 오염과 산업 오염의 악영향을 맨 처음 겪기도 한 영국은 최초로 국가적인 환경보호법인 1848년의 공중보건법과, 1863년과 1874년의 알칼리법Alkali Acts을 통과시켰다. 1948년 정부간해사자문기구Inter-Governmental Maritime Consultative Organization, IMCO(국제해사기구International Maritime Organization, IMO로 개칭됨)가 창설되면서 세계 해양 오염이 심각한 문제로 받아들여졌다.

DDT는 1970년에 여러 국가에서 금지되었고, 1987년에는 염화불화탄소CFCs(일명 프레온가스)가 금지되었다. 21세기에는 과학자들의 경고가 점점 더 심각해짐에 따라 환경 오염에 대응하려는 노력이 여러 방면에서 나타났다. 2002년 방글라데시는 세계 최초로 비닐봉지 사용을 금지했다. 2009년에는 아일랜드가 비닐봉지 사용에 세금을 부과한 첫 국가가 되었고, 일본은 이산화탄소 농도를 관측하는 최초의 위성을 쏘아 올렸으며, 오스트레일리아에 있는 분다눈이라는 마을은 페트병 생수 판매를 금지했다. 노르웨이는 2025년까지 화석 연료를 사용하는 차량 판매를 단계적으로 금지하기로 했으며 (2016년), 2017년에 파리, 마드리드, 아테네, 멕시코시티는 저마다 디젤 차량 운행을 금지하는 최초의 대도시가 되겠다고 선언했다.

보전과 야생동물

인도는 마드라스 수입국Madras Board of Revenue의 지역 산림 보호 계획 (1842년), 그다음에는 세계 최초의 영구적인 대규모 삼림 보전 프로그램(1855년)을 통해 환경 보전에 앞장선 나라이다. 최초의 국가적인 동물 보호법인 바닷새보호법Sea Birds Preservation Act은 1869년에 영국에서 통과되었다. 선구적인 야생동물 보호단체인 깃털연맹Plumage League은 1889년에 설립되었고, 1891년 조류보호협회Society for the Protection of Birds로 빠르게 성장했다(모두 영국).

미국의 옐로스톤Yellowstone은 1872년 지정된 세계 최초의 국립공원이다. 영국의 내셔널 트러스트National Trust(1895년)는 모든 보존 활동을 조율하는 최초의 NGO(비정부 기구)로 발전했다. 고래는 국제포경위원회International Whaling Commission 설립으로 처음으로 보호를 받게 되었고(1948년), 같은 해에 세계자연보호연맹International Union for the Protection of Nature, IUPN이 설립되었다(1956년에 세계자연보전연맹 International Union for Conservation of Nature, IUCN으로 개칭됨). 세계자연보전기금World Wildlife Fund, WWF은 1961년에 설립되었고, 2014년에는 유엔환경계획UN Environment Programme, UNEP에서 세계 야생 동식물의 날을 지정했다.

자원

프랑스의 교수 오귀스탱 무쇼Augustin Mouchot는 1873년에 지구 자원의 유한성에 대해 학문적 차원에서 처음으로 경고했다. 이후 가장 먼저 물의 부족 현상이 나타났고, 그로 인해 1993년 세계 물의 날이 처음으로 제정되었다. 18년 후, 유엔의 첫 지구 자원 평가에서 전체 농지의 4분의 1이 '매우 황폐화'된 것으로 나타났다. 1983년에는 최초의 유전자변형Genetically Modified, GM 식물이 생산되었고, 1994년에는 최초의 GM 식품인 무르지 않는 토마토 '플레이버 세이버Flavr Savr'가 생산되기 시작했다(모두 미국). 2000년 미국에서 개발된 황금쌀은 영양가를 높이기 위해 유전적으로 변형된 최초의 작물이다.

입법과 협정

덴마크는 환경 문제를 전담하는 장관이 있는 최초의 국가가 되었다(1971년). 이듬해 유엔은 스웨덴 스톡홀름에서 첫 인간환경회의Conference on the Human Environment를 개최했고, 이는 유엔환경계획 설치로 이어졌다. 1992년에 열린 유엔환경개발회의에서는 '기후 변화에 관한 유엔기본협약UN Framework Convention on Climate Change'이 채택되었다.

환경을 정치의 중심에 두는 녹색정치green politics는 환경 문제 해결을 공약으로 내세우는 후보들이 지방선거에서 성공하면서 시작되었다(1970년, 네덜란드). 태즈메이니아 연합United Tasmania Group(1972년, 오스트레일리아)은 최초의 녹색정당이었고, 뉴질랜드 가치당(녹색당의 전신—옮긴이)은 녹색정치 세력으로는 처음으로 국회 의석을 얻기 위한 경쟁에 참여했으며, 독일 녹색당은 처음으로 세계 정치에 중

대한 영향을 끼친 녹색정당이었다(1983년 독일 총선에서 비례대표 27석을 얻으면서 연방하원에 진출). 1997년에 일본에서 채택된 교토의정서Kyoto Protocol에 따라 세계 각국은 2005년부터 유해 온실가스 배출에 대한 광범위한 규제를 실시하기로 합의했다. 2015년에 체결된 파리 협정Paris Agreement에서는 지구의 평균 온도 상승폭을 산업화 이전 대비 2도 이내로 제한하자는 데 최초의 국제적 합의가 이루어졌다. 같은 해 스위스는 2030년까지 온실가스 배출량을 절반으로 줄이겠다는 목표를 명확하게 밝힌 최초의 국가가 되었다.

단체

시에라 클럽Sierra Club(1892년, 미국)과 석탄매연감소협회Coal Smoke Abatement Society(1898년, 영국)는 최초의 환경 NGO 자리를 놓고 다툰다. 그 밖의 단체(이미 언급된 것은 제외)와 운동으로는 지구의 벗Friends of the Earth(1969년), 그린피스(1971년), 멸종 저항Extinction Rebellion(2018년) 등이 있다.

환경 단체 멸종 저항의 기후 변화 대응 촉구 시위(2019년)

6장

전쟁과 평화

정부

도시와 통치자

최초의 정치조직은 수십만 년 전부터 존재했던 부족이거나 아니면 규모가 더 작은 혈연 공동체인 씨족으로 볼 수 있을 것이다. 잘 알려진 씨족 중 하나인 스코틀랜드 씨족들은 신화에 둘러싸여 있지만, 5세기 아일랜드의 왕 닐Niall of the Nine Hostages의 후손들(예를 들면 맥닐 MacNeill 가문)을 최초의 씨족이라고 봐도 무방할 것이다. 초기의 정치제도는 농업의 발달로 생겨났는데, 아마도 수메르 문명의 도시국가들에서였을 것이고(기원전 4000년경), 그중에서도 우루크를 꼽을 수 있을 것이다. 수메르에는 또한 확인된 최초의 군주, 키시의 왕 엔메바라게시Enmebaragesi가 있었고(기원전 2600년경), 노예제도에 관한 가장 오래된 증거도 발견된다.

현재까지 알려진 최초의 여성 통치자는 이집트 여왕(또는 파라오) 메르네이트Merneith로, 그녀는 기원전 2950년경 남편이 사망한 후 권력을 넘겨받았다. 이집트의 소벡네페루Sobekneferu(재위 기원전 1806~기원전 1802)는 역사적으로 확인된 최초의 여왕이지만, 엔메바라게시가 여성이었을 가능성도 있고, 수메르의 여왕 쿠바바(기원전 2400년경)가 최초라는 주장도 있다. 기록상 최초의 대관식은 기원전 1290년경 이집트의 파라오 세티 1세의 대관식이다.

국가의 형태

하나의 도시나 도시 연맹으로 구성된 국가가 아닌, 세계 최초의 국가는 아마도 기원전 3150년경—신화든 아니든—메네스Menes 또는 나르메르Narmer로 알려진 통치자에 의해 통일된 이집트일 것이다. 최초의 나라는 확인하는 것이 불가능한데, '나라'라는 단어가 폭넓은 의미로 사용되고, 일반적으로 지리적 영역을 나타내기 때문이다. 이 용어의 의미가 다양한 것과 마찬가지로 '민족국가'도 역시 논란을 불러일으킨다. 최초의 민족국가로 볼 수 있는 나라에는 아르메니아(기원전 8세기), 일본(기원전 7세기), 이란(기원전 6세기), 그리고 좀 더 최근으로 와서는 스코틀랜드(1320년)와 15세기 프랑스와 영국이 있다.

영국은 최초의 공식 국가國歌인 〈신이여, 여왕(국왕) 폐하를 지켜주소서God Save the King/Queen〉를 자랑하며(1745년), 붉은 바탕에 하얀 십자가가 그려진 덴마크의 국기는 최초의 공식 국기이다(1307년경). 미국은 최초의 연방제 국가이고(1787년), 주권이 국민에게 있는 나라인 공화국의 개념은 기원전 8세기의 그리스나 기원전 7세기 인도의 도시국가 바이샬리로 거슬러 올라간다.

통치자

영국은 1688년에 일어난 명예혁명으로 입헌 군주제의 개념을 확립했다. 절대적 군주제에 대응되는 개념인 제한 군주제는 훨씬 더 오래 전부터 존재해 왔다고도 볼 수 있는데, 예를 들어 기원전 753년 이후의 로마에서처럼 군주가 선출된 사례도 있었다.

최초의 왕좌(군주가 앉는 자리)는 군주제 자체만큼이나 오래되었다. 왕관이 있기 전에는 왕이 머리에 두르는 머리띠가 있었는데, 기원전 3000년경 인더스 문명의 제사장이자 왕이 가장 먼저 착용했다고 한다. '왕관' 하면 떠오르는 높게 솟은 모양의 관 중 최초의 것은 기원전 제4천년기에 고대 상 이집트와 하 이집트의 통치자들이 썼다.

바로 위로 길게 솟은 모양의 헤젯hedjet과 데슈렛deshret이다.

대개 수메르의 에안나툼Eannatum(재위 기원전 2454~기원전 2425)이 통치한 영토를 최초의 제국이라고 부르지만, 기원전 7세기경 일본의 진무를 황제라는 칭호를 부여받은 최초의 통치자로 보기도 한다. 하지만 '황제emperor'라는 단어는 언어적으로나 문화적으로 다의성이 있고, 진무는 126세까지 산, 태양 여신과 폭풍의 신의 직계 후손이라고 전해지는 인물이기 때문에 입증 가능한 최초의 황제는 페르시아의 다리우스 1세(재위 기원전 522~기원전 486)거나 중국의 진시황(재위 기원전 247~기원전 210)으로 보는 게 맞을지도 모른다. 논란의 여지가 적은 사실을 들면, 최초의 여제는 일본의 스이코(재위 593~628)이다. 독재자는 원래 고대 로마 공화정 시대(기원전 509년 이후)의 행정관이자 군사령관이었고, 이 단어에 부정적인 의미가 함축된 것은 기원전 82년부터였다. 미국은 대통령이 국가 원수가 된 최초의 나라이다(1787년).

정치 체제

초기의 왕과 왕비들이 신과 같은 지위를 주장했기 때문에 최초의 군주들(256쪽 참조)은 최초의 신권 정치를 했다고도 볼 수 있다. 예를 들어 이집트의 파라오(기원전 3150년경 이후)는 신과 인간 사이를 중재하는 절대 권력자였다. 중국의 상 왕조(기원전 1556~기원전 1046년경)에서도 신정 정치가 행해졌지만, 아마도 최초의 진정한 신정 국가는 632년 예언자 마호메트 사후 세워진 이슬람의 칼리프 국가일 것이다(그러나 시아파 신도들은 진정한 칼리프 국가는 656년 제4대 칼리프인 알리Ali 시대에 시작되었다고 여긴다). 최초의 과두제는 메소포타미아 도시국가들 중에서 이뤄졌을 가능성이 높다. 귀족제는 원래 가장 뛰어난 사람들이 이끄는 정부를 뜻했지만, 시간이 지나면서 특권 계층에 의한 지배를 의미하게 되었다. 기원전 7세기 아테네 등의 그리스 도시국가가 그 예이다. 이 도시국가들은 가장 초기의 금권 정치 국가에도 해당되는데, 특권 계층이 자신들의 지위를 이용해 권력뿐 아니라 재산도 쌓았기 때문이다.

고대 아테네는 대개 최초의 민주주의를 실시한 것으로 인정받지만, 여성과 노예들은 해당되지 않았다. 1906년에 모든 시민들에게 투표권과 참정권을 부여한 핀란드가 아마도 최초의 진정한 민주주의를 실천한 국가일 것이다. 그러나 엄밀히 따지면 당시 핀란드는 러시아 제국의 속국이었기 때문에 1915년의 덴마크(입헌 군주국)가 그 자리를 차지해야 할지도 모른다.

헌법, 장관, 관리

법이 문서화된 것은 아리스토텔레스(기원전 384~기원전 322) 시대 이전이지만, 아리스토텔레스는 최초로 성문헌법에 대해 이야기한 사람이었다. 이후 기원전 450년, 로마 공화국은 그리스의 사상을 빌려 와 헌법적 요소가 있는 성문법인 12표법을 제정했다. 604년에 만들어진 일본의 17조 헌법은 도덕적인 원칙을 중심으로 기술한 최초의 문서이기 때문에 잉글랜드 공화국의 「통치장전*Instrument of Government*(1653년)」이 보다 완전하고 상세한 최초의 성문헌법이라고 볼 수 있다.

초기 군주들이 있던 메소포타미아의 수메르 문명에서는 장관들이 첫 평의회에 참석했고(256쪽 참조), 내각이 언급된 것은 1605년이 되어서였다(영국). 장관들의 우두머리가 있는 나라는 많았지만, 수상이라는 직함은 영국의 초대 총리 로버트 월폴Robert Walpole(재임 1721~1742) 때부터 시작되었다고 여겨지며, 스리랑카의 시리마보 반다라나이케Sirimavo Bandaranaike는 최초의 여성 총리(1960년 당선)이자 최초로 선출된 여성 국가 지도자였다. 지사知事, governor가 가장 먼저 언급된 것은 기원전 2000년경 메소포타미아 도시 라르사였고, 행정관은 기원전 753년 이후 왕이 곧 최고 행정관인 로마 왕정에서 시작되었으며, 주 장관은 11세기 초 앵글로·색슨 시대 영국의 지방 행정관이었다.

의회와 정당

사람들은 늘 모여서 문제와 정책을 논의해 왔고, 이런저런 종류의 회합은 문명이 시작된 이래 정부에서 빠지지 않는 것이었다. 그러나 진정한 의회(소수 독재의 협의회가 아닌 대표자회의) 개념은 1188년 레온 왕국의 알폰소 9세가 코르테스Cortes를 소집하면서 시작되었다. 의원내각제는 네덜란드(1581년)와 영국(1689년), 스웨덴(1721년) 의회의 활동에서 발달했다. 모든 민주주의의 중심이 되는 충심 어린 반대loyal opposition(1826년 영국에서 만들어진 용어) 개념은 18세기 초에 영국에서 등장했다.

파벌은 고대 아테네에서 민주주의가 시작되면서 탄생했다고 볼 수 있지만, 파벌이 원칙과 정책으로 뭉친 집단인 정당이 된 것은 17세기 영국의 찰스 2세 때였다. 급진주의자와 보수주의자를 뜻하는 '좌파'와 '우파'라는 용어는 1789년 프랑스 국민의회의 자리 배치에서 유래되었다.

월리엄 글래드스턴William Gladstone이 1878~1880년에 펼친 선거 유세는 최초의 현대적인 선거운동으로 알려져 있다. 라디오 선거 광고는 1922~1923년에 미국에서 시작되었고, 미국의 제34대 대통령 드와이트 아이젠하워Dwight Eisenhower는 1952년, TV를 활용한 선거운동을 개척했으며, 미국의 제44대 대통령 버락 오바마Barack Obama는 2008년에 소셜 미디어 선거운동을 펼쳤다.

관료제와 예산

관료제bureaucracy라는 단어는 프랑스의 자크 드 구르네Jacques de Gournay (1712~1759)가 만들었지만, 사람들이 글을 쓰기 시작했던 고대 수메르에서 최초의 관료제가 형성되었다(259쪽 참조). 경쟁시험을 통한 관리 선발은 605년 중국에서 확립되었고, 영구적이고 비정치적인 중앙 행정의 개념은 1854~1870년 영국에서 시작되었다. 재무부 exchequer(체커판 같이 생긴 체크무늬 천을 셈할 때 수판처럼 사용한 데서 연유한 명칭)는 9세기 영국에서 등장했고, 국가 예산은 1721년 로버트 월폴(260쪽 참조)의 활약으로 시작되었을 것으로 보인다.

+ **토리당과 휘그당**

세계 최초의 두 정당의 이름은 원래 상대를 비방하는 말이었다. 영국의 찰스 2세의 전제주의 성향과 로마 가톨릭교도인 그의 동생 요크 공작 제임스James of Duke of York(뉴욕New York이라는 도시 이름은 그의 이름을 따서 붙인 것이다)의 왕위 계승에 반대했던 사람들은 '휘가모어

Whiggamore('난폭한 스코틀랜드 장로교도'라는 의미)'라는 비난을 받았다. 찰스 2세와 그의 동생의 왕위 계승권을 지지한 이들은 '토리Tory('아일랜드의 도적'이라는 뜻)'라고 매도당했다. 이 두 이름은 굳어졌고, 그중 토리당(공식적으로는 '보수통합당Conservative and Unionist Party')은 오늘날까지도 명맥을 유지하고 있다.

정치적 변화

초기 군주(256쪽 참조)의 지위는 급속하게 세습되었다. 고대 이집트와 수메르에서는 남계 장자 상속이 표준이었던 것으로 보인다. 예를 들어 우르크의 왕 길가메시Gilamesh(기원전 2800년경)의 뒤를 이어 그의 아들 우르 눈갈Ur-Nungal이 왕이 되었고, 또 다시 그의 아들 우둘 칼라마Udul-Kalama가 왕위를 계승했다. 우르크의 루갈 키툰Lugal-Kitun 왕이 폐위되고 메산네파다Mesannepada가 우르Ur의 왕이 된 것은 어쩌면 최초의 쿠데타일지도 모른다(기원전 26세기).

기원전 29세기 이집트의 파라오 카아Qa'a 사후에는 최초의 내전이 일어난 것으로 추정되고, 이 내전으로 호텝세켐위Hotepsekhemwy가 새로운 왕조의 파라오가 되었다. 고대 역사 전반에 걸쳐 수많은 모반과 반란과 봉기가 있었지만, 우리가 정치혁명으로 알고 있는 최초의 사건은 750년 이슬람 아바스 왕조가 우마이야 왕조를 무너뜨린 일이었다.

영국의 명예혁명(257쪽 참조)은 근대 정치혁명 시대를 열었다. 첫 공식 선거는 기원전 6세기 아테네에서 열렸고, 비밀투표도 그때 시

이로쿼이족 여성(1927년)

작되었다. 17세기 이로쿼이 부족 회의의 캐나다 여성들은 남성과 동일한 투표권을 가졌고, 스웨덴 여성들 중 일부는 18세기 초반에 투표권이 있었다고 한다. 하와이 왕국은 성별에 관계없는 보통 선거권을 도입한 최초의 국가이고(1840년 도입. 1852년에 폐지), 1893년에는 뉴질랜드에서 현존하는 국가들 중 처음으로 보통 선거를 실시했다.

권리와 이론

연대기적으로 말하자면, 처음으로 정치사상에 진지한 관심을 기울인 것으로 알려진 사람은 중국 춘추 시대의 철학자 공자(기원전 551~기원전 479)이다. 기원전 380년경 고대 그리스의 플라톤이 쓴 『국가론』은 정의를 찾는 것처럼 가장하긴 했지만, 정치철학을 다룬 최초의 책이라고 할 수 있다.

몇몇 주요 정치 개념도 고대에 등장했다. 기원전 5~4세기경 중국의 묵자는 국가와 정부가 생기기 이전의 세계를 자연 상태라고 말했다. 플라톤의 형제이기도 한 글라우콘Glaucon(기원전 5~기원전 4)은 사회계약을 설명했다. 그리고 어쩌면 기원전 539년경 고대 페르시아의 키루스 2세가 주창했다고 하는 인권도 포함될지 모르겠다(유엔에서 이를 선전했지만 믿을 만한 사실인지는 의심스럽다). 아소카왕(재위 기원전 268~기원전 232)의 선언을 통해 볼 때 고대 인도에서는 일찍부터 자유, 평등, 관용을 강조했음을 알 수 있다.

키루스 2세는 노예제 폐지를 명했고, 중국 진나라(기원전 221~기원전 206년)도 노예제를 폐지했다. 1772년에는 영국 법원이 노예제도를 불법이라고 판결하면서 당시 전 세계적으로 확산되고 있던 노예제도 반대운동에 힘을 실어 주었다. 버몬트주는 1777년 미국에서 처음으로 노예제를 폐지한 지역이었다. 최초의 국제적 인권단체인 국제반노예연대Anti-Slavery International는 1839년 영국에서 창설되었다.

인권개념과 관련된 가장 초기의 현대적 문서에는 영국의 「마그나 카르타Magna Carta(1215년)」, 반란을 일으킨 독일 농민들이 채택한 「12조항(1525년)」, 영국의 「권리장전Bill of Rights(1689년)」이 있고, 이들은 보편적으로 받아들여지는 최초의 국제적인 인권 규정인 유엔의 세계인권선언(1948년)으로 이어졌다.

경쟁하는 철학

영국의 팸플릿 작가 리처드 오버튼Richard Overton(1600~1664)과 철학자 존 로크John Locke(1632~1704)는 자유주의의 시조이다. 사업 자체만큼이나 오래된 자본주의는 1854년 영국 소설가 윌리엄 메이크피스 새커리William Makepeace Thackeray의 소설 「뉴컴 일가The Newcomes」에 등장하면서 이름이 붙여졌다. 자본주의의 전조가 되는 개념들은 그보다 훨씬 전에 등장했는데, '자본'은 12세기 유럽에서, '자본가'는 1633년 네덜란드에서 등장했다.

공산주의 개념의 시작은 플라톤의 『국가론』으로 거슬러 올라갈 수도 있지만, 이 단어는 1777년에야 만들어졌고(프랑스의 빅토르 드 휴페이Victor d'Hupay), 「공산당 선언Communist Manifesto(1848년)」을 통해 널리 알려졌다(독일의 카를 마르크스Karl Marx와 영국의 프리드리히 엥겔스Friedrich Engels). 최초의 공산주의 국가(공식 명칭은 '사회주의'라고 되어 있지만)는 1917년 러시아에 세워졌다. 사회주의 사상도 마찬가지로, 1832년 프랑스에서 이 단어가 처음 만들어지기 이전에 활동한 플라톤과 초기 기독교도들(1세기), 그리고 페르시아의 성직자 마즈닥

Mazdak(6세기)에서 기원을 찾을 수 있다. 최초의 사회주의 지방 정부는 1871년의 파리 코뮌Paris Commune이고, 최초의 사회주의 주 정부는 1899년 오스트레일리아 퀸즐랜드에 들어섰으며, 최초의 사회주의 중앙 정부는 1919년 독일에 세워졌다.

국제 관계

조약과 협정

메소포타미아의 도시국가 라가시와 움마의 국경 분쟁 해결은 최초의 조약으로 알려져 있고(기원전 2550년경), 기원전 1259년경 이집트와 히타이트가 맺은 협정은 최초의 평화 조약이라고 할 수 있다. 결혼 조약에 대한 기록은 고대 이집트의 아마르나 문서에 눈에 띄게 담겨 있다(기원전 1350~기원전 1330년경).

수천 년 동안 무역은 개인이나 상인 집단이 해 왔기 때문에 중국의 관리 장건張騫이 오늘날 실크로드라고 불리게 된 길을 따라간 여정을 최초의 무역 사절단 활동으로 볼 수 있고(기원전 113년경), 그다음에 맺어진 협정은 최초의 통상 조약으로 볼 수 있을 것이다(앞에 나온 아마르나 문서를 통해 추측할 수 있다).

무관세 교역은 고대 세계에서 널리 실시해 왔으나, 최초의 정식 자유무역협정은 영국과 프랑스가 1860년에 맺은 영불 통상조약이었다. 공물과 배상금은 고대 세계에서는 하나로 합쳐져 있었고(역시 아마르나 문서를 통해 짐작할 수 있다), 고대 페르시아의 아케메네스 제국(기원전 550~기원전 330년경)은 처음으로 수납을 효율적이고 정기적으로 실시한 나라 중 하나였다. 기원전 241년, 로마는 루타티우스 조약에서 패전국 카르타고에게 분명한 조공을 요구했다.

군축문제는 1899년과 1907년 네덜란드 헤이그에서 열린 헤이그 평화회의에서 처음으로 국제적으로 논의되었고, 1919년 연합국과 독일 사이의 베르사유조약은 군비 축소에 관해 입에 발린 말을 하는 데 그쳤으며, 1922년 워싱턴 해군 군축조약으로 주력함의 건조가 제한되었다.

핵무기폐기 캠페인the Campaign for Nuclear Disarmament, CND은 1958년 에 영국에서 결성되었으며, 10년 후 최초의 핵확산금지조약Nuclear Non-Proliferation Treaty, NPT이 체결되었다(미국과 러시아 외 여러 나라가 참여함). 1991년에는 1단계 전략무기감축협정Strategic Arms Reduction Treaty I, START I이 체결되었다(미국과 러시아). 휴전과 정전은 전쟁이 시작된 이래로 계속 있었지만, 근대 최초의 공식적인 휴전 중 하나는 백작 전쟁을 종결시킨 코펜하겐의 정전이었다(1537년, 덴마크). 항복의 의미로 백기를 흔드는 관행은 100년경 중국과 고대 로마에서 동시에 시작된 것으로 보인다.

외교

아마르나 문서는 대사와 사절이 참여하는 공식 외교 활동에 대한 최초의 기록물이다. 현대적인 상설 대사관 건물 체계는 1300년 이후 르네상스 시대의 이탈리아에서 시작되었다. 외교관 면책 특권은 기원전 2500년경 고대 인도의 서사시 「라마야나*Ramayana*」에서 일찍이 언급되었고, 그 개념은 예언자 마호메트의 가르침에 의해 보다 공식적인 토대를 갖추게 되었다. 영국은 1709년에 최초로 외교관 면책 특권을 법적으로 보장해 주었고, 이 원칙은 1961년에 채택된 외교관계에 관한 빈협약을 통해 전 세계에 확대되었다.

여권의 개념은 성서에서 찾을 수 있다(기원전 450년경). 이후 중국 당국이 나이나 키 등에 관한 정보를 요구하며 진정한 의미의 여권에 더 가까이 다가가긴 했지만(기원전 1세기), 1414년 영국의 의회제정법을 통해 최초의 현대적 여권이 도입되었다고 본다. 여권 소지자의 사진 부착은 1876년에 처음 시작되었으나, 의무화된 것은 제1차 세계대전 때였고(1914~1918년), 기계 판독형 여권은 1980년대에 도입되었다. 프랑스는 1802년에 노동자들을 위한 신분증을 최초로 발급했고, 술탄 마흐무드 2세 시절의 오스만 제국은 신분증을 의무화한 최초의 국가였다(1844년).

돈

동전

최초의 돈—소와 곡물—으로는 필요한 물건을 편리하게 살 수가 없었다. '다섯 마리의 소를 줄 테니 당신의 말(또는 아들 또는 딸)을 주시오' 식의 물물교환과 비슷한 거래가 이뤄졌기 때문이다. 기원전 2000년경 상품 화폐(소, 조가비, 소금 등 귀한 물건)는 구리, 은과 같은 귀금속과 동일한 값을 매겼다. 기록에 남아 있는 최초의 화폐 단위인 세겔sheqel은 보리와 귀금속의 중량이었다. 반복해서 무게를 재는 번거로움을 없애기 위해 금속에 무게를 찍어서 표시했는데, 이것이 최초의 화폐 주조인 셈이다.

기원전 1000년경 중국인들은 삼각형의 청동조각으로 화폐 주조의 길을 닦았고, 300여 년 후에는 인도, 중국, 지중해 연안에서 더 실용적인 둥근 동전이 등장했다. 그 후 딱딱한 원반 모양의 전형적인 동전─최초의 동전에는 울부짖는 사자의 머리가 찍혀 있었다─이 약 2,600년 전 리디아(터키)에서 만들어졌다. 리디아를 정복한 아케메네스 페르시아 제국은 리디아의 화폐 주조 아이디어를 가져와서 기원전 540년경 최초의 금화를 발행했다.

초기 동전에 찍혀 있는 신과 사람을 구별하기는 쉽지 않지만, 사람 얼굴이 새겨진 동전은 기원전 450년경 리키아(터키)에 등장했는데, 가장 처음 나온 것은 그 이름을 발음하기도 어려운 테스티웨이비Teththiweibi 왕의 얼굴이었을 것으로 추정된다. 스위스는 1424년에 아라비아 숫자로 날짜를 기록한 최초의 서구식 동전을 제작했다.

세켈에서 파생된 은페니는 600년경 영국에서 등장했는데, 영국에서 페니 240개의 무게는 1파운드였다. 1180년, 페니는 '스털링sterling'이라고 불렸고, 그 이름은 오늘날 '파운드 스털링pound sterling(영국의 법정 통화인 파운드의 정식 명칭-옮긴이)' 속에 남아 있다. 달러는 처음에 '탈러thaler'로 시작되었고(1519년, 독일), 일본은 1871년에 은으로 된 동전을 사용하기 시작했으며, 중국의 동전은 만들어진 지 2,000년 정도가 되었다. 러시아는 1704년에 루블을 100코펙으로 나눠서 십진제 통화를 개척했다. 유로는 1999년에 시장에 도입되었다.

지폐, 수표, 보험

지폐에 대한 아이디어는 상품이 창고에 남아 있다는 것을 확인하는 메모(보통 점토판에 철필로 새겼음)에서 시작되었고(여러 고대 문명에서, 기원전 3000년경 이후), 이런 메모들이 그 자체로 가치를 갖게 되었다. 은행권은 7세기 중국에서 처음 생겼으며, 중국은 11세기 들어 진정한 의미의 지폐를 사용하게 되었다.

초기 무역(266쪽 참조)에서 원시적인 은행 업무가 이뤄졌고, 일부 학자들은 기원전 1000년경 바빌로니아의 에지비 가문House of Egibi 사람들이 최초의 은행가라고 여긴다. 은행 업무에 대한 최초의 구체적인 기록은 기원전 400년경 고대 그리스에서 찾을 수 있다. 지금까지 알려진 최초의 외국환 예약은 1156년에 제노바에서 이뤄졌고, 1년 뒤 베네치아에 처음으로 국가가 지원하는 은행이 설립되었다(둘 다 이탈리아). 잉글랜드은행Bank of England(1694년에 설립)은 처음으로 보유자에게 일정 금액을 지급하겠다고 약속하는 영구적인 은행권을 발행했다. 얼마 지나지 않아 은행권을 손으로 쓰지 않고 인쇄해서 발행하게 되었고, 1728년에는 스코틀랜드왕립은행Royal Bank of Scotland에서 당좌 대월(당좌 예금 거래자가 예금 잔고 이상으로 발행한 수표나 어음에 대해서도 은행이 일정 한도까지 대부해 주는 형태-옮긴이)을 시작했다. 서명이 적힌 메모를 가진 사람에게 돈을 지불하던 관행(16세기, 네덜란드)이 발전해 17세기 영국에서 수표가 되었고, 영국의 잉글랜드은행은 최초로 인쇄된 수표를 발행했다. 1969년에는 여러 나라들이 수표보증카드를 발행했다. 최초의 여행자 수표는 1772년 런던에서 발행되었고, 3년 후에는 영국의 한 선술집 주인이 자신의 가게에 최초의 주택 금융 조합을 설립했다.

보험에 관한 가장 오래된 증거는 함무라비 법전(114쪽 참조)에서 찾을 수 있고, 최초의 보험계약서는 14세기 이탈리아 제노바에 작성되었으며, 대중에게 개방된 세계 최초의 보험회사는 독일의 함부르 크 화재 보험 회사Hamburger Feuerkasse(1676년)였다. 고대 로마에 장례 비 상조회가 있었지만, 최초의 생명 보험증권은 1706년 런던에서 발행되었다.

플라스틱 혁명은 1950년 미국에서 최초의 다이너스클럽Diners Club 지불 카드로 시작되었다. 뒤를 이어 신용카드(1951년, 미국), 현금인출기(1967년, 영국), 직불카드(1987년, 미국과 영국), 칩 앤 핀(신용 카드에 전자 칩을 내장하여 사용자가 서명 대신 비밀번호를 입력하여 신분을 증명하게 하는 시스템-옮긴이. 1992년, 프랑스), 온라인 뱅킹(1994년, 미국), 비접촉식 결제(1997년, 미국) 등이 새롭게 등장했다.

세금과 복지

징세는 기원전 3000년경 고대 이집트에서 국가(즉 파라오)가 노동력, 식용유, 일정 비율의 수확물 등을 요구하면서 시작되었다. 기원전 6~5세기 페르시아의 다리우스 1세는 동전 형태를 포함한 귀금속의 균일한 납부를 기본으로 하는 효율적인 과세 체계를 최초로 확립했다. 이집트의 과세는 소득에 매긴 세금으로 볼 수 있고, 중국 신나라 황제 왕망도 부유층에게 세금을 요구했지만(10년), 처음으로 보편적인 누진소득세를 부과한 나라는 1789년 영국이었다. 1958년 프랑스는 제2차 세계대전 중 부과한 세금과 식민지 코트디부아르에서의 실험(1954년)을 바탕으로 부가가치세를 도입했다.

미국의 원천징수제도Pay As You Earn, PAYE의 선례는 남북 전쟁 시기에 찾을 수 있는데, 1862년, 당시 미국 재무부가 연방 공무원의 세금을 원천징수했다. 영국은 1944년에 보편적인 원천징수제도를 도입했다. 전국적 배급제도는 1914년 제1차 세계대전 중에 독일에서 도입되었다.

사회보장제도의 개념은 인도의 아소카왕(264쪽 참조)과 7세기 이슬람 정통 칼리파 시대의 정책에서 기원을 찾을 수 있는데, 정통 칼리파 시대에는 빈민과 노인, 장애인과 어려움에 처한 사람들을 위한 기금을 모았다. 현대적 사회보장제도는 독일의 총리 비스마르크(재임 1871~1890)가 처음 도입했는데, 특히 정부가 자금을 지원하는 노령연금(1889년)이 두드러지는 점이다.

정의

법과 법률가

문명의 발생과 함께, 사회의 규칙과 그 규칙 위반에 대한 처벌이 법으로 작성되었다. 이 관행은 5,000년 전 이집트에서 시작된 것으로 보이지만, 가장 오래된 성문법전은 기원전 2094년경 수메르의 왕 우르남무가 만든 법전이다. 최초의 법정은 궁정이었고, 군주가 최초의 재판관이었다. 필연적으로 고관이나 행정관 등의 관리들은 왕의 권력을 나눠 받았고, 각자의 법정에서 직무를 수행했다. 이들은 다양한 이름으로 불렸고 여러 기능을 수행했기 때문에—예를 들어 전쟁지도자이자 판관이었던 성서 속 옷니엘Othniel(기원전 제2천년기 말)처럼—누가 최초였는지를 확인하기란 불가능하다.

고대 아테네의 재판소 앞에서 호소하는 아마추어 웅변가들을 최초의 변호사나 법률가로 보기도 하지만(기원전 500년경, 그리스),

그들의 일이 하나의 전문적인 직업이 된 것은 로마 황제 클라우디우스 1세(재위 41~54)가 그 일이 정당하다고 공식적으로 인정하고 나서였다. 로마의 집정관 티베리우스 코룬카니우스(기원전 241년 사망)는 지금까지 알려진 최초의 법학 교수이며, 레바논의 베이루트는 최초의 법과대학(3세기 초)이 있었던 곳으로 추정된다.

이집트 신왕국(기원전 1570~기원전 1070년경)과 전기 베다 시대의 인도(기원전 1500년~기원전 1100년경)에 가벼운 범죄에 대한 원로회의 재판에서 배심원과 유사한 개념이 있었지만, 현대적 배심원제는 고발당한 사람의 또래들이 조사와 재판을 담당하는 기원전 제1천년기경 게르만 부족의 관습과, 고대 아테네의 100명의 배심원들에서 시작되었다. 현대적인 배심 재판은 1166년경 영국에서 처음 실시되었다. 프랑스의 빅투아르 드 빌리루에Victoire de Villirouët는 무자격자이긴 했지만, 아마도 여성으로서는 최초로 법정에서 변호사로 활동했을 것이고(1794년), 세르비아의 마리야 밀루티노비치Marija Milutinović는 최초의 자격을 갖춘 여성 변호사일 것이다(1847년).

경찰과 처벌

조직화된 경찰에 대한 가장 오래된 기록은 기원전 7세기 중국에서 찾을 수 있다. 지방 경찰 '장'에는 여성도 있었는데, 아마도 최초의 여성 경찰관이라고 볼 수 있을 것이다. 중앙집권화된 경찰력은 1667년 프랑스 파리에서 갖추어졌고, 30여 년 후 다른 지역과 도시로 확대되었다. 나폴레옹 1세는 1800년 수도의 경찰력을 재편성하여 최초의 제복 경찰을 탄생시켰다.

근대 경찰, 즉 국가가 아닌 법원과 일반 국민을 위해 봉사하는

Ward's

BRIXTON, BATTERSEA & CHELSEA.

19세기 영국 런던경찰국 경찰관

전문 인력은 1829년 정치적으로 중립적인 비무장 런던경찰국의 창설에서 시작되었다. 런던경찰국 본부는 그레이트 스코틀랜드 야드 거리를 등지고 옛 궁전 터인 화이트홀 플레이스 4번지에 있었고, 1863년에는 경찰관들에게 특유의 헬멧을, 1884년에는 호루라기를 지급했다. 모든 경찰 인력에는 수사관이 있었지만, 범죄자 출신인 프랑스의 외젠 프랑수아 비도크Eugène François Vidocq(1775~1857)가 최초의 현대적 형사로 여겨진다.

지문 인식은 영국의 윌리엄 허셜 경Sir William Herschel이 1858년 인도에서 수행한 연구에서 시작되었고, 1892년에 아르헨티나에서 처음으로 지문을 이용해(베르티용식 인체 식별법 이용. 1888년, 프랑스) 범인을 찾았다. 콜린 피치포크Colin Pitchfork는 1988년 영국에서 DNA 분석을 통해 유죄가 입증된 세계 최초의 범죄자였다. 프랑스에는 1700년경 최초의 기마경찰대가 등장했고, 미국에는 전기 순찰차 (1899년, 오하이오주)와 무전기가 설치된 순찰차(1928년, 디트로이트) 가 처음으로 등장했다. 국제 형사 경찰 기구인 인터폴은 1923년 오스트리아 빈에서 설립되었다.

+ 개를 이용한 수사

수사에 개를 이용하려는 경찰의 첫 시도는 완전한 실패였다. 런던경찰국은 여러 명의 여성을 죽인 것으로 악명 높은 살인마 잭 더 리퍼Jack the Ripper를 잡지 못해 애를 태웠다. 그러던 중, 한 쌍의 블러드하운드 '바너비'와 '부르고'를 빌렸고, 냄새를 추적하는 능력을 실험했다(1889

년, 영국).

경찰이 이 개들을 수사에 이용할지 말지 결정하지 못하고 빌린 비용도 지불하지 않자, 불만을 품은 개 주인은 개들을 다시 데려갔다. 불행히도 아무도 이 사실을 수사관들에게 말해 주지 않았다. 섬뜩한 살인 사건이 또 다시 발생하자 경찰은 범행 현장을 조사하기 전에 있지도 않는 블러드하운드가 도착하기를 두 시간 동안 기다렸다. 이로부터 10년 후 벨기에의 도시 갠트의 경찰들은 처음으로 수사에 체계적이고 효과적으로 개를 이용하는 데 성공했다.

공공 서비스

소방

화재는 초기 도시들에서 항상 존재하는 위협이었다. 그러므로 소방 서비스에 대한 최초의 언급을 기원전 1세기 세계 최대의 도시인 알렉산드리아(이집트)에서 찾을 수 있다는 사실은 놀랄 일이 아니다. 그들이 알렉산드리아의 크테시비우스Ctesibius(기원전 3세기) 또는 알렉산드리아의 헤론(10~70)이 개발한 펌프 장치를 사용했는지 여부는 여전히 확실히 밝혀지지 않았다. 그러나 아우구스투스 황제가 6세기에 로마를 위한 군 소속 소방대 비길레스Vigiles를 창설했을 때 이미 알렉산드리아에서 작전 중인 여단에 소방 본부를 두었다는 사실만은 분명하다. 악랄한 백만장자 크라수스가 그 이전에 로마에서 조직한 소위 소방 서비스는 화재 진압만큼이나 방화에도 관여했다. 1824년 스코틀랜드의 에든버러에는 최초의 근대적인 전문 시립 소방서가 세워졌다. 그보다 9년 전에는 뉴욕의 노예 몰리 윌리엄스 Molly Williams가 현재까지 알려진 최초의 여성 소방관이 되었다.

현대의 소방차는 1518년 독일 아우크스부르크에서 사용된 양수기에서 시작되었다고 볼 수도 있지만, 최초의 소방차는 1721년 영국의 리처드 뉴샴Richard Newsham이 만들었다. 뒤이어 1829년경 분당 2톤의 물을 분사할 수 있는 증기 소방차가 영국에서 등장했고, 1905년 미국에서 동력 소방차가 만들어졌다. 휴대용 소화기(물 양동이가 아닌)는 1819년에 영국인 조지 맨비George Manby가 발명했으며, 1890년에는 최초의 전기화재경보기 특허가 미국에서 등록되었고(실수로 'fire alarm' 대신 'tire alarm'으로 등록), 연기탐지기 원리는 1930년대에 스위스에서 발견되었지만, 실제 장치가 시판된 것은 1940년대가 되어서였다.

공동시설

현재까지 알려진 최초의 우물은 약 8,500년 전 이스라엘의 이스르엘 골짜기에서 발굴되었다. 기원전 4000년경 메소포타미아 사람들은 점토 파이프로 하수 처리 시설을 설치했고, 1,000년 후 스코틀랜드의 스카라 브레에서는 수돗물과 변소가 사용되고 있었다(73쪽 참조). 대규모 도시 상수도와 배수 및 하수 시설은 기원전 2500년경 인더스 문명 도시들의 주요 특징이었다.

석탄불에서 엄청난 양의 재(또는 먼지dust. 그래서 청소부를 영어로 'dustman'이라고 부른다)가 나왔기 때문에 18세기 말 영국 런던은 쓰레기 처리 시스템을 갖춘 최초의 도시가 되었다. 외젠 푸벨Eugène

Poubelle의 지시에 따라, 1884년 프랑스 파리는 쓰레기를 종류별로 분리하고 일부는 재활용해야 한다고 주장한 최초의 도시였으며, 주요 도시 중 처음으로 정기적으로 쓰레기통을 비우는 서비스를 실시했다. 최초의 쓰레기 수거 차량인 증기 모터 덤프차는 1896~1897년 무렵 런던 치즈윅에서 이용했고, 최초의 폐기물 소각장은 1874년 영국 노팅엄에서 문을 열었다. 바퀴 달린 쓰레기통은 1968년에 영국에서 발명되었다.

대규모 재활용은 1990년대가 되어서야 시작되었다. 그렇지만 고철은 언제나 귀한 것이었고, 종이는 1031년에 일본에서, 천 조각은 1813년 영국에서 재활용을 했다고 전해진다. 스웨덴은 1884년에는 유리 재활용, 1982년에는 알루미늄 캔 재활용을 시작했으며, 스위스는 1991년에 가장 먼저 전기 제품을 재활용했다. 2,000년도 더 전에, 로마인들은 가이사랴 마리티마(이스라엘 세바스토스)에 최초의 방파제를 건설했다.

관용과 평등

인종

인종 차별이 '다른' 인종에 대한 의심에서 비롯된, 인간의 본래적인 특성이라고 주장하는 이들도 있지만, 그 뿌리는 아리스토텔레스(259쪽 참조)와 아랍 작가 알 자히즈(776~869)를 포함해 자신의 민족이 타민족보다 우수하다고 믿은 거의 모든 문자 문화의 작가들로 거슬러 올라간다. 이런 생각을 설명하기 위해 '자기민족중심주의ethnocentrism'라는 단어가 만들어졌다(1891년). 이 단어가 생기기 전에는 프랑스의 앙리 드 불랭빌리에Henri de Boulainvilliers(1658~1722)의 저술에서 그와 유사한 태도를 발견할 수 있다. 또한 더 중요하게는 1767년 스웨덴의 칼 폰 린네Carl von Linnaeus가 호모 사피엔스를 5개의 아종亞種으로 분류한 것에서도 관찰할 수 있는 소위 과학적 인종주의와도 다르다. 인종차별주의 또는 인종주의는 20세기 초에 처음으로 비난이 섞인 용어로 사용되었다. 인종주의에 대한 보편적 거부는 1919년 국제연맹규약에서 처음 제안되었지만, 실제로 선언된 것은 1945년 유엔 헌장 제1조를 통해서였다.

여성의 권리

고대 메소포타미아, 이집트, 인도 그리고 아프리카의 여러 지역에서 여성들은 남성들과 거의 동일한 권리를 누렸다. 여성에 대한 억압은 아브라함 문화권(유대교, 기독교, 이슬람교)의 경우에는 구약 시대(아마도 기원전 1000년)에 시작되었다. 최초의 페미니스트로는 이탈리아 출신으로 프랑스에서 활동한 작가 크리스틴 드 피잔Christine de Pizan(1364~1430)을 꼽으며, 프랑스의 올랭프 드 구주 Olympe de Gouges(1748~1793)와 영국의 메리 울스턴크래프트Mary Wollstonecraft(1759~1797)를 일반적으로 최초의 현대적 페미니스트로 간주한다. 프랑스의 작가 시몬 드 보부아르Simone de Beauvoir의 『제2의 성Le Deuxième Sexe(1949년)』은 현대 페미니즘 운동의 시작을 알렸다. '여성 해방'이라는 표현은 미국에서 1964년에 만들어졌다. 첫 번째 국제 여성의 해는 1975년이었고, 1979년 유엔 총회에서 여성차별철폐협약이 채택되었다.

동성애

연구에 따르면 산업화 이전 일부 문화권에서는 동성애가 받아들여졌거나 아니면 무시되었다고 한다. 즉 오늘날 동성애자의 권리로 알려진 동성애 수용은 대단히 긴 역사를 가지고 있는 것이다. 여성의 권리 찾기와 마찬가지로 동성애 혐오에 맞서는 투쟁이 역사적으로 이루어져 왔다.

예를 들어 1791년에 프랑스는 합의한 성인들 간의 동성애 행위를 처벌 대상에서 제외한 최초의 국가가 되었다. 아이슬란드 총리 요한나 시귀르다르도티르Jóhanna Sigurðardóttir는 현대의 국가 지도자로는 처음으로 자신이 동성애자임을 공개적으로 밝혔으며(2009년), 성전환자가 법적으로 성을 바꿀 수 있도록 허용한 나라는 스웨덴이 처음이었다(1972년). 기원전 제1천년기 고대 이집트에는 동성 간 결혼의 증거가 남아 있고, 로마 황제 네로(재위 54~68)는 두 남성과 각각 따로 결혼했다. 덴마크는 1989년에 동성 간의 동반자 관계를 법적으로 허용했고, 2001년에 네덜란드는 동성결혼에도 이성 간 결혼과 동일한 법적 지위를 부여했다.

무기

막대기, 검, 새총

우리는 수천 년 전에 최초의 무기가 어떻게 만들어졌는지 살펴보았다(184쪽 참조). 그 후 칼(외날)이 단검(양날)으로 바뀌었다가 단검이 길어져서 검이 되었는데, 가장 오래된 검은 약 5,300년 전 터키에서

관우(왼쪽)와 청룡언월도를 휘두르는 주창의 모습이 담긴 탁본(1574년)

등장했다. 이 검은 잘 휘어지는 청동으로 만들어졌다. 철이나 강철로 된 검은 기원전 제2천년기 말에 만들어졌고, 펄션falchion(중세의 칼날 폭이 넓고 휜 칼-옮긴이)은 1300년경에(유럽), 커틀러스(선원들이 사용한 검-옮긴이)는 17세기에 만들어졌으며(역시 유럽), 1500년경 스페인에서는 래피어rapier(길고 가느다란 양날칼-옮긴이)가 유행했다.

철퇴 같은 외상을 입히는 무기의 전신인 도끼, 망치, 곤봉은 선사시대부터 있었지만, 다목적 미늘창(도끼와 창을 결합시킨 형태의 옛날 무기-옮긴이)은 중세 중엽에(10~12세기) 등장한 것으로 보인다. 석궁은 적어도 기원전 7세기에 중국에서 발명되었을 것이다. 새총은 신석기 시대에 등장했고, 부메랑('던지는' 막대기)은 그보다 더 전에 등장했는데, 기원전 3만 년에 이미 오스트레일리아의 공중을 휙 하고 날고 있었다.

화기와 포

화약은 9세기에 중국인들이 새로운 약을 찾던 중에 우연히 발명되었다. 1세기 후 그들은 창에 화약통을 단 화창火槍을 쏘고 있었다. 12세기경에는 포탄을 장전해 이 무기들은 대포나 사석포로 발전했다. 최초의 핸드 캐넌(개인 화기)은 14세기 말에 이탈리아에서 만들어졌다. 이로부터 아쿼버스arquebus(15세기, 독일), 화승총(노끈에 불을 붙여 탄환을 발사하게 하는 구식 총-옮긴이. 1470년대, 독일), 바퀴식 방아쇠 총(1500년경, 이탈리아와 독일), 수발총(부싯돌로 격발되는 총-옮긴이. 1600년경, 프랑스) 등이 생겨났다. 총 끝에 칼을 꽂아 총검bayonet을 만드는 생각은, 이름에서 짐작할 수 있듯 16세기에 프랑스 도시 바욘Bayonne에서 시작되었거나 혹은 그보다 이른 시기에 중국에서 나왔을지도 모른다. 명중률을 높이기 위해 총신 내부에 나선형의 홈(강선)을 새기는 기술은 1498년 독일에서 개발되었다.

권총은 16세기 유럽(아마 프랑스나 체코)에서 처음 등장했다. 총신이 회전하면서 여러 발을 연달아 발사할 수 있는 총은 1590년경 중국에서 설계되었으며, 비슷한 시기에 독일의 한 총기 제작자는 회전식 약실(총포에서 탄약을 재어 넣는 부분-옮긴이)을 갖춘 단신 연발총(회전식 연발 권총인 리볼버의 전신)을 고안했다. 개틀링 기관총은 최초의 성공적인 기관총이었다(1862년, 미국).

탄약은 뇌관의 기폭으로 사용되던 물질인 뇌홍이 발견(1800년, 영국)되기 전에는 종이 약포가 쓰였고(14세기, 유럽), 뇌관이 만들어지면서(1807년, 영국) 최초의 일체화된 탄약이 탄생했으며(1808년, 프랑스), 현재는 이것을 수정한 탄약이 보편적으로 사용된다.

후장총포(탄환 또는 포탄을 총포신의 뒤쪽에서 장전하도록 만든 화기-옮긴이)는 14세기 부르고뉴(프랑스)에서 고안되었으나, 널리 사용되기 시작한 것은 19세기에 정밀 공학이 출현하고 나서였다. 사석포는 14세기 중반 이탈리아와 중국에서 포탄을 발사하고 있었고, 1420년대에는 바퀴를 장착했다(체코 공화국). 박격포를 가장 먼저 쏜 것은 1453년 오스만 제국의 콘스탄티노플 공격 당시였던 것으로 추정된다.

야간조준경은 헝가리에서 칼만 티한이Kálmán Tihanyi의 연구로 시작되었고(1929년), 1939년 독일군이 실용적인 형태를 갖추었다. 현대적인 화염방사기는 1901년에 독일에서 만들어졌다.

폭탄과 폭발물

우리는 처음에는 대나무 관에(11세기), 그다음에는 금속제 싸개에 폭약을 넣어(13세기 또는 그 이전) 폭탄을 만든 중국인들에게 감사해야 할 것이다. 1849년, 오스트리아가 이탈리아 베네치아를 공격할 당시 기구氣球에서 폭탄을 떨어뜨렸다. 항공기에서 투하된 첫 폭발물은 1911년 이탈리아 항공기에서 투하된 수류탄이었고, 그다음 해에 불가리아 항공기가 최초의 특수 제작된 폭탄을 투하했다. 첫 폭격기는 이탈리아의 카프로니 Ca.3^{Caproni Ca.3}과 영국의 브리스틀 T.B.8^{Bristol T.B.8}이며, 둘 다 1913년에 제작되었다.

기뢰와 지뢰는 14세기 중국에서 발명했다. 전자 기뢰는 1812년 러시아에서 고안되었고, 크림 전쟁 때인 1855년, 영국 군함이 처음으로 기뢰 제거 작업을 했다. 1939년에는 독일 폭격기가 처음으로 낙하산 기뢰를 투하했고, 1940년에는 같은 무기를 이용해 지상 목표물을 공격했다. 1939년 독일군은 살생보다는 상해를 입힐 목적으로 설계된 '소리 없는 병사^{silent soldier}'라 불린 대인지뢰를 처음 개발했다. 가장 초기의 자체 추진식 어뢰는 1866년에 영국에서 만들어졌다.

스웨덴의 알프레드 노벨(246쪽 참조)은 1863년에 다이너마이트를 발명했고, 같은 해에 독일의 화학자 율리우스 윌브란트^{Julius Wilbrand}가 트리니트로톨루엔^{trinitrotoluene, TNT}을 발견했지만, 이것이 지닌 폭발의 위력은 1891년에야 알려졌다. 1875년 노벨은 최초의 플라스틱 폭약인 젤리그나이트^{gelignite}도 개발했다. 네이팜^{napalm}(화염성 폭약의 원료로 쓰이는 젤리 형태의 물질-옮긴이)은 1942년에 미국에서 개발되었다.

고대의 전쟁에서도 유해하거나 유독한 연기와 가스에 대한 언급은 있었지만(기원전 제1천년기, 중국, 인도, 그리스), 진정한 화학전은 1914년 프랑스의 최루탄 투척과 함께 시작되었고, 이에 독일군은 처음에는 자극성 물질로 대응했다가, 1915년 4월 22일에는 맹독성인 염소가스를 살포했다. 질병을 퍼뜨리기 위해 포위된 마을이나 성의 벽 너머로 사람이나 동물의 시체를 던지는 것은 생물전의 초기 사례이다(1347년에 기록된 관련 문헌이 있다. 우크라이나). 현대 의학 지식을 이용해 처음으로 생물전을 체계적으로 전개한 나라는 1937~1945년에 중국과 전쟁을 벌이고 있었던 일본이었다.

+ 불가능한 꿈, 콜트식 권총

미국의 새뮤얼 콜트Samuel Colt(1814~1862)는 10대 때 군인들이 나누는 이야기를 들었다. 그 내용은 재장전하지 않고 여러 발을 쏠 수 있는 화기는 불가능한지에 관한 것이었다. 이후 콜트는 그 '불가능한 총'을 만들기로 결심했다. 초반의 시도는 결과가 좋지 않았고, 그가 만든 첫 번째 권총이 발사되면서 폭발하자 그의 아버지는 재정적 지원을 끊어 버렸다. 이에 콜트는 조금도 기죽지 않고 미국 전역을 돌면서 사람들에게 웃음가스(아산화질소. 93쪽 참조)의 힘을 선보였고, 불꽃놀이를 배경으로 밀랍 인형극을 보여 주며 관중들을 즐겁게 했다. 이렇게 해서 그는 충분한 돈을 벌었고, 거기에다 친지에게 빌린 300달러를 보태어 총기를 다시 제작할 수 있었다.

결국 콜트는 '불가능한 총(콜트식 권총이라고 불림)'을 만드는 데 성공했다. 1835년 영국 런던에서, 그리고 이듬해 2월에는 미국에서 특허를 받았다. 그 후에도 좌절과 실망이 있긴 했지만, 그 '불가능한' 꿈은 실현되었다. 콜트는 사망할 때까지 전 세계적으로 거의 50만 개의 총을 팔았는데, 값으로 환산하면 어림잡아 1,500만 달러에 달했다.

전쟁 무기

지상

고대 아시리아인들은 기원전 9세기에 공성탑과 공성퇴를 개발하며 공성전(성이나 요새를 빼앗기 위하여 벌이는 싸움-옮긴이)에서 두각을 드러냈다. 기원전 5세기 초 인도 사람들은 최초의 투석기를 만든 것으로 알려져 있고, 그리스인들은 기원전 5세기 말에 노포(대형 화살을 발사하는 무기)를 고안했다. 중국인들도 기원전 4세기에 망고넬 Mangonel(밧줄의 복원력을 이용한 투석기-옮긴이)과 성 밑 파기로 한몫을 했다. 코끼리는 기원전 6세기에 인도 군대에서 처음 군사적으로 이용되었다. 기원전 9세기경에는 창을 던지고 활을 쏘던 기마 보병들이 최초의 기병대를 이루었다(중앙아시아와 아시리아).

1420년경 체코 보헤미아 지역에서 동물이 끄는 장갑 전차를 이용하기는 했지만, 최초의 진정한 장갑차는 철판방패와 맥심 기관총을 장착한 가솔린 엔진 구동 4륜 자전거식 차량(1898년)이거나 다임러 차체를 사용한 심스Simms의 '모터 워 카Motor War Car(1899년)'로, 둘 다 영국에서 제작되었다. 병력 수송 장갑차 아이디어는 1918년 영국의 마크 IXMark IX 전차로 시작되었고, 미국은 1930년대에 장갑 정찰차

17세기 인도의 화상석에 새겨진 전투 코끼리(오른쪽)

를 개발했다. 제1차 세계대전 때 서부 전선의 교착 상태를 깨기 위해 영국과 프랑스는 거의 동시에 전차를 개발했다. 영국의 마크 I^{Mark I}이 1916년 9월에 처음으로 실전에 투입되었고, 프랑스의 획기적인 르노 FT^{Renault FT}(회전식 포탑 장착)는 현대 전차의 기본형이 되었다.

공중

비행기구를 군사적으로 이용한 첫 사례는 프랑스 항공군단이 플뢰뤼스^{Fleurus} 전투 상황을 살펴보기 위해 밧줄을 묶은 정찰용 기구를 사용한 것이었다(1794년). 미 육군 통신군단의 라이트 모델 A^{Wright Model A}는 최초의 군용기였다(1909년). 최초의 공중전은 제1차 세계대전 초기인 1914년에 세르비아와 오스트리아-헝가리 제국 조종사 간에 벌어졌고, 그 후 세르비아와 오스트리아-헝가리 제국은 처음으로 군용기에 무장을 장착했다(최초의 폭격기는 284쪽 참조). 영국 공군 Royal Air Force, RAF은 육해군과 대등한 최초의 독립된 공군이었다.

독일은 제트 전투기의 원형인 '메서슈미트 Me 262 슈발베 Messerschmitt Me 262 Schwalbe(1942년)'와 제트 폭격기의 원형인 '아라도 Ar 234 블리츠^{Arado Ar 234 Blitz}(1944년)'를 제작했다. 영국의 '호커 시들리 해리어^{Hawker Siddeley Harrier}(1960년대)'는 최초의 성공적인 고정익 수직이착륙 전투기이다.

최초의 전쟁용 로켓(174쪽 참조)이 만들어진 후, 18세기 말엽에 인도 마이소르 왕국이 철제 로켓을 만들었다. 이후 로켓 과학은 더욱 발전해서 독일의 V-1 자동 조종 비행폭탄과 V-2 로켓(1944년)이 만들어졌고, 1957년에는 세계 최초의 대륙 간 탄도 미사일인 소련의 R-7이 개발되었다.

메서슈미트 Me 262 슈발베(1945년경)

전쟁

분쟁

약 1만 3,000년 전 수단의 제벨 사하바에서 어떤 종류의 전투가 벌어졌다는 증거가 있지만, 믿을 만한 기록이 남아 있는 최초의 전투는 기원전 15세기 메기도 전투이다(시리아). 최초의 전쟁은 약 4,700년 전 메소포타미아에서 수메르와 엘람 사이에서 일어났으며, 기원전 2350년경 사르곤 1세(메소포타미아 아카드 왕조의 시조-옮긴이)에 대한 아카드인들의 반란을 최초의 내전이라고 부를 수도 있을 것이다.

제1차 세계대전(1914~1918년)은 길게 설명할 필요가 없이 최초의 세계대전이었다. 상륙전의 시작은 기원전 1276~기원전 1178년경 정체불명의 바다 민족이 고대 이집트를 공격한 일이다. 현재까지 알려진 가장 오래된 해전은 기원전 1210년 무렵 히타이트와 키프로스가 벌인 전투이고(지중해 연안), 최초의 공중전은 제1차 세계대전 초기에 일어났다(288쪽 참조). 지상병력과 공군력을 동시에 투입해서 성공한 첫 사례는 프랑스에서 벌어진 아미앵 전투(1918년)로, 당시 2,000여 대의 항공기가 7만 5,000여 명의 병력과 500대가 넘는 전차의 연합 공격을 지원했다. 그로부터 24년 후에 일어난 산호해 해전은 논쟁의 여지없이 최초의 대규모 해상·공중 전투였다.

『손자병법』은 군사전략과 전술에 관한 최초의 책이었고(기원전 제1천년기 중엽, 중국), 거의 비슷한 시기에 고대 그리스의 스파르타인들은 체계적인 군사훈련을 처음으로 실시하고 있었다. 그보다 1,000년도 더 전에 바빌론의 함무라비 왕은 징병제를 도입했다.

초기 방어

최초의 방어 구조물은 아마도 흙으로 된 성벽이었을 테지만, 이미 오래전에 사라지고 없기 때문에 예리코의 돌벽(214쪽 참조)이 우리가 알고 있는 가장 오래된 방어 구조물이다. 최초의 성에 대한 내용은 214쪽에서 살펴봤다. 흙으로 된 국경 장벽은 기원전 8세기에 중국에서 세워졌지만, 중국 최초의 황제 진시황(258쪽 참조)이 쌓은 길게 뻗어 있는 만리장성이 영구적 의의가 있는 최초의 국경 장벽이라고 할 수 있을 것이다.

방어용 참호는 기원전 2500년경 전차의 공격을 막기 위해 처음으로 고안되었고, 최초의 해자(성 주위에 둘러 판 못—옮긴이)인 이집트의 부헨 요새를 둘러싸고 있는 해자에는 최초의 도개교도 놓였다(기원전 1860년경). 이곳에는 또한 구멍이 뚫려 있는 흉벽(방어 목적으로 성벽 위에 쌓은 담)도 있었지만, 성 입구의 내리닫이 쇠창살문은 나중에 생겼다(기원전 208년, 고대 로마). 개인 방어는 갑옷(64쪽 참조), 방패(초기 모습은 이집트에서 찾아볼 수 있다. 기원전 1300년경), 투구('우르의 깃발'에서 초기 모습을 볼 수 있다. 144쪽 참조)에 의존했다.

벽돌과 콘크리트의 시대

대포는 블록하우스blockhouse로 알려진 작은 요새를 탄생시켰는데, 처음 만들어진 요새 중 하나는 영국 노리치에 있는 소탑Cow Tower (1398년)이다. 사격 진지에 대해 처음으로 언급된 것은 1917년 영국에서이다. 화력이 증가함에 따라, 지하의 대피호나 엄폐호에 있는 것이 더 안전해졌고, 이 두 용어는 제1차 세계대전 때 처음으로 널리 사용되었다. 스페인 내전(1936~1939년)에서 공중 습격의 파괴력이 확인되면서 스페인 등지에서 공습 대피소 건설이 시작되었고, 냉전 시기였던 1950년대에는 미국 등지에서 방사성 낙진 지하 대피소가 지어졌다.

사이렌은 1799년경에 발명되어 1900년경 소방서 경보로 쓰이다가, 1939년에 처음으로 공습경보로 사용되었다(모두 영국). 한편, 대공포인 기구 격추용 포는 1870년에 등장했고, 군용 탐조등도 이때 등장했다(둘 다 독일). 예광탄(탄알의 몸통 속에 발광제가 들어 있는 탄환-옮긴이)은 1915년 영국에서 발명되었다. 미국은 1950년대에 최초로 미사일 방어 체제를 마련했지만, 1961년에 러시아는 탄도 미사일 요격에 최초로 성공했다(시험일 뿐이었다!).

7장

문화와 스포츠

조각

만약 이스라엘에서 발견된 베레카트 람의 베누스Venus of Berekhat Ram
가 그저 형태가 좋은 돌이 아니라 실제로 조각상이라면, 아마도 50
만 년쯤 된 이것은 의심할 여지없이 현재까지 알려진 가장 오래된 조
각상이 될 것이다. 그보다는 훨씬 논란의 여지가 적은 것은 독일 홀
렌슈타인-슈타델의 동굴에서 발견된 사자 인간 조각상이다. 이것을
가장 오래된 구상조각으로 보는데, 최대 4만 년 전에 매머드의 상아
로 만들어졌을 거라고 알려져 있다. 이로부터 얼마 뒤에 가장 오래된
사람 형상의 조각상인 독일의 홀레 펠스 비너스Venus of Hohle Fels도 매
머드의 상아를 다듬어 만들어졌다. 이로부터 약 1만 년 후에는 오스
트리아의 빌렌도르프의 비너스Venus of Willendorf가 만들어졌는데, 이
는 높이 11.1센티미터로 지금까지 알려진 최초의 석상이다.

로스트 왁스 주조(납을 모형으로 하여 주형을 만들고, 그 주위에 주형
재료를 넣은 다음 가열하여 납을 녹여 내서 조형하는 주조법-옮긴이)는 기
원전 4000년경 인더스강 유역에서 시작되었다. 이곳에서 인간 형상
을 묘사한 가장 오래된 청동상 모헨조다로 무희가 만들어졌다(기원
전 2500년경). 가장 오래된 테라코타 조각상도 같은 곳에서 나왔다
(기원전 3000년).

동상은 이라크에서 만들어졌고(기원전 2600년경), 그리스인들은
기원전 6세기 이후부터 대리석상과 사실적인 실물 크기의 사람 조
각상을 만들었으며, 영국 런던 피커딜리서커스에 있는 에로스상은
최초로 만들어진 알루미늄 조각상(1893년)이다. 지금까지 알려진 가
장 오래된 돋을새김 조각 작품은 프랑스 로셀의 비너스Venus of Laussel

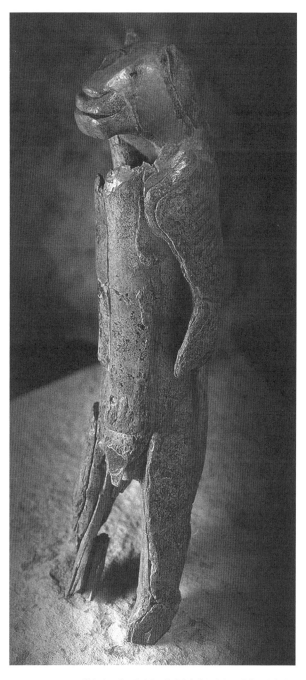

최초의 구상조각이라고 알려진 홀렌슈타인-슈타델의 사자 인간

이다(기원전 2만 3000년경).

기원전 6세기 말에 활약했던 고대 그리스의 아겔라다스Ageladas 는 최초의 전문 조각가였고, 그의 작업장은 최초의 조각가 양성 학교였을 것이다. 피렌체 세례당(1403년)의 청동문을 두고 벌어진 경쟁은 르네상스 조각의 탄생을 알렸다.

기원이 매우 불확실한 영역으로 조심스럽게 들어가 보자면, 콘스탄틴 브른쿠시Constantin Brâncuși의 〈포가니 양Mademoiselle Pogany(1912년)〉은 현대 추상조각의 세계를 열었고, 설치미술은 마르셀 뒤샹Marcel Duchamp(1887~1968)과 쿠르트 슈비터스Kurt Schwitters(1887~1948)의 창작 활동으로 시작됐다고 말하는 사람도 있다. 마지막으로 이보다 훨씬 안전한 영역에 가서, 현재까지 알려진 가장 오래된 모자이크는 기원전 2500년경 메소포타미아에서 조각을 붙여 만든 것이다.

그림

염료와 붓

그림의 시작은 불분명하고 논란의 여지가 많다. 가장 오래전에 나타난 그림의 기미는 아마도 7만 3,000년 전 남아프리카의 돌조각에 그려진 붉은 선이거나 기원전 3만 7900년경 인도네시아 보르네오섬에 있는 루방 제리지 살레이 동굴 벽에 그려진 황소일 것이다. 또한 이곳에는 현재까지 알려진 최초의 손바닥 자국도 남아 있다. 프랑스의 라스코 동굴 벽에는 기원전 1만 5000년경에 그린 인물상이 분명히 나타나 있지만, 브라질의 세라 다 카피바라 국립공원에 있는 동굴이나 스페인의 알타미라 동굴에 남아 있는 인물상 벽화가 더 오래되었을지도 모른다.

고대 그리스인들은 처음으로 사실적인 초상화를 그렸고, 트롱프뢰유trompe-l'oeil(실물로 착각할 정도로 정밀하고 생생하게 묘사한 그림-옮긴이)를 고안했다고 여겨진다(둘 다 기원전 750년경). 최초의 물감은 오커(페인트·그림물감의 원료로 쓰이는 황토-옮긴이)에 기름, 노른자위, 물을 섞은 것이었고, 갖가지 광물을 이용해 여러 색깔을 만들었다. 가장 오래된 템페라화(안료에 달걀노른자와 물을 섞어 그린 그림-옮긴이)는 이집트에서 찾을 수 있고, 거의 같은 시기인 기원전 1600년경 초기 프레스코화(새로 석회를 바른 벽에 그것이 마르기 전에 그림을 그리는 것-옮긴이)가 그리스에서 그려졌다.

특정 예술 형식으로서의 수채화는 15세기 유럽에서 시작되었다. 유화는 호두와 양귀비 기름을 이용했는데, 650년경 아프가니스탄에서 시작되었다. 아크릴 물감은 1940년대 독일에서 사용되었는데, 1841년에 미국의 존 랜드John Rand가 발명한 접을 수 있는 물감튜브에 담겨 공급되었다. 중국의 장군 몽염蒙恬은 기원전 300년경 처음으로 붓을 만들었다고 알려져 있다.

화풍과 전시회

예술운동에는 구체적인 시작이나 끝이 없기 때문에 르네상스 회화는 14세기 중반에, 인상주의 미술은 19세기 중반에 시작되었다고 밖에 말할 수 없다. 입체파는 20세기의 첫 10년, 서양의 추상미술은 그 다음 10년 사이에 출현했다(8세기 중국의 화가 왕묵이 먹물이 번지게 하는 선구적인 기법으로 그림을 그리고 오랜 시간이 지난 후이다). 그 뒤를 이어 1920년대에 초현실주의가 등장했다.

예술가들이 다른 이들에게 기술을 가르치는 것, 소위 미술 교육은 미술 자체만큼이나 오래되었고, 화가들의 작업실은 미술 학교의 전신이었다. 코시모 데 메디치Cosimo de Medici는 1563년 이탈리아 피렌체에 최초의 미술 아카데미를 설립했다. 일정한 제약을 두고서 개인 미술 수집품은 종종 대중에게 공개되어 왔지만(15세기 로마 카피톨리니 박물관이 그 예), 개인의 소장품이 모든 사람들에게 공개된 것은 17세기가 되어서였다. 그 첫 번째 사례는 옥스퍼드대학 애시몰린 미술관Ashmolean Museum(1683년)이다. 그리고 그다음 세기인 1753년에 최초의 국립 공공 미술관인 대영 박물관이 설립되었다.

1667년에 열린 파리 살롱Paris Salon은 최초의 미술전으로 볼 수 있을 것이다. 미술품 경매는 1742년 영국의 옥스퍼드 백작의 소장품을 분산시키는 과정에서 시작되었으며, 최초의 100만 파운드(그리고 100만 달러) 그림은 벨라스케스Velázquez의 〈후안 데 파레하의 초상Portrait of Juan de Pareja(1650년)〉으로, 종전 기록의 3배인 231만 파운드에 팔렸다(1970년, 영국 런던).

음악

초기 음악

누군가는 최초의 음악은 결코 인간이 만든 것이 아니라고 주장할지도 모르겠다. 선사 시대의 호모 사피엔스가 박자에 맞춰 두드리고 딸깍거리고 콧노래를 부르고 휘파람을 불기 훨씬 전에 새와 다른 동물들이 음악을 만들었다고 말이다. 최초의 악기가 나온 시기로 미루어 볼 때, 인간의 음악은 최초의 인간과 동시에 나타난 것이 거의 확실하다. 다시 말해서, 우리는 음악적인 동물이라고 할 수 있다. 유적 속 그림이나 악기를 보면 인간이 수천 년 동안 음악을 만들어 온 것은 분명하지만, 기록되기 전까지는 그것이 어떤 소리였는지는 알 수가 없다. 기원전 1400년경에 시리아에서 기록된 후르리인의 노래가 가장 오래된 곡으로 알려졌지만, 인도에서 그보다 더 오래 전에 악보를 기록했다고 말하는 이들도 있다. 현존하는 가장 오래된 악보의 원형은 세이킬로스의 비문Seikilos epitaph이다(1~2세기, 터키).

현재까지 알려진 가장 오래된 합창곡은 그리스 연극에 들어가 있는 합창곡이고(기원전 700년경), 알려진 가장 오래된 다성 음악—아프리카에서 본능적으로 등장한 것 외에—은 그레고리오 성가(600년, 이탈리아)에서 발전한 오르가눔organum으로 기록되어 있다. 기록된 최초의 음계인 옥타브 음계는 고대 그리스 수학자 피타고라스Pythagoras가 기원전 540년경 확립한 것으로 인정받고 있고, 솔미제이션solmization—음계의 각 음을 각각 다른 음절로 부르는 창법—은 이탈리아의 구이도 다레초Guido d'Arezzo(991~1033)가 개발했는데, 이를 통해 '도, 레, 미, 파, 솔, 라, 시'라는 계이름이 탄생했다.

음악사의 중요한 사건들

모든 음악 장르와 그 하위 장르, 그리고 계속 늘고 있는 더 세부적인 하위 장르의 처음을 열거하는 것은 지면이 한정돼 있어 어렵지만, 중요한 첫 사례를 꼽자면, 먼저 최초의 음악가이자 시인으로 알려진 수메르의 제사장 엔헤두안나Enheduanna(기원전 2285~기원전 2250)

를 들 수 있을 것이다. 최초의 중국 잡극은 후조(319~351) 때 공연되었다. 비잔틴의 수녀 카시아Kassia(810년경 출생)는 아마도 이름이 알려지고 음악도 남아 있는 최초의 작곡가일 것이다. 또한 작품을 들을 수 있는 최초의 유명 여성 작곡가임이 분명하다. 서양의 오페라는 이탈리아에서 1598년부터 시작되었고, 2년 후에는 서곡이 등장했다. 이탈리아의 아르칸젤로 코렐리Arcangelo Corelli(1653~1713)는 협주곡 형식을 확립했고, 1730년대에 이탈리아에서 최초의 교향곡이 연주되었으며, 1750년대에 오스트리아 작곡가 요제프 하이든Joseph Haydn이 최초의 현악 4중주를 작곡했다. 기욤 알렉시스 파리Guillaume-Alexis Paris는 지휘봉을 처음으로 사용한 것으로 알려진 지휘자이다(1794년, 벨기에).

〈검은 악당The Black Crook(1866년)〉은 일반적으로 최초의 뮤지컬로 여겨진다. 블루스는 1870년대 미국 남부의 아프리카계 미국인들 사이에서 시작되었다. 〈아이 갓 더 블루스I Got The Blues(1908년)〉는 처음으로 발표된 블루스 곡이었다. '재즈'라는 단어는 1915년에 미국에서 처음 사용되었고, 재즈 음악 자체는 서아프리카의 음악과 유럽 스타일의 음악이 융합된 음악으로, 래그타임ragtime(피아노 음악으로 재즈의 전신이지만 즉흥 연주는 하지 않는다-옮긴이)을 거쳐 발전했다. 최초의 래그타임 곡은 미국에서 1895~1896년에 발표되었다. 유럽으로 돌아가면, 오스트리아 태생의 작곡가 아르놀트 쇤베르크Arnold Schönberg는 1908~1909년, 클래식 음악에 불협화음을 도입하여 〈공중정원의 책The Book of the Hanging Gardens〉이라는 곡을 만들었다.

컨트리 음악은 서유럽의 문화에, 1927년 미국 테네시주에서 진행된 음반 녹음으로 시작된 특유의 미국적 색채가 어우러져 탄생했다. '팝송'이라는 용어의 시작은 1926년으로 거슬러 올라가지만, '팝 음악'은 1950년대가 되어서야 영국에서 등장했다. '디스크자키'라는 용어는 1935년부터 쓰기 시작했고 6년 후 출판물에 등장했다 (미국). 그로부터 5년 후, 미국의 음악잡지『빌보드*Billboard*』는 처음으로 앨범 판매량을 종합한 차트를 발표했다. '로큰롤'이라는 용어는 1951~1952년에 미국에서 처음 사용되었고, 레게 음악은 1960년대 말 자메이카에서 탄생했다.

더 최근의 발전으로 옮겨 가자면, 랩 음악의 뿌리는 오래전의 아프리카 음악으로 거슬러 올라가지만, '랩'이라는 단어가 리드미컬하게 말하는 스타일의 음악을 지칭하게 된 것은 1971년이 되어서였다 (미국). 비슷한 시기에 도심 빈민가의 미국 흑인들은 뉴욕의 힙합 문화와 더불어 힙합 음악을 만들었다.

포크 음악은 음악 자체만큼이나 오래된 음악으로, 노동자들이 일을 할 때 불렀던 노동요까지 거슬러 올라가고, 정기적으로 다시 불러지고 수정되었으며, 1959년 미국 그래미어워드에서 독립된 장르로 인정받았다.

모타운 사운드(팝 영향을 받은 소울 음악의 한 갈래로, 특히 1960년 모타운 레코드 회사에서 나온 음악을 가리킨다-옮긴이)는 1960년 미국 디트로이트(디트로이트의 별칭이 '모터 타운*motor town*')에서 시작되었고, '월드 뮤직'이라는 문구는 1987년 런던에서 만들어졌으며, 1991년 미국 밴드 너바나*Nirvana*는 그런지*grunge*(매우 거친 사운드가 특징인 록 음악의 일종-옮긴이) 열풍을 일으켰고, 1995년경 영국에서 개러지 뮤직*garage music*(차고 음악. 흔히 열악한 환경에서 만든 아마추어 록 음악을 말한다-옮긴이)이 시작되었다.

✚ 치명적일 만큼 위험한 지휘봉

가벼운 지휘봉을 쓰기 전 지휘자들은 커다란 나무 지팡이로 자기 옆의 바닥을 쿵쿵 내려치며 박자를 맞췄다. 이로 인해 1687년에는 지휘 중에 참사가 일어나기도 했다. 프랑스의 저명한 음악가 장 바티스트 륄리Jean-Baptiste Lully가 루이 14세의 쾌유를 축하하는 연회에서 테데움Te Deum(성부 하느님과 성자 그리스도에 대한 라틴 찬송가-옮긴이)을 지휘하던 도중 뜻하지 않게 자기 발가락을 내려찍었다. 이 상처로 생긴 농양이 패혈증으로 발전했고, 그는 두 달도 지나지 않아 사망했다.

악기

타악기

최초의 악기는─이것도 악기라면─인간의 목소리였다. 그다음에 북으로 시작해 타악기가 나왔다. 최초의 타악기는 기원전 5500년 중국에서 나왔다고 알려졌다. 스네어 드럼(뒷면에 쇠 울림줄을 댄 작은 북-옮긴이)은 14세기 무렵 유럽에서 등장했다. 북채도 이와 거의 같은 시기에 나왔다. 심벌즈는 기원전 1100년 즈음에 중국과 중동에서 쨍 하는 소리를 냈고, 약 300년 후 중국에서 징 소리가 울려 퍼졌다.

16세기 영국에서는 트라이앵글 소리가 들렸고, 벨은 4,000년 전 중국에서 소리가 울렸다고 하지만(이때쯤 나무 실로폰도 만들어졌다), 18세기가 되어서야 독일에서 처음 오케스트라에 사용되었다. 1739년, 독일 태생의 작곡가 게오르크 프리드리히 헨델George Frideric Händel

은 곡에 키보드 글로켄슈필keyboard glockenspiel 부분을 포함시켰고, 튜블러 벨은 1860년대 프랑스에서 처음 등장했다.

목관 악기

플루트는 음을 연주한 최초의 악기였으며, 가장 오래된 플루트는 독일에서 발견된 것으로 4만 년 이상 되었다고 한다. 리코더는 13세기 독일, 피콜로는 1710년경 이탈리아, 현대적인 플루트는 1832년에 등장했다. 기원전 2700년경 고대 이집트에 '줌마라'라는 클라리넷과 유사한 악기가 있었지만, 진정한 최초의 클라리넷은 1690년 독일의 요한 크리스토프 데너Johann Christoph Denner가 만들었다. 오보에는 1657년에 오케스트라에 처음 연주되었고, 현대적인 형태의 바순은 같은 세기 후반에 등장했다(둘 다 프랑스). 벨기에의 음악가 아돌프 삭스Adolphe Sax는 1846년에 색소폰을 개발해 특허를 받았다. 백파이프의 구슬픈 소리가 처음 울려 퍼진 곳은 스코틀랜드가 아니라, 기원전 1000년경 터키였다.

금관 악기

코넷(19세기 초, 프랑스), 프렌치 호른(1705년. 밸브는 1814년에 독일에서 달림), 나팔(1758년, 독일), 트럼펫(기원전 1500년경, 중국과 이집트. 밸브는 1818년에 독일에서 달림)과 같은 현대의 금관악기들은 모두 속이 빈 동물의 뿔에서 발전했다. 트롬본(색버트라고도 불림)은 15세기 네덜란드, 세르팡(16세기부터 18세기까지 있었던 뱀 모양의 관악기-옮긴이)은 1590년 프랑스, 튜바는 1835년 독일에서 만들어졌다.

현악기

바빌로니아인들은 5,000년도 더 전에 류트와 비슷한 악기를 연주했고, 사냥용 활에서 발달한 초기 하프는 3,200년 전의 모습이 남아 있다(이집트). 그다음으로는 이란의 덜시머(기원전 1500년경), 스리랑카의 라바나하타(시기 미상), 그리스의 수금(기원전 1400년)이 나왔다. 모린 후르의 전신인 몽골의 마두금이 활로 연주한 최초의 악기였을 수도 있지만(7세기), 9세기에 아랍인들이 루밥(7세기, 아프가니스탄)을 초기 형태의 바이올린으로 발전시켰다고 여겨진다.

3현 바이올린으로 볼 수 있는 악기가 1530년대에 이탈리아에서 등장했고, 1556년에는 4현 바이올린(오늘날의 바이올린과 같은)의 모습이 그려졌다. 그보다 한 세기 전에는 이탈리아에서 비올라가 연주되고 있었다. 이탈리아는 첼로(1535~1536년)와 더블 베이스(베이스 비올라 다 감바 형태로. 1542년)의 고향이기도 하다. 전기 더블 베이스는 1924년 미국에서 발명되었다. 기타의 원형이라고 할 수 있는 악기는 약 3,300년 전부터 있었지만(메소포타미아), 전기 기타는 1931년에 미국에서 특허를 받았고, 1936년에 등장했다.

건반 악기

오르간은 기원전 3세기에 그리스에서 발명되었다. 중세 후기와 근대 초기 유럽에서는 새로운 건반 악기가 제작되었는데, 클라비코드(14세기, 독일), 하프시코드(14~15세기, 독일 또는 이탈리아), 버지널(1460년경, 체코에서 처음 언급됨)와 스피넷(1631년, 한 이탈리아인이 처음 언급함) 등이 있다. 건반 악기의 여왕인 피아노는 이탈리아의 바르톨로메오 크리스토포리Bartolomeo Cristofori(1655~1731)가 발명했다. 해먼드 오르간은 1935년에, 윌리처 사의 전기피아노는 1955년에 출시되었다(둘 다 미국). 미국의 엘리샤 그레이Elisha Gray는 1876년에 신시사이저를 만들었다.

연극

연극의 기원

기원전 2000년경의 고대 이집트의 종교극, 기원전 1500년경 중국의 음악극, 기원전 600년 전후의 인도의 산스크리트어 연극 등에 관한 증거가 남아 있다. 우리가 알고 있는 연극—배우가 관객들 앞에서 각본에 따라 말과 동작을 보여 주는 무대 예술—은 기원전 6세기 고대 아테네에서 생겼고, 아마도 비극은 기원전 534년(아테네에서 첫 연극 경연대회가 열리던 날), 희극은 기원전 425년에 시작되었을 것이다. 최초의 극장도 거의 같은 시기에 지어졌다.

그리스의 극작가 아이스킬로스Aeschylus(기원전 525~기원전 455)는 현재까지 알려진 최초의 남성 극작가이고, 독일의 흐로츠비타Hrotsvitha of Gandersheim(935~1005)는 최초의 여성 극작가로 알려져 있다. 그리스의 배우 테스피스Thespis('배우'라는 뜻의 영어 단어 thespian의 어원)는 기원전 534년경 무대에 올라 현재까지 알려진 최초의 전문 배우가 되었다. 중국은 서양과 달리 무대에 여성이 오르는 것을 꺼리지 않았고, 당나라(618~907년)에서는 최초의 여성 배우들이 보통 애국주의적인 주제를 다루는 음악극에 출연했다. 그때쯤 중국에는 아마 최초의 연극 학교로 볼 수 있는 기관도 있었을 것으로 추정된다.

중국 인형극의 등장인물들(1780년경)

인형극 역시 중국의 한나라에서 기원전 206년부터 220년 사이에 시작되었다. 1551년에 이탈리아에서 상연된 코메디아 델라르테 Commedia dell'arte(16세기부터 18세기에 걸쳐서 이탈리아에서 발달한 가벼운 희극-옮긴이)에 관한 기록이 남아 있고, 마찬가지로 1550년대에 이탈리아에서 처음으로 프로시니엄 아치proscenium arch(무대와 객석을 구분하는 액자 모양의 건축 구조-옮긴이) 뒤에서 연극이 상연되었다.

무대와 서커스

회전무대의 한 형태가 1750년대에 일본에서 처음 만들어졌지만, 가장 오래된 현대적인 회전무대는 1896년 독일에서 돌기 시작했다. 촛불이 켜진 실내 극장은 16세기 말 프랑스와 이탈리아에 지어졌다. 극장 가스등은 19세기 초반에 등장했고, 거의 같은 시기에 아크등(211쪽 참조)이 나왔고, 뒤이어 1820년대에 회백등(라임라이트)이 등장했다.

길거리 공연에서 발전된 시사 풍자극은 1848년 파리의 폴리 마리니 극장Théâtre des Folies-Marigny이 개장하면서 시작되었고, 나체극 공연은 더 오래전부터 있었다(예를 들어 고대 이집트). 1886년 미국 뉴욕에 문을 연 웹스터 홀은 최초의 나이트클럽으로 알려져 있고, 1959년에 독일 베를린에서 세계 최초의 디스코텍이 문을 열었다.

서커스는 1770년 영국의 은퇴한 기병 필립 애스틀리Philip Astley가 고안했다. 그 공연은 1782년에 영국에서 '서커스'라고 불리기 시작했고, 1826년에 대형 천막 '빅 톱Big Top'이 도입되었으며, 얼마 지나지 않아 '동물쇼'가 추가되었다(둘 다 미국).

세계 최초의 서커스인 애스틀리의 서커스(1808년경)

문자 언어

글쓰기

글쓰기의 탄생은 그 과정이 길고 논란의 여지가 많다. 탄생지로는 두세 곳, 어쩌면 네 곳의 각기 다른 장소가 거론되기도 한다. 수메르와 메소아메리카는 확실하고, 이집트와 중국도 포함할 수 있을 것이다. 이 중에서 수메르에서 가장 먼저 글이 탄생했다. 처음에는 계산할 때 표시를 했고(기원전 8000년경), 그다음에 이런 표시들을 점토판에 그림 문자로 새기기 시작했으며(기원전 3500년경), 그 뒤를 이어 상형 문자가 나왔고(기원전 3000년경. 말을 글로 옮긴다는 생각을 하게 된 중대한 진전이었다), 기원전 1500년경 드디어 말소리를 나타내는 자모 문자(음소적 단위의 음을 표기하는 문자-옮긴이)가 등장했다. 이른바 페니키아 문자가 가장 오래된 것이다.

이집트 상형 문자는 기원전 3100년경에, 중국의 문자는 기원전 1200년경에, 메소아메리카 문자는 기원전 300년경에 등장했다. 중국을 제외한 아시아 대부분 지역과 중동의 문자 체계를 낳은 문자는 기원전 8세기에 처음 사용되었다. 거의 같은 시기에 나온 그리스 알파벳—현재 유럽과 미국 사람들이 읽고 있는 글로 발전한—은 모음과 자음에 동일한 비중을 두었기 때문에 최초의 진정한 자모 문자로 간주된다.

프랑스의 샤를 바르비에Charles Barbier는 나폴레옹의 병사들이 어둠 속에서 말없이 의사소통을 할 수 있도록 매우 복잡한 촉각 암호를 개발했고, 역시 프랑스의 루이 브라유Louis Braille는 이를 간소화해서 오늘날의 점자 체계를 완성했다(1824년).

펜과 종이

가장 오래된 것으로 알려진 필기구는 점토판에 글을 새길 때 쓴 철필이며(270쪽 참조), 기원전 3000년경 고대 이집트인들이 애용한 갈대 붓과 갈대 펜이 그 뒤를 이었다. 약 400년 후 이집트의 필경사들은 잉크로 글을 썼다. 깃펜은 아마도 기원전 100년경 중동에서 만들어졌을 것이고, 로마인들은 1세기에 금속 펜촉으로 긁는 방식으로 글을 쓰고 있었다. 강철 펜촉이 달린 딥 펜Dip Pen(잉크를 찍어 쓰는 펜-옮긴이)은 영국에서 1822년부터 대량 생산이 시작되었고, 만년필은 그로부터 5년 뒤에 루마니아와 프랑스에서 등장했다. 볼펜은 1888년에 미국에서 특허 등록이 되었지만, 1938년 헝가리의 라슬로 비로László Bíró가 만든 볼펜이 나온 뒤에야 인기를 끌기 시작했다. 이보다 전인 1910년에는 미국의 리 뉴먼Lee Newman이 펠트펜 특허를 받기도 했다. 일본은 1962년 최초의 섬유펜을 생산했다.

연필은 1564년 이후에 흑연 조각으로 시작되었고(영국), 1560년경 나무로 감쌌으며(이탈리아), 흑연에 점토를 섞은 지금의 연필 '심lead'이 1790년에 만들어졌다(오스트리아).

중국인들이 종이를 발명하기 전에는 파피루스나 양피지에 글을 썼다(21쪽 참조). 완벽한 책상 위를 완성시키는 사무용품으로는 종이 클립(1867년, 미국), 종이 집게(1944년, 영국), 투명 테이프(1930년, 미국), 수정 액(1951년, 미국)도 있어야 한다. 타자기에 대해서는 188~189쪽에서 이미 다뤘다.

책과 인쇄

수메르의 두 작품이 초기 문학의 전당에서 공동 1위를 차지했는데,

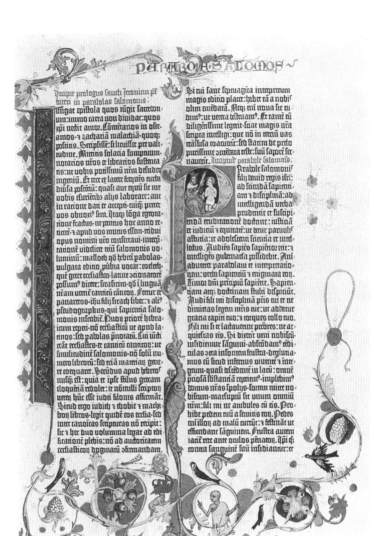

구텐베르크 성경의 한 페이지(1454년경)

「케쉬 사원 찬가*Kesh Temple Hymn*」로 알려진 시와 격언식의 조언을 담은 작품인 「쉬르팍의 교훈*Instructions of Shuruppak*」이다(기원전 2500년경). 두루마리는 양피지에 썼고(21쪽 참조), 최초의 책은 기원전 5세기 인도에서 종려나무 잎에 쓴 글이었다. 여러 장을 묶는 제본 방식인 코덱스는 1세기 로마의 발명품이다.

　인쇄된 글 중 가장 오래되었다고 알려진 것은 중국의 것이지만(868년경), 현재까지 알려진 가장 오래된 인쇄본은 1377년에 간행된 한국의 불교 서적 『직지심체요절直指心體要節』이다. 유럽에서는 그보다는 늦었지만 영향력은 더 컸던 요하네스 구텐베르크*Johannes Gutenberg*의 인쇄기가 1439년경 등장하였고, 미국의 리처드 호*Richard Hoe*가 1843년 증기 구동식 윤전기를 발명하면서 인쇄 과정이 엄청나게 빨라졌다. 그러는 사이, 초기 도트 매트릭스 프린터는 1929년에 독일에서 특허를 받았고, 상업용 레이저 프린터는 1976년, 컬러 레이저 프린터는 1995년경에 출시되었다(둘 다 미국). 3D 프린터 특허는 그보다 9년 전에 미국에서 등록되었다(1986년).

도서관과 문학 장르

글로 작성된 문서나 책은 보관할 곳이 필요했다. 이번에도 역시 오래된 문명의 발상지 수메르에 최초의 도서관이 생겼다. 최초의 국립도서관은 대영 박물관(298쪽 참조) 안에 있었고, 최초의 무료 공공도서관은 미국 뉴햄프셔주 피터버러에 있었다(1833년).

　문학의 여러 면에서도 그랬지만 수메르는 사전 분야에서도 선두에 서서, 기원전 2300년경 가장 오래된 사전을 편찬했다. 그로부터 오랜 시간이 지난 후에, 그리스 학자 비블로스의 필로*Philo of*

Byblos(64~141)가 유의어 사전으로 볼 수 있는 책을 처음으로 썼다.

79년 베수비오 화산 폭발로 죽기 전, 로마의 문인 플리니우스Plinius는 백과사전의 원형으로 간주되는 37권의 『박물지*Naturalis Historia*』를 편집했다. 전기傳記는 18세기까지 별개의 문학 장르가 아니었기 때문에 첫 시작을 가리기가 곤란하다. 성경의 이야기(기원전 제1천년기, 이스라엘)를 언급하는 사람도 있겠지만, 대부분은 1550년에 이탈리아의 조르조 바사리Giorgio Vasari가 쓴 『미술가 열전*Lives of the Artists*』이 현대 전기(즉 칭송 일색이 아닌)의 진정한 출발점이라고 말할 것이다. 자서전은 기원전 2세기 중국 전한의 사마천司馬遷이 쓴 『사기史記』중 개인적인 부분이나 400년경 히포(알제리)의 주교 성 아우구스티누스의 『참회록*Confessions*』에서 시작되었다고 본다. 영국인 존 뉴베리John Newbery의 『작고 귀여운 포켓북*A Little Pretty Pocket-book*(1744년)』은 어린이들을 위해 특별히 쓰여진 첫 번째 책으로 볼 수 있을 것이다.

＋ 위키

위키wiki(협업을 통해 직접 내용을 수정할 수 있는 웹사이트)는 1994년 워드 커닝햄Ward Cunningham의 위키위키웹WikiWikiWeb에서 시작되었다. 그다음에 지미 웨일스Jimmy Wales의 웹 기반 백과사전 누피디아 Nupedia(1999년)가 만들어졌고, 이것이 2001년 최초의 다국어 무료 백과사전 위키피디아Wikipedia로 발전했다(모두 미국).

소설과 이야기

로마의 페트로니우스Petronius가 쓴 라틴어 소설 「사티리콘Satyricon(50년경)」, 인도의 단딘Dandin이 쓴 산스크리트어 소설 「다샤쿠마라차리타Daśakumāracarita(6~7세기)」, 일본 작가 무라사키 시키부紫式部의 「겐지 이야기源氏物語(11세기)」(이는 여성이 쓴 최초의 소설로 보는 것이 맞을 것이다), 스페인 작가 세르반테스Cervantes가 쓴 「돈키호테Don Quixote(1605년)」. 이 중 어떤 것이 최초의 소설일까?

아랍어로 쓰인 설화집 『천일야화』에 담겨 있는 「세 개의 사과」는 영국 작가 윌키 콜린스Wilkie Collins가 쓴 최초의 현대적 추리소설인 『월장석The Moonstone(1868년)』보다 1,000년 이상 전에 먼저 나왔을 것이다. 역사 소설에서는 영국 작가 월터 스콧Walter Scott의 작품 『웨이벌리Waverley(1814년)』가 나오기 전에 중국의 시내암(또는 나관중)이 쓴 『수호지(14세기)』가 수백 년 먼저 등장했다.

많은 초기 문학의 특색 중 유령과 영혼의 등장을 빼놓을 수 없다. 유령 이야기에 대해서는 플라우투스Plautus와 같은 로마의 극작가들의 작품(예를 들어 기원전 200년경에 플라우투스가 쓴 희극 「유령Mostellaria」)을 최초로 보는 것이 적합할 것이다. 한편, 영국의 소설가 호러스 월폴Horace Walpole이 쓴 「오트란토성The Castle of Otranto(1764년)」은 최초의 고딕 소설로 여겨진다.

과학의 시대 이전에는 진정한 공상과학 소설이 존재할 수 없다는 가정하에, 독일의 요하네스 케플러Johannes Kepler의 「꿈Somnium(1608년)」을 최초의 공상과학 소설로 본다. 스위스의 목사 요한 위스Johann Wyss가 쓴 「스위스 로빈슨 가족의 모험The Swiss Family Robinson(1812년)」은 최초의 청소년 소설이라고 평가받기도 한다.

참신함, 신문, 그리고 상

수도사 매튜 패리스Matthew Paris는 1240년경 움직이는 부분이 있는 책을 만들었고, 1929년에 나온 『데일리 익스프레스 아동 연보Daily Express Children's Annual』는 최초의 팝업 북(책장을 폈을 때 장면이 묘사된 그림이 입체적으로 튀어나오는 책-옮긴이)이었다(두 책 모두 영국). 일본 만화의 역사는 12세기까지 거슬러 올라가며, '망가マンガ'라는 단어는 1798년에 처음 등장한다. 미국의 만화는 「오버다이아 올드벅 선생의 모험The Adventures of Mr. Obadiah Oldbuck(1842년)」이 첫 시작이었는데, 1827년 스위스에서 나온 만화를 번역한 것이었다. 1938년에는 최초의 슈퍼히어로로 슈퍼맨이 등장했고, '그래픽 노블'이라는 용어가 미국에서 1964년에 처음으로 만들어졌다.

1605년 독일에서 창간된 『두드러지고 기억할 만한 모든 뉴스Relation aller Fürnemmen und gedenckwürdigen Historien』는 가장 오래된 비정부 신문이고, 1세기 후인 1702년에는 영국에서 최초의 일간지 『데일리 코란트Daily Courant』가 창간되었다. 신문 스도쿠(숫자 맞추기 퍼즐 게임)는 1892~1895년 프랑스에서 처음 실렸고, 십자말풀이는 미국에서 1913년에 처음 신문에 실렸다.

노벨 문학상은 1901년에 제정되었고(스웨덴), 그 뒤에 나온 다른 주요 상으로는 공쿠르상(1903년, 프랑스), 퓰리처상(1917년, 미국), 게오르크 뷔히너 상(1923년, 독일), 부커-매코널 상(1969년, 영국. 2004년부터는 맨부커 국제상), 미구엘 드 세르반테스 상(1976년, 스페인), 라오서 문학상(1999년, 중국), 월레 소잉카 아프리카 문학상(2005년) 등이 있다.

가장 오래된 일본 만화로 일컬어지는 〈조수인물희화(鳥獸人物戯画)〉의 한 장면(12~13세기)

우편 업무

문자 메시지의 전달은 기원전 2400년경 이집트 파라오 시대의 배달원으로 시작되었고, 완전한 정부우편제도로 발전한 것은 기원전 1700년경 아시리아거나, 또는 더 신빙성 있게는 기원전 559년에서 기원전 530년 사이, 키루스 대제 시절의 페르시아이다. 이때 우편물이 모인 장소를 최초의 우체국으로 본다. 인도는 기원전 3세기에, 중국은 기원전 2세기에 우편 사업을 실시했다. 1520년, 포르투갈의 마누엘 1세가 시작한 공공 우편 서비스는 근대 최초의 공공 우편 서비스이다.

편지는 종이가 발명(21쪽 참조)된 직후에 등장했지만, 알려진 가장 오래된 종이봉투는 스위스의 것이다(1615년). 창문형 봉투는 1902년 미국에서 고안되었다. 우편요금선불은 1680년에 시작되었던 것으로 보이지만, 균일 우편요금제도를 위한 접착식 우표의 출시는 1840년까지 기다려야 했다(모두 영국). 그 뒤를 이어 1849년 우체통(벨기에), 1861년 엽서(미국), 1872년 그림엽서(스위스), 1944년 우편 번호(독일)가 등장했다. 최초의 크리스마스카드는 1611년 영국의 제임스 1세(6세)에게 보내졌다.

교육

읽기 및 쓰기 학습

문자의 발명으로 새로운 기술을 다음 세대에 물려줄 수 있게 되었고, 이는 또한 중요한 법적·종교적·행정적 지식의 발전으로 이어졌다. 예를 들어 학교가 처음 세워지기도 했다. 최초의 학교는 고대 수메르나, 멘투호텝 2세Mentuhotep II와 그의 서기관 케티Khety 시절의 고대 이집트에 세워졌다고 전해진다(기원전 2020년경).

여성 혐오적인 성격의 종교가 교육을 장악하기 전에는 부유한 집안의 소년들과 소녀들이 함께 교육을 받았던 것으로 보인다. 증거를 살펴보면 수메르와 베다 시대(기원전 1500~기원전 600년경)의 인도에서 그랬음을 알 수 있다. 즉 최초의 여성 교육은 남성 교육과 정확히 같은 시기에 발생했던 것이다. 1세기 로마 제국의 유대인들은 모든 자녀들을 교육시켜야 한다고 주장했다고 전해지며, 2,000년 전 일부 부유한 로마의 가정은 딸을 학교에 보냈는데, 이는 최초의 여자초등학교로 볼 수 있을 것이다.

각종 시험

시험에 대한 사람들의 집착은 605년으로 거슬러 올라가는데, 그때 짧게 지속된 중국 수나라(581~618년)의 양제 때 관리 등용을 위한 최초의 전국적인 시험을 시행했다. 영국은 그 아이디어를 가져와 1855년 공무원 임용시험제도를 도입했고, 미국은 1883년에 비슷한 제도를 채택했다. 나폴레옹은 1808년 프랑스 바칼로레아(대학입학 자격시험-옮긴이)를 처음 실시했고, 1968년 스위스 제네바에 본부를 둔 인터내셔널 바칼로레아가 설립되었다. 국가별 학업성취도 순위를 매기는 시험인 국제학업성취도평가는 2000년에 첫 결과를 발표했다.

정의를 어떻게 내리느냐에 따라, 의무교육은 기원전 9세기 이후 고대 스파르타에서 시작되었다고 볼 수도 있고, 15세기 아스테카 왕국 삼각동맹 시대에 시작되었다고 볼 수도 있다. 독일의 팔츠-

츠바이브뤼켄은 모든 시민들이 성경을 접하도록 하기 위해 남녀 학생에 대한 의무교육을 최초로 실시한 지역이다(1592년). 24년 후, 장로교 국가인 스코틀랜드도 비슷한 이유로 의무교육을 실시했고, 시민들에게 다음 세대의 교육비를 부담할 것을 요구한 최초의 국가가 되었다. 19세기 초반 영국의 윌리엄 샤프William Sharp는 최초의 과학 전담 교사로 알려져 있다.

대학

파티마 알 피흐리Fatima Al-Fihri가 859년에 설립한 모로코의 알 카라윈 대학교가 세계 최초의 대학이라고 주장하는 이들도 있고, 학문의 자유를 대학의 핵심 원칙으로 내세우는 이들은 1155년 이후 더욱 성장한 볼로냐대학이 최초라고 주장하기도 한다. 파리대학교는 12세기 후반에 처음으로 박사 학위를 수여했는데, 남성뿐만 아니라 여성도 이 영예를 처음으로 안게 된 것은 1608년 아비뇽대학이 스페인 도미니크회 수녀 율리아나 모렐Juliana Morell에게 법학박사 학위를 수여했을 때였다. 모렐은 대학 학위를 받은 최초의 여성이었다. 중세 이탈리아 대학에는 최초의 대학원이라고 할 수 있는 과정이 있었고, 미국의 윌리엄메리대학은 최초의 문과 대학이었다(1693년). 점점 더 남용되고 있는 영국의 괴상한 학위등급제도(1등급, 상2등급, 하2등급, 3등급, 보통)는 1918년에 처음 도입된 것이다.

전문 교육

대부분의 역사에서 군사 훈련이나 예술 창작 훈련은 경험 많은 실무자들의 감독 아래 진행되어 왔다. 최초의 군사 사관학교는 덴마크

해군사관학교(1701년)이고, 그 뒤를 이어 최초의 육군사관학교인 영국의 울위치 왕립군사학교(1720년)가 세워졌다. 크란웰에 위치한 영국공군사관학교는 최초의 공군사관학교(1919년)이다.

좀 더 평화적인 분야로 눈을 돌리면, 기원전 5세기 로마의 교황 성가대는 아마도 최초의 음악 학교일 것이고, 예술 교육 기관인 콩세르바투아르conservatoire(원래는 '구원받은' 이들에게 음악 교육을 실시한 고아원)는 16세기에 이탈리아에 세워졌다. 농업 교육을 제공하는 기관은 정확히 밝히기 어렵지만, 연도는 의미가 있다. 에든버러대학교는 1790년에 선구적인 농업 강좌를 개설했고, 미국의 가디너 리시움Gardiner Lyceum은 1822년에 농부들을 위한 직업 훈련을 제공한 곳이며, 영국왕립농업대학교가 1845년에 설립되었다. 발레 용어 대부분이 프랑스어인 만큼 최초의 발레 학교가 파리에 있는 것은 놀랄 일이 아니다(1671년). 미술 학교와 연극 학교는 298쪽과 305쪽을 참조하라.

장난감과 게임

팽이에서 다마고치까지

최초의 장난감이라고 할 수 있는 간단한 호루라기, 수레 등은 4,000년도 더 전에 인더스강 유역에 살았던 아이들이 즐긴 장난감이었다. 최초의 요요는 기원전 500년경 고대 그리스에서 회전하고 있었을지도 모르고, 그리스인들은 기원전 3세기 루빅큐브(1974년, 헝가리)의 전신인 기계식 퍼즐도 고안했다. 거의 5,000년 전에 만들어진 인형은 인형의 집과 함께 이집트 무덤에서 발견되었다. 하지만 그것들은 가지고 노는 장남감이 아니었다. 진정한 의미에서 아이들을 위한 최초의 인형은 이탈리아 판텔레리아섬에서 발견되었고(기원전 2000년경 만들어진 것으로 추정), 어린이들을 위한 인형의 집이 만들어진 것은 18세기 영국에서였다.

흔들 목마(1600년경)와 더불어 혁신적인 장난감이 영국에서 다수 나왔는데, 조각그림 맞추기 퍼즐(1767년), 만화경(1817년), 조이트로프(1833~1834년), 플라스티신plasticine(어린이 공작용 점토-옮긴이. 1897년), 메카노세트Meccano(강철의 조립 완구 상표명-옮긴이. 1898년) 등이 있었다. 독일은 1891년 모형 기차 세트를 시장에 내놓았고, 1897년 미국에서 전기 기차 세트가 나왔다. 봉제완구의 상업적 생산은 1880년 독일에서 시작되었지만, 미국에서 나온 테디 베어로 엄청난 발전을 이루었다(1903년). 1939년 영국의 한 회사가 처음으로 자동 잠김 브릭Self-Locking Bricks을 만들었지만, 덴마크 회사 레고가 조립 블록 장난감 시장의 선두 자리를 차지했다(1949년). 같은 시기에 일본, 미국, 유럽 등지에서 다이캐스팅 모형도 등장했다. 이는 주재료인 금속에 플라스틱, 고무, 아크릴 등의 장식을 더해 만드는 모형 장난감이다. 프로그Frog라는 모형 브랜드에서는 이미 1936년에 최초의 축적 모형 플라스틱 키트를 선보였다. 1956년에는 점토 완구 플레이도우Play-Doh가 나왔고, 3년 후에는 바비 인형이 판매를 시작한다. 1996년 일본에서 출시된 다마고치たまごっち는 전자 애완동물 열풍을 일으켰고, 이 열풍은 2016년 로봇 해치멀Robotic Hatchimals로 이어졌다.

가장 오래된 것으로 알려진 보드 게임은 기원전 3500년 이집트의 세네트 게임이었다. 기원전 3000년경 메소포타미아에서는 체커와 비슷한 게임을 했고, 최초의 주사위를 사용한 백개먼backgammon(실내에서 두 사람이 하는 서양식 주사위 놀이-옮긴이)과 유사한 게임이 기원전 2800년을 전후하여 같은 지역에서 등장했다. 공기놀이는 중국에서 시작되었는데, 기원전 4세기 문헌에 언급되어 있다. 그로부터 1,000년 정도가 지난 뒤 첫 번째 체스 게임이 열렸고(3~6세기, 인도), 또 다시 한 세기가 지나고 도미노 게임이 등장했다(13세기, 중국). 현대 보드 게임은 1750년대 영국에서 '유럽 여행A Journey Through Europe'이라는 이름의 게임으로 시작되었고, 이후 1935년, 미국에서 모노폴리 보드게임이 등장했다.

기원전 3200년경 고대 이집트인들이 처음 공을 만든 이후에 우리의 먼 조상들이 만든 게임은 훗날 프랑스의 불 게임(번갈아 가며 금속 공을 작은 공 가까이로 굴리는 게임-옮긴이)이나 페탕크(직경 10센티미터 정도의 철구를 던지는 게임-옮긴이)를 포함하여 여러 종류의 볼링으로 발전했다. 미국인들은 1946년에 자동 10핀 볼링장을 고안했고, 1933년에는 18세기 말 프랑스에서 발전한 바가텔이라는 게임을 본따 전자 핀볼 게임기를 만들었다. 크로케croquet(잔디 구장 위에서 나무 망치로 나무 공을 치며 하는 구기 종목-옮긴이) 식 게임인 당구는 1340년대에 야외에서 시작되었다가 프랑스의 루이 11세(재위 1461~1483) 때 실내 테이블로 옮겨갔다. 그렇지만 크로케 자체에 대한 가장 오래된 언급은 1856년 영국에서 나왔다.

한 영국인이 1896년에 현대적인 다트판을 고안했고, 또 다른 영국인은 1923년 테이블 축구 특허를 취득했다. 한편, 프랑스인들은 19세기 초에 처음으로 셔라즈charades 게임을 했다. 이 게임은 한 사람이 몸짓으로 어떤 단어의 음절을 표현하면 다른 사람이 그 단어가 무엇인지 맞추는 방식으로 진행된다.

카드놀이는 9세기에 중국에서 시작되었다. 짝패 한 벌(하트, 클럽, 다이아몬드, 스페이드)은 이집트에서 쓰던 상징을 14세기 프랑스 버전으로 만든 것이고, 1860년경 미국인들이 조커를 추가했다. 1720년에 한 이탈리아인이 게임용 바퀴를 만들었고, 이를 바탕으로 1796년 프랑스에서 현대적인 형태의 룰렛을 고안했다. 최초의 현대식 도박장, 즉 카지노는 1638년 이탈리아 베네치아에서 문을 열었다.

＋다트 때문에 죽다

다트 게임에 관해 믿을 만한 최초의 언급은 1819년에 나왔다. 당시 이 게임은 '불어서 쏘기Puff and Dart'라고 불렸는데, 오늘날과 같이 화살을 던지는 것이 아니라 입으로 불어서 쏘았기 때문이다. 가끔 부주의하거나 술 취한 사람들이 불지 않고 빨아들이는 바람에 화살을 삼켜서 치명적인 결과를 초래하는 일이 잦았다. 결국 당연하게도 이런 방식의 게임은 사라졌다.

종교

종교의 시작

일부에서는 이 말에 이의를 제기하기도 하지만, 인간의 종교적 본능이 최초로 드러난 시점은 죽은 사람을 의도적으로 매장하기 시작했을 때였다. 문제는 그게 언제였는지 아무도 확신할 수 없다는 것이다. 아마도 30만 년 전에서 3만 년 전 사이 어느 때쯤일 것이다. 종교적 의미가 있는 최초의 인물과 이미지에 대해서는 이보다는 좀 더 확실하게 말할 수 있고, 종교적 건축물(214~215쪽 참조)이라면 더욱 확실한 증거가 남아 있다. 최초의 종교 문서가 기원전 2600년경 메소포타미아에서 나온 글인지, 아니면 기원전 2400년경 이집트에서 나온 글인지에 대해서는 전문가들 간에 의견이 일치하지 않는다.

대부분의 주요 신앙의 기원은 신비에 싸여 있지만, 조로아스터교는 기원전 제2천년기에, 힌두교와 유대교는 기원전 6세기에, 유교와 불교는 기원전 5세기에, 도교는 기원전 4세기에, 자이나교는 기원전 2세기에, 기독교는 1세기에, 이슬람교는 7세기에, 신도(조상과 자연을 섬기는 일본 종교-옮긴이)는 8세기에, 시크교는 16세기에 시작되었다고 볼 수 있을 것이다. 이슬람교에서 수니파와 시아파 분열의 첫 징후는 7세기 중반에 나타났고, 기독교는 1054년에 로마 가톨릭과 동방 정교회로 갈라졌으며(이탈리아, 터키), 1520년대에는 로마 가톨릭에서 개신교가 분리되어 나왔다(독일).

현시와 반대

최초의 종교 문서는 가장 오래된 기도문이었고, 최초의 찬송가는 기원전 7세기 그리스에서 불렸으며, 최초의 시편(29장)은 기원전 445년에서 기원전 333년 사이에 기록된 것으로 알려져 있다.

최초의 성직자는 엔En이라고 알려진 수메르 여성 엔헤두안나(299쪽 참조)였다. 기독교의 사제와 주교들은 1세기 중후반에 등장했지만, 최초의 이슬람 성직자 또는 이슬람 교단의 지도자인 이맘에 대해서는 시아파의 관점에서 볼 것인지 수니파의 관점에서 볼 것인지에 따라 달라진다. 예언자도 마찬가지로 까다롭다. 이슬람교도들은 최초의 예언자가 최초의 인간인 아담이라고 믿으면서 유대인 그리고 기독교인들이 그러하듯 아브라함(아마도 기원전 6세기)을 예언자로 받아들이기도 하기 때문에 그 또한 최초라고 볼 수도 있다.

기록상 힌두교에서 일어난 최초의 기적은 기원전 8세기에 일어났고, 유대교의 기적은 기원전 6세기, 기독교의 기적은 1세기, 불교의 기적은 6세기, 이슬람교의 기적은 7세기에 일어났다. 최초의 순교자는 확인할 수 없지만, 그리스 철학자 소크라테스(기원전 399년)와 (예수를 제외하고) 최초의 기독교 순교자인 성 스테파노(34년경), 이 두 사람 다 최초라고 주장할 수 있을 것이다. 화장은 약 4만 2,000년 전 오스트레일리아에서 진행되었고, 간단한 무덤과는 다른 최초의 묘는 기원전 4000년경 이집트 시나이 반도에 만들어졌다.

종교전쟁은 유일신교에서 시작되었는데, 최초의 종교전쟁은 622년에서 750년경까지 지속된 아랍 이슬람 세력의 정복전쟁이다. 무신론은 기원전 6세기에 불교와 힌두교, 도교 사이에서 생겨났고, '불가지론'이라는 단어는 영국의 과학자이자 사상가인 토머스 헉슬리Thomas Huxley가 1869년에 처음 썼다.

스포츠

제자리에

수천 년 전 신석기 시대와 구석기 시대의 발 빠른 아이들이 적당한 간격을 두고 서 있는 나무들 사이를 앞다퉈 달려가며 전나무 방울을 발로 찼을 것이 분명하지만, 스포츠를 즐겼다는 최초의 시각적 증거는 동굴 벽화에서 찾을 수 있다. 도보 경주와 레슬링(기원전 1만 3300년경, 프랑스), 수영과 활쏘기(기원전 6000년경, 리비아) 등이 그 예이다. 수메르에서는 기원전 제3천년기에 권투 시합을 벌였고, 낚시와 관련된 최초의 증거도 나왔다(기원전 2500년경). 이 직후인 기원전 2000년 무렵에는 고대 이집트에서는 많은 스포츠를 즐겼는데, 경마, 펜싱, 체조, 역도, 그리고 달리기, 멀리뛰기, 높이뛰기, 창던지기와 줄다리기를 포함해 현재 우리가 육상 경기라고 부르는 다양한 종목들이 있었다.

최초의 종합 스포츠 경기 대회인 올림픽 대회(처음에는 달리기 경주만 실시됨)는 기원전 776년에 그리스에서 개최되었다. 올림픽은 얼마 안 가 남성들의 전유물이 되었지만, 최초의 경주는 여성들만 참여하는 종목이었다고 전해지며, 4년에 한 번 열리는 그리스의 헤라이언 게임은 여성들을 위한 최초의 정규 스포츠 대회였다(아마도 기원전 772년경).

중국인들은 대략 2,000년 전쯤에 최초의 보트 경주를 열었을 것이고, 축구와 유사한 경기인 축국蹴鞠을 두어 세기 전에 하고 있었다(기원전 250년경). 폴로의 기원은 분명하지 않지만, 기원전 250년경 지금의 이란 지역에서 즐겼던 것은 확실하다. 최초의 구기 종목 중 하나는 기원전 1400년경 메소아메리카에서 했던 라켓racquets과 핸드볼을 섞은 듯한 경기이다. 고대 그리스에는 하키와 비슷한 경기(케레티제인keretizein, 기원전 510년경)와 럭비와 유사한 거친 경기(에피스키로스episkyros, 기원전 350년경)에 대한 언급이 있다. 테니스와 파이브스(손

에피스키로스 게임을 하는 소년과 노예가 새겨진 돌(기원전 5세기)

이나 배트로 공을 벽에 치며 하는 경기-옮긴이)의 시작은 12세기 프랑스로 거슬러 올라갈 수 있으며, 영국의 테니스 스타 팀 헨먼Tim Henman의 증조모 엘런 메리 스타웰 브라운Ellen Mary Stawell-Browne은 1900년 영국 윔블던 테니스 선수권대회에서 여성 선수로서는 처음으로 팔을 위로 들어 서브를 넣었다. 골프는 1457년 스코틀랜드에서 금지되었고(이미 치고 있었다는 뜻이다), 네덜란드는 17세기에 처음으로 요트 경기를 스포츠로 실시했다고 주장한다.

더 현대적인 스포츠에서 주목할 만한 첫 시작으로는 1876년 미식축구 규칙 제정, 1920년 미국 프로미식축구연맹 창설, 1967년 슈퍼볼의 시작 등이 있다. 유명한 프로야구 월드 시리즈는 1903년에 미국에서 시작되었고, 농구 규칙은 1891년(남자)과 1892년(여자)에 정해졌다(둘 다 미국). 권투는 기원전 688년 고대 올림픽에 처음 기록되어 있고, 현대적 규칙은 1885~1887년에 영국에서 확립되었다. 영국은 또한 크리켓 규칙을 만들었고, 1877년 최초의 국제 우승 결승전(잉글랜드 대 오스트레일리아)에도 참가했다. 장애인 스포츠는 1948년 영국 스토크 맨더빌 병원에서 열린 첫 종합 스포츠 경기 대회로 시작해서 1960년 패럴림픽으로 이어졌다.

최초의 승마 경기는 기원전 684년 고대 올림픽의 전차 경주였고, 최초의 클래식 경마 대회인 세인트 레거는 1776년에 영국에서 개최되었다. 현대 축구는 1863년 축구협회 창설을 기점으로 시작되었고(영국 잉글랜드), 첫 월드컵은 남자 대회는 1930년 우루과이에서, 여자 대회는 1991년 중국에서 개최되었다. 최초의 골프 규칙은 스코틀랜드에서 1744년에 성문화되었다. 이보다 훨씬 전인 1567년에 스코틀랜드의 여왕 메리 스튜어트가 최초의 여성 선수였다는 설도 있다.

주요 대회는 1860년 열린 디 오픈(남자 대회)과 1932년 열린 커티스 컵(여자 대회)인데, 모두 영국에서 시작되었다. 기록에 남아 있는 가장 오래된 유도 학원은 일본에 있었다. 남자 학원은 1882년, 여자 학원은 1923년에 만들어졌다. 유도 경기 규칙은 1900년에 역시 일본에서 제정되었다.

린더Leander는 영국에서 1818년에 문을 연 가장 오래된 조정 클럽이며, 기록된 최초의 경기는 10년 뒤에 있었다(옥스퍼드대학교 대 케임브리지대학교). 럭비 유니언(한 팀이 15명으로 이뤄지는 럭비 경기-옮긴이) 규칙은 1845년 럭비 스쿨에서 만들었고, 럭비풋볼 유니언은 가장 오래된 럭비 단체이며, 잉글랜드와 스코틀랜드가 1871년 최초로 국제 경기를 치렀다. 럭비 리그는 1985년 노던 럭비풋볼 유니언Northern Rugby Football Union의 조직과 규칙에서 시작되었다(모두 영국). 마지막으로, 수상스포츠와 관련한 첫 공식조직은 전국수영협회National Swimming Society(영국)이며, 수영 경기 규칙은 1908년에 제정되었다. 첫 수영경기는 1896년 올림픽에서 남자 경기만 열렸고(바다에서!), 1912년에는 첫 여자 경기가 열렸다.

+ 왕의 요트 경주

수천 년 동안 배를 타는 일은 상업 활동을 위한 방편이었다. 그러나 17세기 전반 네덜란드인들은 취미로 야흐트jaght(300년 전에 발명된 요트)를 타고 바다를 누비고 있었다. 망명 생활을 하던 영국의 찰스 2세도 합류했는데, 1660년 영국으로 돌아온 그는 개인 요트 캐서린Katherine을 주문했다. 그다음 해 그는 앤Anne이라는 이름의 요트를 소유한 동생에게 40마일 경주를 제안했는데, 이것이 첫 요트 경기라고 여겨진다. 찰스 2세가 이겼고, 요트 경기는 인기 있는 스포츠가 되었다.

겨울 스포츠

영국의 전국빙상경기협회는 가장 초기의 아이스스케이팅 스포츠 단체였고, 이 협회에서 실시한 1.5마일(약 2.4킬로미터) 경주는 최초의 스피드스케이팅 경기였다(둘 다 1879년). 그 후 1892년, 국제 빙상 연맹이 창설되고, 1893년에는 세계선수권대회가 시작되었다. 1924년 스피드스케이팅과 피겨스케이팅이 동계 올림픽 정식 종목으로 채택되었다(여자 부문은 1960년). 피겨스케이팅이 경기로서 시작한 것은 1864년 잭슨 헤인스Jackson Haines가 자신을 미국의 전국 챔피언이라고 선언했던 시점이라고 알려져 있다. 제1회 세계 피겨스케이팅 선수권대회는 1896년 러시아에서 열렸고, 1902년에는 최초로 여성 선수가 출전했다. 피겨스케이팅은 1908년에 올림픽 종목에 포함되었다.

한편, 체계를 갖춘 아이스하키 경기는 1875년 캐나다에서 처음 열렸고, 경기 규칙은 이로부터 2년이 채 안 된 시점에 제정되었다. 1920년에는 올림픽 종목에 포함되었다(여자 부문은 1998년). 컬링의 역사는 훨씬 더 오래전으로 거슬러 올라가 1716년 스코틀랜드에 최초의 클럽인 킬시스Kilsyth 컬링 클럽이 창단되었다(여전히 활발하다). 컬링은 1924년 올림픽에서 잠깐 선보이는 데 그쳤지만, 그 후 1966년에 국제컬링연맹이 설립되면서 부흥하기 시작했다.

노르웨이에서 1843년에는 스키 레이스, 1866년에는 스키점프 대회가 있었다고 하지만, 최초의 현대적인 스키 활강 경기는 1921년 스위스에서 개최되었다. 국제스키총회(1910년, 노르웨이)는 국제스키연맹 창립(1924년)과 동계 올림픽 종목 채택(1924년)을 위한 길을 닦았다.

썰매 경기는 1883년 스위스에서 시작되었고, 국제단체 국제썰매경기연맹은 1924년에 결성되었으며, 같은 해에 올림픽 정식종목으로 채택되었다. 스노보드는 미국에서 1965년에 만들어졌고, 스포츠로 빠르게 성장했다. 첫 경기는 1968년에 열렸고, 국제스노보드연맹은 1990년에 결성되었으며, 1998년에 올림픽 정식 종목이 되었다. 제1회 동계 올림픽은 1924년에 개최되었지만, 사람들은 그 이전부터 수세기 동안 눈 위에서 하는 놀이를 즐기고 있었다. 가장 오래된 눈사람 사진은 1380년에 찍힌 것이다(네덜란드).

모터스포츠

1867년 두 대의 증기기관차가 경주를 벌였고(영국), 20년 후 처음으로 조직적인 자동차 경주가 펼쳐졌다(1887년, 프랑스). 1895년 6월에 열린 파리-보르도-파리 행사가 아마도 최초의 자동차 랠리(자동차를 이용하여 정해진 구간을 달리는 경기-옮긴이)였을 테지만, 자동차 랠리의 공식적인 원형은 1911년의 몬테카를로 랠리Monte Carlo Rally이다. 영국 서리주 브룩랜즈는 최초의 자동차 경주용 트랙이었다(1907년). 그랑프리Grand Prix 경주의 뿌리는 1906년 프랑스로 거슬러 올라가고, 포뮬러원F1 월드 챔피언십은 1950년에 영국에서 시작되었다. 포뮬러 E(전기차 경주 대회)는 2014년에 출범했다. 1905년에 처음으로 시속 160킬로미터로 주행한 자동차가 등장했다(미국과 영국). 뛰어난 기량을 갖춘 최초의 여성 레이서 카미유 뒤 개스Camille du Gast는 1901년에 레이싱을 시작했다. 은퇴 후 그녀는 1903년에 시작된 모터보트 경주에도 도전했다.

원래는 2륜차, 3륜차, 4륜차가 함께 경주했는데, 1904년 국제 모터사이클 연맹이 결성되면서 모터사이클 경주가 독립을 선언했다. 이듬해 연맹은 프랑스에서 첫 경기를 열었고, 1907년에는 영국에서 투어리스트 트로피Tourist Trophy를 개최했다.

1949년에는 사이드카 월드 챔피언십의 첫 경기가 영국에서 열렸다. 1931~1936년 월드 챔피언십이 시작되기 이전의 스피드웨이(자동차나 오토바이 등의 경주용 도로-옮긴이)의 역사는 신비에 싸여 있다. 미국의 엑셀시오르excelsior는 시속 160킬로미터로 달린 최초의 오토바이였다.

+ 경주 중 사망

사이클 경기는 1868년 파리에서 시작되었다. 우승자는 철테 바퀴가 달린 나무 자전거를 탔다고 한다. 최초의 사이클 전용 경기장은 1877년 영국에 건설되었고, 1892년에 국제사이클경기협회가 설립돼 경기 규칙과 선수권대회를 책임지게 되었다. 사이클은 근대 올림픽 창설과 동시에 올림픽 종목으로 채택되었지만(1896년), 사람들의 관심을 사로잡은 것은 세계적으로 유명한 투르 드 프랑스Tour de France(1903년)이다. 하지만 이 대회가 늘 명예로웠던 것은 아니다. 대회가 열리는 동안 7명의 관중과 관계자들이 사망한 사고가 있었다. 또한 4명의 선수도 경기 중 목숨을 잃었다. 한 명은 심장마비로 죽었고, 한 명은 골짜기로 추락했고, 한 명은 익사했으며, 네 번째 선수는 바위에 머리를 부딪히는 사고로 안타까운 죽음을 맞게 되었다.

외모 관리

모발

위생과 미용을 위해 이발사들은 기원전 3500년경부터 머리카락을 자르고 다듬거나 면도를 해 왔고, 가장 오래된 금속 면도칼이 그때 만들어졌다(이집트). 이집트인들은 또한 기록에 남아 있는 최초의 가발을 썼고, 밀랍을 이용해 처음으로 제모를 하고 핀셋으로 털을 뽑았다고 한다. 기원전 1500년경 메소포타미아에서 가위가 발명되기 전에는 가위 대신 날카로운 돌이나, 조가비, 칼 등을 이용했다. 최초의 손톱깎이는 1875년에 미국과 영국에서 특허를 받았다.

한편, 1680년 영국 셰필드에서 처음으로 재래식 면도기가 만들어져서 안전면도기가 발명되기 전까지 널리 사용되었다. 안전면도기는 1762년에 프랑스에서 처음 고안되었고, 1847년에 영국과 미국에서 특허를 받았으며, 1880년에는 미국에서 '안전면도기'라고 처음 불리게 되었다. 1904년에는 킹 캠프 질레트King Camp Gillette의 양날형 안전면도기 특허가 났다. 그때 전기면도기 특허도 등록되었지만, 실용적인 면도기가 시판된 것은 1931년이 되어서였다(둘 다 미국).

질레트의 면도기는 일회용 면도날을 특징으로 하지만, 1975년 프랑스에서 출시된 빅Bic의 일자형 폴리스티렌 면도기야말로 진정한 일회용 면도기였다. 오랜 옛날부터 사람들은 다양한 종류의 헤어크림을 발라 왔는데, 헤어스프레이가 처음 판매되기 시작한 것은 1948년 미국에서였다.

화장

고대 이집트인들은 메이크업 부문에서 선두를 달렸고, 기원전 4000년경에 립스틱, 볼연지, 얼굴 크림이 등장했다. 아이라이너(콜 먹)는 기원전 3100년경, 머리 염색(헤나)은 기원전 1574년에 들어서 확실히 사용되었다. 중국인들은 기원전 3000년경 초기 형태의 매니큐어를 고안했다. 문신은 대단히 오래된 기술로, 최초의 예는 기원전 3250년경에 살았던 아이스맨 외치(89쪽 참조)에게서 찾을 수 있다(오스트리아, 이탈리아).

현재까지 알려진 최초의 향수는 기원전 제3천년기 말 키프로스에서 만들어졌고, 최초의 향수 제조자인 타푸티Tapputi는 기원전 1200년경 메소포타미아에 살았다. 화장수는 14세기에 헝가리에서 만들어졌다. 샴푸는 수천 년 전 인도에서 만들어졌지만, 액체 형태로 판매된 것은 1927년 독일에서였다. 애프터 셰이브 로션의 시작은 '페르시아(또는 나폴리) 비누' 광고로 거슬러 올라간다(1744년, 영국). 더 최근에 미국 제조업체들은 디오더런트(1888년, 멈Mum), 탤컴파우더(1894년, 존슨&존슨Johnson & Johnson), 발한 억제제(1903년, 에버드라이Everdry)를 출시했다.

운동

현재까지 알려진 최초의 체력단련법은 고대 페르시아인들이 실천한 방법으로, 그들은 기원전 제1천년기에 '힘을 키우는 집'이라는 뜻의 주르카네zurkhaneh라는 체육관을 지었다. 미국 샌프란시스코에서는 1912년에 '베이 투 브레이커스Bay to Breakers'라는 마라톤 경기가 시작되었다.

영국의 프랜시스 라운즈Francis Lowndes가 만든 운동기구 짐나스티콘Gymnasticon은 최초의 자전거가 나오기도 전인 1796년에 만들어진 것으로, 실내 운동용 자전거의 시초라고 볼 수 있다. 현대식 러닝머신(트레드밀)은 1968년경에 미국에서 판매되기 시작했다. 로잉머신(노를 젓는 듯한 동작을 하는 운동기구-옮긴이)의 기원은 기원전 4세기 고대 그리스로 거슬러 올라가며, 1872년 미국에서 현대적인 유압식 로잉머신이 등장한다.

요가는 3,500~5,000년 전 인도에서 처음 행해졌고, 독일의 요제프 필라테스Joseph Pilates(1883~1967)는 그의 이름을 딴 인기 있는 신체단련법으로 지금까지 기억되고 있다. 개인용 피트니스 트래커는 1895년 거리를 계산하는 '사이클로미터Cyclometer(미국)'에서 시작해, 만보기(1965년, 일본), 착용식 심박수측정기(1977년, 핀란드), 핏비트Fitbit(2008년, 미국) 등으로 발전했다.

PATENT GYMNASTICON

실내 운동용 자전거의 시초인 짐나스티콘

휴가와 놀이

적어도 4,000년 동안 지켜져 온 최초의 휴일은 새해의 시작을 맞이하는 날이었다(바빌론). 근무시간을 제한하는 법률은 1802년에 영국에서 통과되었고, 유급휴가를 위한 국제협약은 1936년에 마련되었으며, 스웨덴은 1976년에 처음으로 법정 육아휴직 제도를 도입하였다.

가장 오래된 호텔은 아마도 3,000년 전쯤에 페르시아나 그리스에서 손님을 받았을 것이고, 여관은 기원전 제1천년기 말 로마에 처음 생긴 것으로 추정된다. 영국은 최초로 여행사(1758년), 단체 관광(1841년), 패키지 해외여행(마요르카섬으로. 1952년) 등을 시작하며 현대 휴가 산업을 창출하는 데 큰 역할을 했다. 영국에는 원기 왕성한 청소년들을 위한 보이 스카우트(1909년)와 걸 가이드(1910년)라는 단체도 있었다.

18세기 초에 해수욕의 이점이 알려지면서 1735년 영국에 최초의 이동식 탈의 시설이 만들어졌다. 영국 맨섬의 캠핑장은 휴가용 캠프장으로 구상되었고(1894년), 12년 후 최초의 상설 캠핑장이 들어서게 되었다.

박람회와 유원지의 재미를 결합한 놀이공원은 1893년 미국 시카고의 콜럼버스 세계 박람회에서 유래한 것으로 추정되며, 1895년 상설 부지에 놀이공원이 건설되었다. 미국 캘리포니아주에 위치한 디즈니랜드는 1955년에 개장했다. 놀이기구는 회전목마로 시작되었지만(18세기, 유럽), 그보다 1세기 전 러시아에 미끄럼틀식 롤러코스터가 있었다는 보고가 있다. 1817년 파리에서 바퀴 달린 롤러코스터가 운행을 시작했고, 미국의 조지 워싱턴 게일 페리스George Washington Gale Ferris는 1893년 그의 이름을 딴 놀이기구인 최초의 페리스 휠 Ferris wheel(대관람차)을 만들었다.

재미와 운동을 위한 기구

본 스케이트(짐승의 뼈로 만든 스케이트-옮긴이)는 기원전 2000년경 핀란드에서 착용했다. 얼음을 찍는 강철 날이 달린 진짜 스케이트는 중세 네덜란드에서 만들어졌다. 롤러스케이트는 1743년 영국의 한 무대에 등장했다고 알려져 있지만, 발명 특허를 획득한 것은 1760년 벨기에에서였다.

서핑은 1767년에 처음 문헌에 기록되었지만, 폴리네시아 사람들은 이미 그 이전부터 수백 년 동안 취미로 서핑을 즐기고 있었다. 그 뒤 서핑은 미국 캘리포니아로 전파되었다. 파도가 잔잔한 날에는 바다에서 파도타기를 할 수 없게 되자 서핑 애호가들은 파도타기를 대신할 색다른 재미를 찾던 중에 보드 바닥에 롤러스케이트 바퀴를 달았고, 그렇게 해서 1940년대 말 스케이트보드가 탄생했다.

이런저런 형태의 후프(둥근 테)는 초기의 장난감들 중 하나였지만, 1957년경이 되면서 훌라후프가 세계적으로 유행하게 되었다(미국에서 시작). 고대 올림픽 종목이었던 원반 던지기(기원전 776년, 그리스)는 빙글빙글 도는 케이크 틀을 거쳐 1948년 플라스틱 원반인 프리스비로 이어졌다. 1968년에는 한 이탈리아 발명가가 호핑볼(떨어지지 않고 앉을 수 있는 손잡이가 달린 고무공-옮긴이)을 고안했다.

예상 밖의 조합. 호핑볼에 올라탄 수트 차림의 남자(1970년경)

참고문헌

국내에 소개된 도서는 번역된 도서 정보로 기재했다.

C.R. Cheney and Michael Jones, *Handbook of Dates for Students of British History*, CUP, 2008.

Peter D'Epiro, *The Book of Firsts: 150 World-Changing People and Events from Caesar Augustus to the Internet*, Anchor Books, 2010.

퍼트리샤 파라, 『편집된 과학의 역사』, 김학영 옮김, 21세기북스, 2011.

이안 해리슨, 『최초의 것들』, 김한영·박인균 옮김, 갑인공방, 2004.

Adam Hart-Davis, ed., *History: From the Dawn of Civilization to the Present Day*, DK, 2015

존 키건, 『세계전쟁사』, 유병진 옮김, 까치, 2018.

Andrew Marr, *A History of the World*, Pan, 2013.

리처드 오버리, 『더 타임스 세계사』 이종경·왕수민·이기홍 옮김, 예경, 2019.

Philip Parker, *World History: From the Ancient World to the Information Age*, DK, 2017.

Carl Ploetz, Hans Wilhelm Gatzke, William L. Langer, and William L. Langer ed., *An Encyclopedia of World History*, Harrap, 1956.

Roy Porter, *The Greatest Benefit to Mankind: A Medical History of Humanity*, Fontana Press, 1999.

J M Roberts & Odd Arne Westad, *The Penguin History of the World*, Penguin, 2014.

Patrick Robertson, *Robertson's Book of Firsts: Who Did What for the First Time*, Bloomsbury, 2011.

Thomas Stevens, *Around the World on a Bicycle*, with introduction by Nick Crane, Century, 1988.

도판 출처

15쪽   Wikimedia Commons / hairymuseummatt(사진 원본) / DrMikeBaxter(2
차적 저작물) / CC BY-SA 2.0.

20쪽   skyfish / Shutterstock.

22쪽   *China: Its Costume, Arts, Manufactures, &c.*, Vol. 2, London, 1812에 실린 그
림

29쪽   © Science Museum / Science & Society Picture Library. All rights
reserved.

37쪽   Everett Collection Historical / Alamy Stock Photo.

39쪽   McClure's Magazine Vol. 35, No. 06, October 1910.

41쪽   *Traitez nouveaux & curieux du café, du thé et du chocolate*, Philippe
Sylvestre Dufour, Lyon, 1685에 실린 그림

47쪽   작자미상의 Interior of a London coffee house, British Museum, London;
이미지 제공: Wikimedia Commons

53쪽   Wikimedia Commons / Victoria and Albert Museum / David Jackson /
CC BY-SA 2.0.

58쪽   Wellcome Collection / CC BY 4.0.

62쪽   Carson, Pirie, Scott & Co. catalogue, 1893에 실린 그림

65쪽   *The Ceremonial Usages of the Chinese, B.C. 1121*, translated by William
Raymond Gingell, London, 1852에 실린 그림

70쪽   동 그리스의 은수저, 기원전 4세기경 고전 시대 말에서 헬레니즘 시대 사이 / 개인
소장품 / photo © Christie's Images / Bridgeman Images.

77쪽   © Science Museum / Science & Society Picture Library. All rights
reserved.

79쪽   akg-images / Fototeca Gilardi.

97쪽   *Die Karikatur und Satire in der Medizin* by Professor Dr. Eugen Hollander,
Stuttgart, 1921에 실린 〈로마 출신의 부리가면 의사(Doktor Schnabel von

Rom)〉라는 제목의 그림

99쪽   *Life and Letters of Dr. William Beaumont* by Jesse S. Myer, A. B., M. D., St. Louis, 1912에 실린 알렉시스 세인트 마틴(Alexis St. Martin)을 그린 그림

106쪽 Microcosmus hypochondriacus, Malachias Geiger, Munich, 1651에 실린 약방 그림 / Wellcome Collection / CC BY 4.0.

111쪽   Wellcome Collection / CC BY 4.0.

117쪽 Articulated artificial right arm, Europe, 1501–1550 / Science Museum, London / Wellcome Collection / CC BY 4.0.

129쪽 Wellcome Collection / CC BY 4.0.

134쪽 Dr. Sheffield's First Toothpaste – Crème Angélique / Sheffield Phamaceuticals' Private Archives.

143쪽 Standard of Ur, British Museum, London / Wikimedia Commons / Babelstone / LeastCommonAncestor / CC BY–SA 3.0.

148쪽 Mary Evans Picture Library.

154쪽 *Cassell's Book of Knowledge* by Harold F. B. Wheeler, 1924에 실린 사진

161쪽 Newscom / Alamy Stock Photo.

168쪽 Library of Congress / Prints and Photographs Division / LC-USZ62–110384.

171쪽 Library of Congress / Prints and Photographs Division / LC-USZ66–6166A.

175쪽 사진 제공: NASA

176쪽 사진 제공: NASA

186쪽 그림: Peter Dunn, © Historic England Archive
       사진: Heritage Image Partnership Ltd. / Alamy Stock Photo.

193쪽 사진 제공: Ørsted.

199쪽 © Science Museum / Science & Society Picture Library. All Rights Reserved.

208쪽 Billion Photos / Shutterstock.

212쪽 © Science Museum / Science & Society Picture Library. All Rights Reserved.

216쪽 Library of Congress / Prints and Photographs Division / LC-DIG-ppmsca–41005.

225쪽 Photo Tim Boyle / Bloomberg via Getty Images.

228쪽 madmickandmo /iStockphoto

235쪽 PictureLux / The Hollywood Archive / Alamy Stock Photo.

241쪽 INTERFOTO / Alamy Stock Photo.

254쪽 Photo © Fiona Slater.

263쪽 Roger-Viollet / TopFoto.

274쪽 Infinity Images / Alamy Stock Photo.

281쪽 Philadelphia Museum of Art / Gift of Major General and Mrs. William Crozier, 1944.

287쪽 Wikimedia Commons / Dharma / CC BY 2.0.

289쪽 사진 제공: The National Museum of the USAF.

295쪽 Heritage Image Partnership Ltd. / Alamy Stock Photo.

306쪽 Deutsches Ledermuseum / Wikimedia Commons / Dr. Meierhofer / CC BY-SA 3.0.

308쪽 *Microcosm of London*, 1808에 실린 그림 / *57-1633, Houghton Library, Harvard University.

311쪽 Library of Congress / Prints and Photographs Division / LC-USZ62-51844.

316쪽 일본 교토 고산사, 〈조수인물희화(鳥獸人物戲画)〉 첫 장에 실린 그림/ Creative Commons / Public Domain.

327쪽 akg-images.

336쪽 Wellcome Collection / CC BY 4.0.

339쪽 TopFoto.

모든 것의 처음

도구부터 과학, 예술, 제도까지 갖가지 발명의 첫 순간

스튜어트 로스 지음
강순이 옮김

제1판 1쇄 2020년 7월 8일
제1판 2쇄 2020년 11월 23일

발행인   홍성택
책임편집   김유진
디자인   류지혜(instagram.com/chirchirbb)
마케팅   김영란
인쇄제작   정민문화사

홍시

주소   (주)홍시커뮤니케이션·서울시 강남구 선릉로103길 14, 202호
전화   82-2-6916-4403
팩스   82-2-6916-4478
이메일   editor@hongdesign.com
블로그   hongc.kr

ISBN   979-11-86198-64-3 03900

이 도서의 국립중앙도서관 출판예정도서목록(CIP)은 서지정보유통지원시스템 홈페이지
(http://seoji.nl.go.kr)와 국가자료공동목록시스템(http://www.nl.go.kr/kolisnet)에서
이용하실 수 있습니다.(CIP제어번호: CIP2020026042)